경제위기와 국가리스크

해외지역경제와 리스크관리의 기본서

경제위기와 국가리스크

해외지역경제와 리스크관리의 기본서

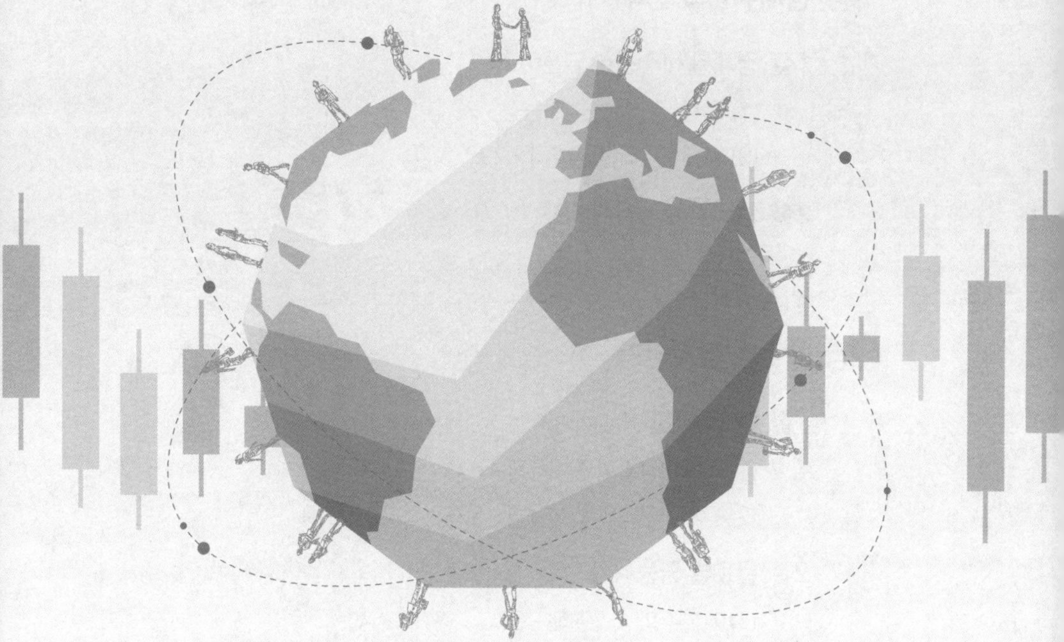

연세대학교 출판문화원

차례

프롤로그

경제위기에 관하여 연구한 대표적인 경제학자는 존 밀(John Mill)(1806~1873), 칼 마르크스(Karl Marx)(1818~1883), 존 케인즈(John Keynes)(1883~1946), 찰스 킨들버거(Charles Kindleberger)(1910~2003), 밀턴 프리드먼(Milton Friedman)(1912~2006) 등으로 알려져 있다. 존 밀은 『정치경제의 원리』(1848)에서 경기침체의 요인분석을 통해 투기열풍에 따른 거품형성으로 경제위기(신용위험)가 확대될 수 있다고 주장했다. 아이러니하게도 존 밀과 동시대 인물이던 칼 마르크스는 『공산당선언』(1848)에서 자본주의 경제구조의 불완전성을 강조하며 경제위기는 예측하기 어렵지만 언제든지 발생할 가능성이 잠재되어 있다고 역설했다. 특히 칼 마르크스는 『자본론』(1867)에서 자본주의 사회의 모순을 비판하면서 자본주의는 경제위기 그 자체이며, 경제위기는 자본주의가 내재한 질병이라고 주장했다. 칼 마르크스가 사망한 해에 태어난 존 케인즈는 『고용, 이자 및 화폐에 관한 일반이론』(1936)에서 유효수요 부족으로 나타난 불완전 고용상태가 지속되면, 경기침체가 유발될 수 있으며, 경제위기는 예측가능하다고 보았다. 특히 존 케인즈는 주식시장의 불안정성에 영향을 미치는 요인은 기업의 관리자와 소유자의 분리로 인한 기업체계의 내재적인 불안정성에 기인하는 것으로 분석했다. 경제대공황의 원인을 분석한 밀턴 프리드먼은 유효수요보다는 통화의 유동성 부족이 거시경제의 총체적인 붕괴를 초래했기 때문에 통화량을 조절하여 경제위기를 극복할 수 있다고 주장했다. 20세기 최대의 경제위기로 일컬어지는 경제대공황(1929~1933)에서 주식시장 붕괴는 통화정책의 실패에 기인하며, 국제적인 자본이동, 환율 및 해외디플레이션과 관계가 있다고 밀턴 프리드먼은 역설했다.

『경제위기와 국가리스크』는 글로벌 경제위기의 역사, 원인과 대책에 관하여 저술한 『자본시장과 경제위기』(2017)의 속편이며, 전면개정판이다. 『자본시장과 경제위기』의 경제위기의 역사(1부)에서 주요 경제위기(1장)는 경제위기 약사(1800~2000년대), 대표적 경제위기 사례(최초의 정부 부도사태, 네덜란드의 튤립구근 버블, 영국의 남해회사 버블, 미국 경제공황·철도산업 투기사건, 독일 물가위기), 경제대공황(1929~1933), 글로벌 금융위기(2008~2009), 정치적 사건과 경제위기(전쟁 후유증, 오일쇼크, 정권교체), 지역별 경제위기의 사례(2장)는 선진경제권의 경제위기(브레튼우즈체제의 붕괴, 유럽통화체제의 위기, 남유럽 재정위기)와 신흥시장의 경제위기(중남미 외채위기, 동남아 외환위기, 동유럽 유동성위기)를 각각 살펴보았다. 경제위기의 원인(2부)에서 경제위기의 사례분석(1장)은 글로벌 및 지역별 경제위기의 원인, 신흥시장의 경제위기분석(2장)은 주요 경제위기변수, 거시경제지표 분석(멕시코·인도네시아·한국·튀르키예 외환위기, 러시아·그리스 재정위기, 아르헨티나 외채위기)을 각각 다뤘다. 경제위기의 대책(3부)에서는 경제위기에 관한 논쟁들(경제위기 예측·반복재연 가능성 및 전염효과, 자본시장 투기형태)(1장), 국가리스크 평가(개념·목적·기관·요소·한계)(2장), 경제위기변수의 대응문제(국가리스크 평가모델의 정합성, 외부충격의 심각성)(3장)에 관하여 각각 분석했다. 그런데, 데뷔작인 『자본시장과 경제위기』는 중복표현 등으로 서술내용이 산만하고 경제위기와 국가리스크 등에 대한 논리적인 연계체계가 단절되는 등의 문제점이 노출되었다. 따라서 『경제위기와 국가리스크』에서는 『자본시장과 경제위기』의 체계를 획기적으로 변경하여 경제위기에 대한 관리 강화와 국가리스크에 대한 이해 제고를 위해 국가리스크에 대한 개념을 대폭 보강했다.

『경제위기와 국가리스크』의 경제위기의 사례분석(1부)에서는 카르멘 라인하르트(Carmen Reinhart)와 케네스 로고프(Kenneth Rogoff)가 공저한 『This Time Is Different: Eight Centuries of Financial Folly』(2009, 408쪽)를 기본서로 경제위기의 형태(경제위기에 관한 담론, 채무불이행 사례)(1장), 글로벌 경제위기(경제대공황, 글로벌 금융위기, 코로나위기)(2장), 지역별 경제위기(서유럽, 동유럽, 중남미, 동남아 및 중동 지역)(3장)를 구분하여 살펴보았다. 국가리스크 평가(2부)에서는 미셸 부쉐(Michel Bouchet), 에프램 클라크(Ephraim Clark)와 버트랜드 그로스램버트(Bertrand Groslambert)가 공저한 『Country Risk Assessment』(2003, 263쪽)와 경제협력개발기구(OECD)의 국가리스크 평가방법론(Country Risk Classification Methodology)을 기본서로 OECD 무역국 수출신용과(TD/EXD)와 한국수출입은행(The Export-Import Bank of Korea) 해외경제연구소 근무노하우, OECD 국가리스크 평가전문가회의(ECA대표단) 참가경험(1998~2012) 등을 바탕으로 국가리스크의 개념(국가리스크의 정의와 분류 및 평가목적)(4장), 국가리스크 평가방법론(국가리스크 평가기관 및 평가요소, 국가리스크 평가모델의 정합성)(5장)에 관하여 다뤘다.

경제위기 대책을 위하여,

西延 조양현

1부

경제위기의 사례분석

1부 경제위기의 사례분석

경제위기(economic crises)란 무엇인가?

OpenAI가 출시한 ChatGPT[1]에서 "경제위기"를 검색하면, "경제위기는 국가 경제에 상당히 부정적인 영향을 미치는 갑작스럽고 심각한 경기침체(a sudden, severe downturn in economic activity)를 의미한다"고 정의하고 있다. ChatGPT에 따르면, 경제위기로 인해 생산 감소, 실업 증가, 인플레이션(또는 디플레이션), 금융시장의 불안정성, 금융기관의 붕괴 등의 경제사회적인 부작용을 유발한다는 것이다. 부연하면, 경제위기는 일반적으로 금융위기(financial crises), 경기침체(recession), 초인플레이션(hyper-inflation), 정부채무위기(sovereign debt crises), 통화위기(currency crises) 등의 형태로 나타난다는 것이다. 경제의 신뢰문제(a loss of confidence)와도 연계되는 금융위기는 전형적으로 은행 등 금융기관의 파산을 포함하고, 금융기관의 관리부실(규제 및 관리감독), 투기거품 등으로 유발되며, 글로벌 금융

---

1 샘 앨트먼(Sam Altman)과 테슬라(Tesla)의 창업자인 일론 머스크(Elon Musk) 등이 2015년 12월 샌프란시스코에서 설립한 OpenAI는 2019년 7월의 마이크로소프트(MS)와의 투자 협력관계(investment partnership) 등을 통해 2022년 11월에는 세계 최초로 생성성AI 챗봇(generative artificial intelligent chatbot)인 ChatGPT를 출시했다. ChatGPT는 구글(Google) 등의 검색엔진 업체에 엄청난 충격을 주면서 세계적인 반향을 일으켰다.

위기(2008~2009)가 대표적인 사례라고 할 수 있다. 경기침체는 국내총생산(Gross Domestic Product: GDP) 감소, 실업 증가, 소비지출과 기업투자 축소 등으로 경기하강 국면의 기간에 나타나는데, 일반적으로 상품과 서비스에 대한 수요 감소로 인해 생산 저하와 실업 증가(해고)를 유발한다. 초인플레이션은 소비자물가상승률이 극심하게 높은 수준에 도달할 때 나타나는데, 연중 100% 또는 1,000%를 상회하는 사례도 발생하기도 한다. 과도한 통화량 증가(화폐발행), 정치 불안, 경제관리 실패 등으로 초인플레이션이 발생하면 통화가치 하락에 따른 구매력이 저하되며, 짐바브웨, 베네수엘라 등의 국가에서 초인플레이션이 발생했다는 것이다. 정부채무위기는 정부채무가 과다 누적되면서 채무를 상환할 수 없을 때 발생하는데, 일반적으로 정부지출 감소, 경기위축(economic contraction), 채무불이행(defaulting on loans) 등으로 연계되며, 그리스 채무위기(2010)가 대표적인 사례라는 것이다. 통화위기는 경제의 신뢰문제 또는 외환시장에서의 투기적인 공격 등으로 인한 통화의 갑작스런 가치하락(또는 평가절하)으로 발생하며, 인플레이션, 자본유출, 생활수준의 급격한 하락 등의 경제사회적인 부작용을 유발한다는 것이다. 따라서 경제위기는 빈곤과 소득불평등 증대, 정치 불안 등으로 연계되기 때문에 정치사회적인 문제를 야기한다. 경제를 안정시키고 경제위기를 극복하기 위해 각국 정부는 경기부양조치(stimulus packages) 또는 긴축정책(austerity measures), 경제 구조조정 개혁 등을 시도하지만, 경제위기에서 회복하는 것은 상당한 시일이 소요되기도 한다.

그런데, ChatGPT가 설명하고 있는 경제위기에 관하여 충분히 이해할 수 있는가?

그러면, 경제위기(economic crises)를 어떻게 정의할 것인가? "경제위기"

는 경기순환(economic cycle)보다는 경제구조(economic structure)의 관점에서 경기침체(economic depression)가 심화되어 거시경제상황이 제대로 작동하지 않은 상태(시장실패)를 의미한다. 국제통화기금(International Monetary Fund: IMF)은 경제성장률이 2분기 연속 전년 동기간에 비해 역성장한 경우를 경기침체로 정의하고 있다. 경제위기는 리스크가 노출되어 나타난 형태인데, 잠재된 국가리스크가 악화되면서 경제위기가 현실화된 것이다. 부연하면, 어떤 국가라도 국가리스크가 없을 수 없지만 그 리스크의 정도에 따라 위기가 발생할 수 있고, 아니면 발생하지 않을 수 있다. 경기위기로 인한 경제사회적인 부작용이 너무나 크기 때문에 경제위기는 발생하지 않아야 한다. 경제위기가 발생하면, 경제성장률은 역성장(-)을 기록한 사례가 일반적이며, 따라서 경제성장률은 경제위기의 대리변수(proxy variable)라고 할 수 있다. 예를 들면, 경제대공황, 글로벌 금융위기, 코로나위기 등의 경제위기 기간에는 경제성장률이 예외 없이 역성장 상태였다. 특히 코로나위기(세계보건기구, 2020년 3월 11일 공식선언)로 인한 사회경제적인 봉쇄조치로 세계 경제는 글로벌 금융위기(2008~2009) 이후 최대 경제위기에 직면했다. 더구나 역성장의 경제성장률이 나타나면, 경제사회적인 손실을 실질적으로 추산하기도 쉽지 않다. 경제위기는 또한, 경제성장의 과정에서 나타나는 대표적인 경제사회적인 징후다. 그런데, 경제위기는 국제 무역과 금융, 해외투자에 따른 연계효과로 인해 유발되는 경향이 있다. 왜냐하면, 국내보다는 대외적인 경제교류나 외부충격으로 경제위기가 전이되는 사례가 빈번하기 때문이다. 과거 자본시장의 경제위기 발생사례를 살펴보면, 글로벌 경제위기가 지역적으로 확산하는 양상을 보였고, 경제 구조적인 취약성에 노출된 국가에서는 채무불이행 사태도 발생했다.

1장

경제위기의 형태

자본시장에서 발생한 경제위기(economic crises)의 역사적인 사례를 살펴보면, 어떤 국가라도 경제위기가 발생할 가능성이 잠재되어 있다. 경제위기는 국가리스크(country risk)가 노출되어 나타난 경제적인 현상인데, 어떤 국가에서도 국가리스크가 존재하며, 국가리스크 정도에 따라 경제위기의 발생 가능성이 달라진다. 국가리스크가 심화하면, 경제위기가 발생할 가능성이 큰 것이다.

대표적인 경제위기의 형태(패턴)는 유동성위기(liquidity crises), 외환·금융위기(financial crises), 물가위기(inflation crises), 재정위기(fiscal crises), 채무위기(debt crises) 등으로 구분된다. 예를 들면, 국제수지와 외채구조의 관점에서 수출증가율, 경상수지/GDP, 대외지급준비자산/(월평균)수입 등 유동성지표(liquidity/flow indicators)가 악화하면 유동성위기가 발생할 가능성이 크다. 그러나 외채원리금상환액/총수출, 총외채잔액/GDP(또는 총수출), 단기외채/대외지급준비자산 등 채무지불능력지표(solvency/stock indicators)가 악화하면 채무위기로 발생할 가능성이 크다. 부연하면, 유동성위기는 일시적으로 채무를 차환(roll-over)할 수 없는 상태에서 발생하고, 채무위기는 중장기적으로도 채무를 상환할 수 없는 외채 구조적인 문제에서 기인한다. 경제위기 연구의 전문가인 카르멘 라인하르트(Carmen Reinhart)와 케네스 로고프(Kenneth Rogoff)는 금융위기(systemic financial crises)를 은행위기(banking crises/failures)와 외환위기(exchange rate crises)로 구분하여 설명하고 있다. 은행위기는 채권자(예금자)가 집단적으로 단기채무의 차환을 거부하면서 발생한 예금인출사태(bank runs)로 인해 은행시스템의 실질적인 손실(충격)과 거시경제 전반에 걸쳐 부정적인 파급효과를 유발한다는 것이다. 은행위기는 은행시스템에 대한 신뢰상실과 신용창출 감소와 연계되면서 부신여신비율(Non-Performing Loans: NPLs) 상승(취약성)으로 경기침체로 이어져 채무위기(채무불이행 위험)도 유발할 수 있다. 미국의 주택담보대출 부실사태(2007~2008)는 정부에 의해 규제받지 않은 부실금융기관이 단기차입을 통해 비유동적인 금융투자(주택연계상품)로 나타난 대표적인 은행위기의 사례라고 할 수 있다.[2] 글로벌 금융위기(2008~2009)에 관한 연구로 저명한 누리엘 루비니와 파올로 마나스(2005)[3]는 경제위기를 채무지급불능위기(insolvency crises or debt unsustainable level), 유동성위기(liquidity crises), 외환위기(exchange rate crises) 등으로 분류했다. 부연하면, 채무지급불능위기(총외채잔액/GDP>49.7%)는 외채상환부담, 해외차입수요[4], 통화·재정의 불균형현상 등에 의해 유발되고, 유동성위기(단기외채/외환보유액>130%)는 정치 불안정과 국제금융시장의 유동성 악화로 인해 발생하며, 외환위기는 거시경제의 기초여건(macroeconomic fundamentals) 악화에 따른 결과라는 분석이다. 카르멘 라인하르트와 케

2 Reinhart, Carmen and Kenneth Rogoff, *This Time Is Different: Eight Centuries of Financial Folly* (2009), New Jersey: Princeton University Press, 144-145.

3 Roubini, Nouriel and Paolo Manasse, "Rules of Thumb" for Sovereign Debt Crises," (2005), *IMF Working Paper* wp/05/42, 4-26.

4 external financing needs = (current account balance + short-term debt)/foreign reserves

네스 로고프(2010)는 1800~2009년 정부의 채무불이행(sovereign bond default) 발생사례(250건)에 관한 실증분석에서 소비자물가상승률(연중)이 20%를 초과하면 물가위기(inflation crises), 통화가치(연중)가 15% 이상 하락하면 통화위기(currency crashes)[5], 공적채무/GDP 비중이 90%를 초과하면 채무위기(debt crises)로 규정했다.[6] 특히 카르멘 라인하르트와 케네스 로고프는 과다한 채무상환부담으로 인해 경제성장이 둔화하고, 국가리스크 평가등급이 하락할 가능성이 농후하며, 통화위기가 채무위기(정부의 채무불이행)를 유발할 수 있다고 역설했다.[7] 물가위기(예상외의 물가급등)는 채무자(정부 포함)가 차입 당시의 채무액보다 물가상승 이후에는 구매력이 저하된 통화가치로 채무를 상환해야 하기 때문에 사실상 전면적인 채무불이행(outright default) 수준에 노출될 우려가 있다. 정부의 화폐(지급결제시스템) 독점권에 의한 과다한 통화발행으로 물가위기가 발생할 수 있고, 환율상승으로 통화가치가 하락하면 인플레이션과 채무불이행도 발생할 수 있으므로 물가위기는 외환위기 또는 채무위기와 (+)상관관계로 서로 얽혀있다. 물가위기가 발생하면 정부의 공적채무가 누적되면서 경기부양(재정지출)에 필요한 재정여력(fiscal space)이 감소하거나 정부의 채무불이행 가능성이 높아지는 경향이 있다. 외환위기의 대표적인 사례는 멕시코(1994), 러시아(1998), 브라질(1999), 아르헨티나(2001) 등이다. 1차 세계대전(1914~1918) 이후의 인플레이션(전반적인 소비자물가의 상승)에 관한 통계자료에서 소비

5 The "currency crash" is defined as a depreciation of the nominal exchange rate of more than 25% that is also at least a 10% increase in the rate of nominal depreciation from the previous year(Frankel, Jeffrey and Andrew Rose, "Currency Crashes in Emerging Markets: An Empirical Treatment," (1996), *Journal of International Economics* 41(3-4), 351-366).

6 Reinhart, Carmen and Kenneth Rogoff(2009), 4-14.

7 Reinhart, Carmen and Kenneth Rogoff, "Growth in a Time of Debt," (2010), *American Economic Review* 100(2), 573-578.

자물가상승률이 연중 20% 수준을 초과하면 물가위기(inflation crises), 연중 40% 수준을 초과하면 고인플레이션(high inflation), 월중(연중) 기준으로 40%(1,000%)를 초과하면 초인플레이션(hyper-inflation)으로 구분된다. 화폐단위가 상품화폐(commodity currency)에서 법정지폐(fiat currency)로 대체되기 이전에는 연평균 소비자물가상승률이 1500~1799년 0.5%, 1800~1913년 0.7% 수준에 불과했으나, 1차 세계대전 이후 1914~2006년에는 5.0% 수준에 달한 것으로 추정된다. 1800~2008년 통계분석에서 초인플레이션 상태에 직면한 국가(연중 소비자물가상승률, 발생연도)는 헝가리(9.63E+26, 1946), 그리스(3.02E+10, 1944), 독일(2.22E+10, 1923), 짐바브웨(66,000%, 2007), 폴란드(51,699%, 1923), 러시아(13,535%, 1923), 니카라과(13,110%, 1987), 볼리비아(11,750%, 1985), 앙골라(4,416%, 1996), 아르헨티나(3,080%, 1989), 브라질(2,948%, 1990), 오스트리아(1,733%, 1922), 중국(1,579%, 1947) 등으로 나타났다.[8] 정부의 채무불이행(sovereign defaults)은 정부가 채무(국내·국외) 상환기일(만기)에 차입 원금과 이자의 상환 또는 지급을 실패하는 경우로 정의된다. 외채위기(external debt crises)는 국외 채권자(외국의 관할로 취급된 외화표시 대출)에 대한 외채상환(의무)에 대한 전면적인 채무불이행(채무재조정 포함)으로 발생한다. 예를 들면, 그리스(1826~1879), 멕시코(1867), 온두라스(1873), 러시아(1918~1987), 인도(1958~1972), 아르헨티나(2001) 등이 외채위기의 대표적인 사례다. 국내채무위기(domestic debt crises)는 국내 거주자에 대한 자국통화 표시의 국내채무에 대한 채무불이행을 의미하며, 전형적인 국내채무위기는 외채위기보다 경제여건이 더욱더 악화된 상황에서 발생하기도 한다. 예를 들면, 아르헨티나(1982, 2001), 멕시코(1994~1995) 등이 국내채무위기의 대표적인 사례

8 Reinhart, Carmen and Kenneth Rogoff(2009), 185-187.

이며, 은행위기 또는 물가위기 발생으로 외화표시 예금을 자국통화 표시로 전환하면서 발생하기도 한다. 정부는 금융기관을 통해 저축과 지급 시스템에 대한 독점권을 행사함으로써 간접적인 세수(형태)인 금융압박(financial repression)[9] 현상이 발생할 수 있다. 거주자의 저축(은행예금) 증대를 통한 금융기관의 지불준비금(reserve requirements) 확충으로 정부는 저금리의 정부채권 발행(채무증가)에 따른 금융압박이 심화되더라도 다른 안전자산이 없기 때문에 거주자의 저축이 또 다시 증가하며, 금융기관을 통해 공적채무에 대한 정부의 자금조달(차입)이 다시 증가하는 악순환이 나타나는 경향이 있다. 부연하면, 물가상승이 진행되면 정부는 공적채무의 실질부담을 완화하기 위해 자본통제 또는 금리상한을 통해 금융압박(조세)을 실행하는 사례가 적지 않다. 예를 들면, 1970년대 초반에 인도 정부는 물가위기(연중 소비자 물가상승률>20%)에도 불구하고, 은행예금 이자율 5%의 금리상한을 설정한 사례가 있다.[10]

Economic Crises = Σ(Liquidity Crises, Financial Crises, Inflation Crises, Fiscal Crises, Debt Crises) .... <함수 1>

Financial Crises = Exchange Rate Crises (Currency Crises) + Banking Crises (Funding Crises) .... <함수 2>

요컨대, 경제위기는 유동성위기, 외환위기(통화위기 포함), 금융위기(은행위기 포함), 물가위기, 재정위기, 채무위기(외채위기 포함) 등으로 구분된다. 경제위기의 구성요소를 수학적으로 표현(<함수 1>)하면, 유동성위기, 외환·금융위기, 물가위기, 재정위기와 채무위기를 합산한 값이다. 과거 경제위기

9 Edward Shaw and Ronald Mckinnon(1973)
10 Reinhart, Carmen and Kenneth Rogoff(2009), 143.

발생사례를 살펴보면, 유동성위기보다는 외환·금융위기, 외환·금융위기보다는 물가위기, 물가위기보다는 재정위기, 재정위기보다는 채무위기 상태에서 더욱더 심각한 경제사회적인 부작용을 초래했다. 예를 들면, 유동성위기는 선진경제권(유럽지역)에서 수시로 나타났고, 외환·금융위기는 동남아 외환위기(1997~1998), 재정위기는 유로존 재정위기(2010~2012), 채무위기는 중남미지역에서 만성적으로 나타난 대표적인 경제위기의 패턴이었다. 금융경색으로 자금의 일시적인 상환중단에 따른 유동성위기는 정치 불확실성, 국제금융시장의 유동성 악화와 연계되어 나타나는 경향이 있다. 외환·금융위기는 금융기관의 파산, 환율변동에 의한 통화가치 하락 등으로 금융·외환시장이 정상적으로 작동되지 않는 상태를 의미한다. 외환·금융위기(<함수 2>)는 외환위기(통화위기 포함)와 은행위기(자금조달위기)를 합산한 값이다. 외환위기(exchange rate crises)는 경제성장률 저하, 환율 고평가(고정환율제도) 등 거시경제의 구조적 취약성(structural vulnerability)에 의해 유발되는 경향이 있다. 국제금융이론의 대가인 모리스 옵스펠드(1985)는 고금리의 국내경제에 대한 효과는 외환위기가 발생하면 외환시장에서의 투기적인 공격과 통화당국의 외환보유액 투입(감소분)을 억제(exchange rate parity)하기 위한 조치라고 분석했다.[11] 통화위기(currency crises)는 외환시장에서의 통화에 대한 투기적인 공격으로 통화가치의 급격한 하락으로 나타난 현상이다. 은행위기(banking crises)는 과다한 투자손실, 예금인출사태 등 금융공황(banking panics)으로 금융기관의 지급불능상태(insolvency) 상태에서 금융기관에 대한 구조조정(정부지원), 폐쇄(인수합병 포함) 등으로 나타난다.[12] 자

11 Bouchet, Michel, Ephraim Clark, and Bertrand Groslambert, *Country Risk Assessment* (2003), West Sussex: WILEY, 54.

12 Goldstein, Morris, Graciela Kaminsky, and Carmen Reinhart, *Assessing Financial Vulnerability: An Early Warning System for Emerging Market* (2000), Washington D.C.: Institute for International Economics, 19.

금조달위기(funding crises)는 정보의 비대칭성(asymmetric information)으로 인해 역선택(adverse selection)과 도덕적 해이(moral hazard) 문제가 악화됨으로써 투자자(생산적인 투자기회 보유)에 대하여 금융시장에서 효과적인 자금조달(연계)이 불가능하게 되는 현상을 의미한다.[13] 벤 버냉키(Ben Bernanke) 미연준 총재(2006~2014)는 1930년대 초반에 미국 금융기관의 절반 정도가 부도상태로 금융시스템 붕괴가 경제대공황이 지속된 요인이라고 분석했다. 부연하면, 대출자와 차입자 간 정보의 비대칭성(시장실패)에 의한 금융시장의 불완전성 존재로 화폐정책에 대한 충격이 발생했고, 영업이익(retained earnings)의 감소는 기업의 투자계획 축소에 따른 생산성 충격(효과)으로 나타났으며, 경기침체(recession)가 자산담보가치 하락으로 연계되면서 금융시스템 붕괴를 유발했다는 것이다.[14] 카르멘 라인하르트와 케네스 로고프(2010)[15]는 은행위기와 채무불이행(debt default)과의 상관관계를 분석하면서 은행위기는 정부채무위기(sovereign debt crises)보다 선행하거나 동행하고, 공적채무(public debt)는 채무위기 이전에, 그리고 민간채무(private debt)는 은행위기 이전에 누적되는 경향이 있다고 주장했다. 그런데, 은행위기는 흔히 외환위기(또는 통화위기), 물가위기, 채무위기와 동반하여 나타나는 경향이 있다. 과거 경제위기(1945~2008) 사례분석에서 금융시장이 낙후된 소규모 빈국일수록 은행위기의 발생빈도(frequency of banking crises)는 증가했지만, 채무불이행 또는 물가위기에서 졸업했다고 여겨지는 선진경제권(투자적격 평가등급의 1인당 국민소득 기준)도 금융위기(은행위기)에서 완전히 자유로울 수 없었던 것으로 나타났다. 금융자유화

---

13 Feldstein, Martin, *Economic and Financial Crises in Emerging Market Economies* (2003), London: The University of Chicago Press, 94-95.

14 Reinhart, Carmen and Kenneth Rogoff(2009), 145-156.

15 Reinhart, Carmen and Kenneth Rogoff, "From Financial Crash to Debt Crisis," (2010), *NBER Working Paper* 15795, 1-41.

(financial liberalization)로 은행위기가 발생하면 환율상승으로 통화가치 하락(currency crash)에 따른 통화위기 이후 물가위기, 은행의 외환차입에 대한 채무상환 실패(자금결제의 불일치, currency mismatches), 정부의 채무위기(외화표시 채무에 대한 채무불이행)도 연속적으로 발생할 가능성이 있다.[16] 1970년대 이후에는 금융기관에 대한 규제완화, 금융기관 감독부실 등에 따른 금융자유화로 인해 국가 간 자본이동이 활발해지면서 은행위기가 반복적으로 재연되었다. 글로벌 금융위기에 대한 사례분석에서 은행위기는 부채보다는 자산의 질적 악화에서 초래되었는데, 부동산가격 폭락, 기업파산 등으로 금융기관의 부실여신이 급증하면서 촉발되었다. 실제로 은행위기는 베네수엘라(1993), 아르헨티나(2001) 등의 예금인출사태(severe systemic crisis), 태국(1996~1997) 등의 폐쇄·합병·인수·정부지원(milder financial distress)의 형태(types of events)로 유발되었다. 과거 은행위기 사례분석에서 정부의 은행에 대한 구제금융(bank bailouts) 지원과 경기부양조치(fiscal stimulus packages)로 정부재정의 과다 지출과 재정수입 감소로 정부채무는 은행위기 이후 3년간 평균 86.3% 증가한 것으로 나타났다.[17] 재정위기는 정부(공공기관 포함)의 재정상황 악화로 국제금융시장에서 채권발행도 사실상 어려운 상태에서 발생하며, 재정수지 적자의 형태로 재정 불균형상태가 나타난다. 실제로 재정위기가 발생하면 정부(통화당국)가 환율수준을 방어하기 위한 외환보유액 투입으로 외환위기가 발생하기도 한다. 거시경제의 불균형현상에서 기인한 금융위기는 경상수지 적자로 연계되면서 고평가된 환율에서 유발된 외환위기와 확대통화정책의 부산물로 국제수지의 불균형상태가 나타나는 경향이 있다. 국제경제학의 대가인 폴 크루그먼(1979)은 금융위기에 대한 기본적인 접근방법(fundamentalist approach)에서 지속

16 Reinhart, Carmen and Kenneth Rogoff(2009), 270-273.
17 ibid, 166-171.

가능하지 않는 확대경제정책과 경기과열로 재정수지 적자에 의한 화폐차입(monetary financing)이 고정환율제도의 붕괴를 초래하면서 채무위기(1980년대)와 유럽통화시스템(European Monetary System: EMS)위기(1990년대)를 유발했다고 주장했다.[18] 채무위기는 경제위기에서 가장 심각한 단계로 특히 채무(외채)를 상환할 수 없는 "채무불이행" 상태를 의미한다. 스탠리 피셔(Stanley Fischer) MIT대학교 경제학과 교수(1977~1988)는 1982년의 채무위기는 채무국가의 거시경제 관리실패, 자본유출과 차입증가, 국제금융기관의 과다한 대출, 고금리와 상품가격(수출산품) 하락, 경제협력개발기구(Organization for Economic Cooperation and Development: OECD) 등 선진경제권의 인플레이션 억제정책(긴축통화정책)에 따른 경기침체의 결과라고 분석했다.[19] 채무위기 상태에서는 국제통화기금(IMF) 쿼터를 초과하여 IMF로부터 대기성차관(Stand-By Arrangement: SBA), 확대기금차관(Extended Fund Facility: EFF) 등 긴급 구제금융을 받는 사례가 발생한다. 특히 외채위기(insolvency crises or debt unsustainable level)는 외채구조의 악화, 대외차입수요 급증, 통화·재정의 불균형현상 등으로 유발되는 경향이 있다. 카르멘 라인하르트(2002)[20]는 1970~1999년 58개국을 대상으로 한 시뮬레이션에서 신용평가기관의 정부채권 신용등급(sovereign credit ratings)이 통화위기(151건) 예측보다는 채무불이행(113건) 가능성을 예측하는 데 보다 적합하며, 정부채권 신용등급의 하락은 국제금융시장에서의 자본조달이 곤란해져 채무불이행 위험을 증가시킨다고 분석했다.

글로벌 자본시장에서는 근본적으로 미국 이외의 국가(지역)에서는 자국

18 Bouchet, Michel, Ephraim Clark, and Bertrand Groslambert(2003), 54.

19 ibid, 61.

20 Reinhart, Carmen, "Default, Currency Crises, and Sovereign Credit Ratings," (2002), *World Bank Economic Review* 16(2), 151-170.

통화로 해외차입(debt finance)이 불가능한 구조적인 문제(original sin)[21]를 해결할 수 없기 때문에 선진경제권의 다변화된 포트폴리오금융에 비해 자금조달이 제한받고 있다. 따라서 외화표시(미달러) 채무가 과다하게 증가한 상태에서 국제금융시장의 경색(미연준의 기준금리 인상)으로 대출 원리금의 상환부담이 우려되는 국가에 대한 즉각적인 투기공격으로 통화가치 급락(미달러 가치의 평가절상) 현상이 유발되는 경향이 나타난다. 특히 자본축적이 부족한 국가에서는 경제 구조적인 문제(fundamental weaknesses)로 해외차입에 의존한 탓에 경상수지는 만성적인 적자상태이며, 보유외환의 부족으로 통화가치의 급락에 따른 외환위기, 유동성 위축 또는 긴급중단으로 금융시장의 변동성 확대(financial vulnerability) 등의 가능성이 잠재되어 있다. 해외차입에 따른 외채 누적으로 국제수지의 위기(balance of payments crisis), 예금인출사태, 정부 채무불이행 등의 경제위기가 나타날 위험에 노출되어 있다. 그런데, 자본시장의 대출방식은 기본적으로 기업에 대한 지분대출(equity loan) 또는 채무대출(debt loan)의 형태를 통해 이루어진다. 지분대출은 기업이 투자에 소요되는 자금을 조달하기 위해 투자자에 대하여 주식을 매각하고, 투자자(지분인수)는 그 기업의 이윤에 대해 보상받을 권리가 부여된다. 따라서 이론적으로는 기업의 이윤에 근거하여 기업은 주식 보유자(주주)에 대한 배당금을 지불할 의무가 있다. 그러나 채무대출(회사채 발행포함)은 기업의 이윤에 관계없이 대출자(금융기관)에 대하여 대출약정에 의한 상환스케줄을 근거로 대출 원리금을 상환해야 할 의무가 있으며, 투자자는 채권약정에 의해 투자수익을 받을 권리가 있는 것이다.[22] 따라서 경제위기가 발생하면, 지분대출의 경우에는 주가 하락으로 투

21 Krugman, Paul, Maurice Obstfeld, and Marc Melitz, *International Economics: Theory & Policy* (2023), New York: Parson, 747-749.
22 Hill, Charles, *International Business* (2023), New York: McGraw Hill, 357.

자자는 손실을 입더라도 기업이 별도로 보상할 의무가 없으나, 채무대출의 경우 대출자(또는 투자자)는 기업의 파산 또는 부도 사태가 발생하더라고 배상청구를 요구할 수 있는 권리가 있으므로 채무대출에 대한 경제위기의 파급효과가 더욱더 심각하게 나타나는 경향이 있다. 한편, 글로벌 자본시장에서 국가 간 자본이동은 단기 투자수익을 추구하는 경향으로 인해 경제여건의 변동에 따라 국제금융시장에서 자본의 유입과 유출 현상이 급변하는 현상이 나타난다. 국가 간 자본이동은 투기적인 성향의 단기자본(hot money)과 지속적인 성향의 장기자본(patient money)으로 구분될 수 있는데, 단기자본의 이동은 투자에 대한 부정확한 정보(정보 비대칭성) 등으로 인해 변동성이 상대적으로 크게 나타나는 경향이 있으므로 외환·금융위기가 발생할 가능성이 잠재되어 있다.[23]

1절 경제위기에 관한 담론

경제위기에 대하여, "경제위기는 예측 가능한가?" "경제위기는 반복해서 재연되는가?" "경제위기는 어떻게 전이되는가?" 등 다양한 견해와 논쟁이 끊임없이 제기되며, 국제경제의 주요 관심사가 된지도 오래되었다. 그렇다고 하더라도 경제위기를 방치해서도 안되며 두려워할 필요도 없기 때문에 경제위기에 대한 정확한 이해와 대책이 필요한 것이다. 따라서 경제위기의 발생 가능성과 전염효과 등에 관한 담론이 요구된다.

23 Feldstein, Martin, "Global Capital Flows: Too Little, Not Too Much," *The Economist* (June 24, 1995), 72-73.

(1) 경제위기의 발생 가능성

20세기 최대의 경제위기인 경제대공황에 대하여, 신고전학파(Neo-Classicals)의 경제대가인 어빙 피셔(Irving Fisher)(1867~1947) 등 수많은 경제학자들과 글로벌 기업의 경영인들은 경제위기가 진행되고 있는 상황에서도 경제위기 상황을 제대로 예측하지 못했다. 경제위기를 예측하기는 쉽지 않지만, "거시경제학의 아버지"(케임브리지학파)로 불리는 존 케인즈(1883~1946)가 경제대공황을 예측하면서 경제대가의 반열에 올랐다.

경제위기의 발생 가능성에 관하여, "경기변동의 순환주기와 관계가 있는가?" 아니면, "경제 구조적인 관점에서 접근해야 하는가?" 실물경기의 순환주기설(the theory of economic cycle)에 따르면, 경기변동이론을 제기한 사이먼 쿠즈네츠(Simon Kuznets)는 주택건설경기의 호황과 불황을 기준으로 20년의 경기변동 순환주기가 형성된다고 주장했다. 또한, 클레멘트 주글러(Clement Juglar)는 7~8년 주기의 플랜트설비 투자변동의 순환주기이론을 주장했고, 조세프 키친(Joseph Kitchin)은 39개월의 재고자산 순환주기이론을 제기했다. 부연하면, 경기변동의 고점(peak)과 저점(trough)을 모두 지나가는 순환주기가 최소 3년, 최대 20년 정도의 기간(범위구간)으로 고려될 수 있다. 그러나 경제위기의 발생주기를 경기순환적인 관점으로 일반화하기는 어렵다. 과거 경제위기의 발생사례에서 1800년대에는 대략 10년 정도의 주기로 글로벌 경제위기가 반복적으로 발생했지만, 1900년대 이후에는 경제위기가 수시로 발생하여 경제위기의 발생주기가 규칙적으로 정형화되지 않았다는 사실을 발견할 수 있다.[24] 부연하면, 경제위기는 경기 순환적인 관점이 아닌 경제 구조적인 관점(the perspectives of economic structure)에

24 Kindleberger, Charles and Robert Aliber, *Manias, Panics, and Crashes: A History of Financial Crises* (2005), New Jersey: Wiley, 24.

서 고찰되어야 한다는 것이다. 그러나 경제위기는 반복 재연된다. 자본주의 역사상 경제위기가 수없이 발생했지만, 경제대공황, 오일쇼크, 글로벌 금융위기 등 세계 전역에 걸쳐 엄청난 영향을 미친 경제위기와 특정국가의 장기간에 걸친 심각한 경제위기(채무불이행) 사례를 제외하고, 일반적으로 경제위기가 5년 이상 지속된 사례는 거의 없다. 2차 세계대전 이후의 주요 금융위기 발생사례에서 경제위기가 지속된 기간(경제위기 발생 이후 위기 이전의 수준으로 경제성장률이 근접한 기간)은 평균 4.4년[25]이었고, 경제대공황만 예외적으로 평균 10년에 달한 것으로 추정된다.[26]

국가별 또는 지역별로 경제위기가 발생했지만, 1970~1990년대에는 글로벌 경제발전의 역사에서 비교적 대안정기(Great Moderation)로 평가할 정도로 경제성장이 지속된 시기였다. 예를 들면, 1970년대 초반 매혹의 50주(nifty fifty)를 비롯한 기술주의 투자 붐, 1970년대 후반의 에너지산업 부상(energy darlings), 1980년대 초반의 미국 남서부지역의 부동산 투기열풍, 1990년대 초반의 바이오 투자 붐 등이 그것이다. 그러나 과다한 투자로 인해 금융기관의 대출 급증과 투자리스크 프리미엄 상승으로 자산시장은 과열된 상황이었다. 과대평가된 시장은 조정이 필요하며, 시장은 그 무게를 감당하지 못해 결국 추락하게 마련이다. 특히 자본시장의 투기행태와 관련하여, 찰스 킨들버거는 『열광, 공포 그리고 붕괴: 금융위기의 역사』(1996)에서 금융 시장과 상품의 불안정성 문제를 지적하며 가격 급등 이후의 급락사례를 예로 들면서 투자자들이 단지 가격이 상승할 것으로 기대함에 따라 자산(상품) 가격이 급등할 때, 투기적인 거품이 형성된다고 주장했다. 찰스 킨들버거는 열광(manias)은 비합리적인 이성에 근거하지만, 거품(bubbles)은 자산가치가 결국 붕괴될 조짐을

25 Peak-to-Trough Duration: 평균 1.7년(경제대공황 평균 4.1년)
26 Reinhart, Carmen and Kenneth Rogoff(2009), 233-236.

내재하고 있다고 우려했다. 거품은 경제기초여건(economic fundamentals)으로 설명하기 어려운 상태의 자산, 증권과 상품의 가치이탈로 정의된다. 특히 존 케인즈는 금융위기는 비합리적인 거품(irrational bubbles)에 기인하며, 불확실하고 제한된 정보로 인해 자산의 가치를 정확하게 측정하기 어려워 경제상황의 불확실성이 커지면서 대중의 심리적인 동조화(herd behavior) 현상이 나타나기 쉽다고 분석했다. 과거 금융위기 역사상 10대 버블사건으로는 네덜란드의 튤립구근 버블(1636), 영국의 남해회사주식 버블(1720), 프랑스의 미시시피회사주식 버블(1720), 미국의 주식시장 버블(1927~1929), 멕시코의 은행대출 급증사태(1970년대 말), 일본의 부동산·주식시장 버블(1985~1989), 핀란드·노르웨이·스웨덴의 부동산·주식시장 버블(1985~1989), 태국·말레이시아·인도네시아의 부동산·주식시장 버블(1992~1997), 멕시코의 외자유입 급증사태(1990~1993), 미국의 장외거래(OTC) 주식시장 버블(1995~2000) 등이다.[27] 하이먼 민스키(Hyman Minsky) UC버클리대학교 경제학과 교수(1957~1965)는 경기순환 관점의 투자이론(존 케인즈의 유효수요이론)을 확장하여 투기거품과 경제위기를 유발하는 화폐·금융의 내생적인 경제현상에 대하여, 경기 확장기에 나타나는 투자재원의 극단적이고 보충적인 성향이 금융위기의 근원이라고 주장했다. 특히 하이먼 민스키는 미국, 영국 등 선진경제권 시장경제의 금융위기와 신용공급의 경기순환주기의 동조화 현상을 분석하면서 경기호황 국면에서는 신용공급이 증대되었으나 경기침체 국면에서는 신용공급이 위축된 사실을 발견했다. 신용공급이 위축될 때, 금융조절기능이 취약해져 유동성 부족으로 인해 금융위기가 발생할 가능성이 높아진다는 것이다. 하이먼 민스키의 투자행위모형에 따르면, 부동산, 주식과 상품 투자에 과다금융을 통해 단기자본이득을 겨냥한 과다채무 차입자의 투자행위가 특히 문제라는 것이다.

27 Kindleberger, Charles and Robert Aliber(2005), 9.

예를 들면, 1920년대 초반 미국의 보스턴 외관지역에서 소규모 대출회사를 운영하던 카를로스 폰지(Carlos Ponzi)에서 유래된 폰지금융(ponzi finance)의 문제점을 하이먼 민스키는 지적했다. 부연하면, 폰지금융은 고금리 예금에 대한 이자지불을 감당할 수 없고 지속가능하지 않는 금융형태이며, 따라서 폰지금융은 헤지금융(hedge finance) 또는 투기금융(speculative finance)과도 본질적으로 다르다는 것이다.

(2) 경제위기의 전염효과

그런데, 글로벌 경제위기는 국가별 또는 지역별로 경제위기가 확산되면서 도미노효과, 나비효과 등의 전염효과(contagion/transmission effect)를 수반한다. 예를 들면, 1994년 멕시코 외환위기, 1997년 동남아 외환·금융위기는 1998년 러시아 재정위기뿐만 아니라 1999년 브라질 외환위기에도 영향을 미친 것으로 분석된다. 또 경제위기의 전염효과로 인해 특정 국가의 경제위기가 주변지역 전체에 미치는 전염효과도 나타난다. 예를 들면, 1980년대 중남미 외채위기는 멕시코, 브라질과 아르헨티나에서 비롯되었고, 1990년대 동남아 외환·금융위기는 태국에서 시작된 사례라고 할 수 있다. <표 1>의 글로벌 금융위기의 전염효과 발생사례(1890~2008)에서 1890년의 아르헨티나 채무불이행(Baring Brothers 파산)으로 중남미지역(브라질, 칠레)뿐만 아니라 영국과 미국에도 경제위기가 전이되었으며, 실질상품가격의 폭락으로 인해 경제대공황(1929~1933), 신흥투자시장의 채무위기(1981~1982)가 촉발되었다. 또한, 부동산·주식시장의 버블이 붕괴되면서 유럽지역의 경제위기(1991~1992, 2007~2008)가 발생했고, 신흥투자시장에 대한 자본유입이 급증하면서 금융자산의 과다투자로 나타난 외환·금융위기가 중남미·동남아지역에 엄청난 파장을 미쳤다.

<표 1> 글로벌 금융위기의 전염효과 발생사례(1890~2008)

발생연도	전염국가	발생배경
1890~1891	브라질, 칠레, 포르투갈, 영국, 미국	아르헨티나 채무불이행(Baring Brothers 파산)
1907~1908	칠레, 덴마크, 프랑스, 이탈리아, 일본, 멕시코, 스웨덴, 미국	구리가격 폭락 (뉴욕 신탁회사 부실)
1914	아르헨티나, 벨기에, 브라질, 프랑스, 인도, 이탈리아, 일본, 네덜란드, 노르웨이, 영국, 미국	1차 세계대전 발발
1929~1931	아르헨티나, 벨기에, 브라질, 중국, 핀란드, 프랑스, 독일, 그리스, 인도, 이탈리아, 멕시코, 포르투갈, 스페인, 스웨덴, 미국	실질상품가격 51% 폭락(1928~1931), 미국 실질금리 13% 상승
1981~1982	아르헨티나, 칠레, 콜롬비아, 콩고, 에콰도르, 이집트, 가나, 멕시코, 필리핀, 튀르키예, 우루과이	실질상품가격 40% 폭락(1979~1982), 미국 실질금리 6% 상승, 신흥투자시장 채무위기
1987~1988	아프리카지역(사하라사막 이남)	채무위기(저소득국가)
1991~1992	알제리, 브라질, 체코, 이집트, 핀란드, 그루지야, 그리스, 헝가리, 일본, 폴란드, 루마니아, 슬로바키아, 스웨덴	부동산·주식시장의 버블 붕괴(북유럽·일본), 체제전환경제(동유럽)
1994~1995	아르헨티나, 아제르바이잔, 볼리비아, 브라질, 카메룬, 크로아티아, 에콰도르, 에스와티니, 리투아니아, 멕시코, 파라과이	신흥투자시장 자본유입 급증(tequila crisis)
1997~1999	브라질, 콜롬비아, 에콰도르, 엘살바도르, 홍콩, 인도네시아, 말레이시아, 모리셔스, 필리핀, 러시아, 대만, 태국, 튀르키예, 우크라이나, 베트남	신흥투자시장 자본유입
2007~2008	독일, 헝가리, 아이슬란드, 아일랜드, 일본, 스페인, 영국	미국의 부동산시장 버블 붕괴

자료: Reinhart, Carmen and Kenneth Rogoff, T*his Time Is Different: Eight Centuries of Financial Folly* (2009), New Jersey: Princeton University Press, 243-244.

그러면, "경제위기의 전염효과를 어떻게 정의할 수 있는가?" 존 두카스(John Doukas)(1989)[28]는 "국가 특유의 경제기초여건(economic fundamentals)에 대한 통제를 전제조건으로 특정 국가의 정부(차입자) 신용수준이 다른 국가의 정부에 부과되는 전이효과"라고 정의했으며, 로드리고 발데스(Rodrigo Valdes)(1997)는 "채권이나 지분과 관계없이, 국가 간 자산수익의 과다동조화 현상"이라고 정의했다. 특히 경제위기 연구의 대가인 배리 아이켄그린(Barry Eichengreen)은 국외 경제위기가 국내에 그 위기 가능성을 증가시킨다는 사실을 인지하면서 전염효과가 나타난다고 주장했다. 그라시엘라 칼보(Graciella Calvo)(1998)는 유동성리스크(liquidity risk)와 정보 비대칭성(asymmetric information)으로 인해 과다 채무자의 자산매도(the market for lemons)로 가격하락의 붕괴효과가 나타나는 현상을 전염효과로 설명했다.[29] 그라시엘라 칼보와 엔리크 멘도사(Enrique Mendoza)(2000)는 국가리스크 정보가 합리적인 투자자에 대해서도 동조행위(herd behavior)에 따른 비용을 유발할 수 있으므로 금융자산 거래(trade of financial assets)와 시장리스크 헤지(cross-market risk hedge)의 역할이 중요하다고 강조했다.[30] 따라서 금융시장이 개방된 선진경제권에서 투자자산의 수익이 경제위기국과 연계될 가능성(상관관계)이 크기 때문에 오히려 전염효과에 취약한 편이다. 과거 경제위기 발생사례에서 국제금융기관의 갑작스런 여신증가로 위험노출대외자산(exposure)이 증대될 수 있으므로 경제위기의 전염효과를 억제하기 위해 위험노출대외자산에 대한 모니터링이 필요하다. 국제금융체제가 파급효과(spill-over effect)로 인해 전반적으로 영향을 받는 시스템리스크

28 Doukas, John, "Contagion Effect on Sovereign Interest Rating Spreads," *Economic Letters* (1980) 29, 237-241.

29 Bouchet, Michel, Ephraim Clark, and Bertrand Groslambert(2003), 141.

30 Calvo, Greaciella and Enrique Mendoza, "Rational Contagion and Globalization of Securities Markets," *Journal of International Economics* (2000) 51, 79-113.

(systemic risk)는 선도적인 국제금융기관의 유동성위기, 채무위기 등 경제위기의 전염효과에 의해 연쇄적인 시스템 붕괴(reaction-driven collapse)를 유발할 수 있다. 그러나 미연준이 기준금리를 갑자기 인상했던 1980년대 초반에 대부분의 국가에서 금융위기를 동시에 경험한 사례는 전염효과가 아닌 공동충격(common shock)이라고 한다.[31] 예를 들면, IT닷컴 버블의 붕괴사태(2000~2001), 주택가격 폭락사태(2000년대 말) 등이 대표적인 공동충격의 사례라고 할 수 있다. 그러나 안드레 마송(Andre Masson)은 "공동충격이 발생하지 않은 상태에서 특정 국가의 경제위기가 무역·금융거래에 연계되어 다른 국가의 경제위기를 유발하는 현상"을 파급효과라고 정의했다. 예를 들면, 미국의 주택담보대출(Sub-Prime Mortgage) 부실사태(2007~2008)로 불거진 글로벌 금융위기가 대표적인 파급효과의 사례라고 할 수 있다. 2008~2009년의 글로벌 금융위기는 특정 국가의 금융시스템과의 직접적인 연계(direct cross-linkages)로 인해 다른 국가의 금융시장에 영향을 미친 파급효과(cross-country linkages)의 사례이며, 동시에 공동충격을 통한 전염효과도 나타난 복합적인 경제위기의 사례였기 때문에 경제대공황 이후의 최대 경제위기로 불린다.[32] 특히 그라시엘라 카민스키(Graciela Kaminsky)는 점진적인 파급효과(slow-burn spillover)와 급진적이고 강력한 전염효과(fast and furious contagion)를 구분하여 설명했다. 부연하면, 갑작스런 경제위기가 예상되는 경우에는 자본유입이 갑자기 중단되거나 투자자(대출자)가 자금지원을 축소 또는 회수하는 경향(deleverage inclination)이 전염효과에 의해 두드러지게 나타난다는 것이다.

---

31 Goldstein, Morris, Graciela Kaminsky, and Carmen Reinhart, *Assessing Financial Vulnerability: An Early Warning System for Emerging Market* (2000), Washington DC: Institute for International Economics, 74-75.

32 Reinhart, Carmen and Kenneth Rogoff, *A Decade of Debt* (2011), Washington DC: Peterson Institute for International Economics, 18-20.

2절 채무불이행 사례

"채무불이행(sovereign default)"은 채무국의 정부 또는 기업이 채무를 상환하지 못한 상태이며, "지불유예(moratorium)"는 채무국의 정부가 일방적으로 채무상환을 중지한 상태로 구분된다. 카르멘 라인하르트와 케네스 로고프(2009)[33]는 "정부의 채무불이행을 채무의 상환기일에 원리금에 대한 상환실패"로 정의했다. "정부채권의 채무불이행을 어떻게 정의하느냐?"에 관한 문제는 국가리스크(또는 국가신용도) 수준을 평가하기 위한 대리변수(proxy variable)를 설정하는 데도 중요하다. 대리변수는 함수관계에서 결과수치(종속변수)에 영향을 미치는 요인(설명변수)을 추정하기 위해 적합한 종속변수를 선정하기 곤란한 경우에 적용하는 차선적인(the second-best) 변수를 의미한다. 파올로 마나스와 누리엘 루비니(2009)[34]는 채무위기 분석에서 채권발행 정부가 상환기일 이내에 원리금을 지불하지 못하거나(S&P 기준), IMF[35] 할당쿼터의 100%를 초과하여 IMF 차관을 받은 경우에는 채무불이행으로 정의했다.

<표 2>의 지역별 주요국의 채무불이행 사례(1790~2009)에서 국가별로 채무불이행 상태가 상당기간 지속된 것으로 추정된다. 채무불이행이 발생하면 채권국의 기업에서는 사업상의 손실이 발생하고, 그 기업에 대출한 금융기관의 회계계정에서는 부실여신(대손상각)으로 계상된다. 따라서 채권국의 금융기관, 수출·투자기업 등이 채무국의 정부를 상대로 원리금상환을 청구

33 Reinhart, Carmen and Kenneth Rogoff(2009), 11.

34 Manasse, Paolo and Nouriel Roubini, "Rules of Thumb for Sovereign Default Crises," *Journal of International Economics* (2009), 78(2), 192-205.

35 브레튼우즈체제(Bretton Woods System)에 의해 설립된 국제통화기금(IMF)은 신흥투자시장의 유동성위기를 극복하기 위해 긴급 구제금융을 지원하는 대표적인 다자금융지원기관(multilateral lender)이다.

하여 받지 못할 위험을 사전에 예측하고 관리할 수 있다면 채무불이행에 따른 손실을 축소할 수 있다. 채무불이행은 경제위기의 상황이 심각하거나 전쟁(내란 포함)과 쿠데타 등으로 정치사회의 불안이 가중된 상황에서 나타나는 전형적인 사태이므로 국가의 대외신인도(국가리스크)는 최저(최고) 수준에 달한다. 카르멘 라인하르트, 케네스 로고프와 미구엘 사바스타노(2003)[36]는 채무불이행 리스크는 과거 외채상환실적에 의해 영향을 받으므로 채무불이행 경험이 있는 국가는 국제금융시장에서 정부채권수익률(리스크 프리미엄)이 상승하고, 채무상환부담이 과다하면 채무위기를 유발할 수 있다고 분석했다. 특히 케네스 로고프는 과다한 채무상환부담이 차입비용의 증가로 인해 경제적인 충격(adverse shocks)에 대한 대처능력을 제한하고, 중장기적으로 경제성장의 부진을 초래할 가능성이 크다고 주장했다. 한편, 채무불이행 가능성에 관한 국가리스크 평가에서 신용부도스왑(Credit Default Swap: CDS) 스프레드를 반영하는 평가방법은 국가리스크 수준을 적정하게 평가할 수 없는 한계가 있다. 왜냐하면, 국가리스크는 포괄적인 평가요소를 고려해야 하는데, 국제금융시장에서 거래되는 CDS 스프레드는 국가리스크 평가수준에 정확하게 비례하지 않고 스프레드의 변동성이 너무 크기 때문이다. 채무불이행 가능성(probability of default)은 재정수지 적자 보전 또는 소비지출에 대한 금융(자금조달)을 위해 채권을 발행하거나, 채무의 기간(만기), 통화, 금리 등의 채권구성(구조)에서 외부충격(external shocks)에 취약한 상태(경제위기)에서 금융여건 악화로 인한 자본조달이 위축되거나 채무상환능력에 비해 과다한 채무누적 상태(debt overhang)에서 높아지는 경향이 있다.[37]

36 Reinhart, Carmen, Kenneth Rogoff, and Miguel Savastano, "Debt Intolerance," (2003), *NBER Working Paper* 9908, 1-74.

37 Bouchet, Michel, Ephraim Clark, and Bertrand Groslambert(2003), 58-59.

<표 2>의 지역별 주요국의 채무불이행 사례(1790~2009)에서 국가별 채무불이행 발생기간(발생연도누계/220년)을 비교하면, 유럽지역(15개국)에서는 러시아 82년(37.3%), 그리스 77년(35.0%), 스페인 48년(21.8%), 오스트리아 35년(15.9%), 헝가리 33년(15.0%), 폴란드와 루마니아 30년(13.6%), 독일 27년(12.3%), 포르투갈 18년(8.2%), 네덜란드 13년(5.9%), 영국과 이탈리아 7년(3.2%), 스웨덴 3년(1.4%), 프랑스와 덴마크 2년(0.9%)이었으며, 북미·중남미지역(10개국)에서는 에콰도르 103년(46.8%), 멕시코 85년(38.6%), 페루 78년(35.5%), 베네수엘라 68년(30.9%), 콜롬비아 67년(30.5%), 아르헨티나 55년(25.0%), 칠레 54년(24.5%), 브라질 45년(20.5%), 우루과이 25년(11.4%), 미국 16년(7.3%)으로 나타났다. 또한, 아시아지역(7개국)에서는 중국 27년(12.3%), 일본과 필리핀 11년(5.0%), 인도 10년(4.5%), 인도네시아 9년(4.1%), 한국 6년(2.7%), 태국 3년(1.4%)이었으며, 중동·아프리카지역(4개국)에서는 튀르키예 31년(14.1%), 나이지리아 6년(2.7%), 남아프리카공화국 4년(1.8%), 이집트 2년(0.9%)으로 나타났다. 부연하면, 1790~2009년에는 에콰도르(103년), 멕시코(85년), 러시아(82년), 페루(78년), 그리스(77년), 베네수엘라(68년), 콜롬비아(67년), 아르헨티나(55년), 칠레(54년) 등의 국가에서 채무불이행 상태가 상당기간 지속되었으나, 프랑스(2년), 덴마크(2년), 이집트(2년), 스웨덴(3년), 태국(3년), 남아프리카공화국(4년) 등의 국가에서는 채무불이행이 거의 발생하지 않았다.

<표 2> 지역별 주요국의 채무불이행 사례(1790~2009)

국가	채무불이행(debt default)	IMF 차관(지원연도)
그리스	1826, 1830~1842, 1843~1859, 1860~1878, 1894~1897, 1932~1954	
네덜란드	1802~1814, 1918	1957
덴마크	1800, 1813	
독일(프러시아)	(1683) 1807, 1812~1814, 1850, 1932~1953	
러시아	1839, 1885, 1917~1986, 1991~1997, 1998~2000	1992, 1995~1996, 1999
루마니아	1933~1958, 1981~1983, 1986	1975, 1977, 1981, 1991~1992, 1994, 1997, 1999, 2001, 2004, 2009
스웨덴	1811~1812, 1918	
스페인	(1557, 1575, 1596, 1607, 1627, 1647) 1808~1809, 1820, 1831~1834, 1837~1867, 1872, 1877~1882, 1936~1939	1959, 1960, 1978
영국	(1340, 1472, 1594) 1749, 1800, 1822, 1834, 1888~1889, 1932	1956~1958, 1961~1964, 1967, 1969, 1975, 1977
오스트리아	(1796) 1802, 1805, 1806~1816, 1868~1870, 1914~1915, 1922, 1932~1933, 1938, 1940~1952	
이탈리아	1940~1946	1974, 1977
포르투갈	(1560) 1808, 1828, 1837~1841, 1845, 1850~1856, 1890~1892	1977, 1978, 1983
폴란드	1923, 1936~1937, 1940~1952, 1981~1994	1990~1991, 1993~1994
프랑스	(1558, 1624, 1648, 1661, 1701, 1715, 1770, 1788) 1812, 1946	1956, 1958, 1969

국가	채무불이행(debt default)	IMF 차관(지원연도)
헝가리	1932~1937, 1941~1967	1982, 1984, 1990~1991, 1993, 1996, 2008
멕시코	1827~1830, 1833~1841, 1844~1850, 1854~1864, 1866~1885, 1898, 1914~1922, 1928~1942, 1982~1990, 1994~1995	1954, 1959, 1961, 1977, 1983, 1986, 1989, 1995, 1999
미국	1790, 1841~1842, 1873~1884, 1933	1963~1964
베네수엘라	1826~1840, 1848~1859, 1860~1862, 1865~1881, 1892, 1898~1905, 1983~1988, 1990, 1995~1998, 2004~2005	1960, 1989, 1996
브라질	1828~1834, 1898~1910, 1914~1919, 1931~1933, 1937~1943, 1961, 1964, 1983~1990	1958, 1961, 1965~1972, 1983, 1988, 1992, 1998, 2001~2002
아르헨티나	1827~1857, 1890~1893, 1951, 1956~1965, 1982~1983, 1989~1990, 2001~2005	1958~1962, 1967~1968, 1976~1977, 1983~1984, 1987, 1989, 1991~1992, 1996, 1998, 2000, 2003
에콰도로	1826~1845, 1868~1890, 1894~1898, 1900~1904, 1906~1911, 1914~1924, 1929~1954, 1982~1985, 1999~2000, 2008	1961~1966, 1969~1970, 1983, 1985~1986, 1988~1989, 1991, 1994, 2000, 2003
우루과이	1876~1878, 1891, 1915~1921, 1932~1938, 1965, 1983~1985, 1987, 1990~1991, 2003	1961~1962, 1966, 1968, 1970, 1972, 1975~1977, 1979~1981, 1983, 1985, 1990, 1992, 1997, 1999~2002
칠레	1826~1842, 1880~1883, 1931~1947, 1961, 1963, 1965~1966, 1972~1975, 1983~1990	1956, 1958~1959, 1961, 1963~1966, 1968~1969, 1974~1975, 1983, 1985, 1989

국가	채무불이행(debt default)	IMF 차관(지원연도)
콜롬비아	1826~1845, 1850~1861, 1873, 1880~1896, 1900~1904, 1932~1944	1957~1960, 1962~1964, 1966~1973, 1999, 2003, 2005
페루	1826~1848, 1850, 1876~1889, 1931~1951, 1969~1970, 1976, 1978, 1980, 1984~1997	1954, 1958~1968, 1970, 1977~1979, 1982, 1984, 1993, 1996, 1999, 2001~2002, 2004
인도	1943, 1958, 1969, 1972~1976, 1989~1990	1957, 1962~1963, 1965, 1981, 1991
인도네시아	1966~1970, 1998~2000, 2002	1961, 1963, 1968~1973, 1997~1998, 2000
일본	1942~1952	1962, 1964
중국	1921~1936, 1939~1949	1981, 1986
태국	1919, 1997~1998	1978, 1981~1982, 1985, 1997
필리핀	1943, 1983~1992	1962~1968, 1970~1976, 1979~1980, 1983~1984, 1986, 1989, 1991, 1994, 1998
한국	1950~1953, 1997~1998	1965~1975, 1977, 1980~1981, 1983, 1985, 1997
나이지리아	1982, 1986, 1992, 1995, 2001, 2004	
남아프리카 공화국	1919, 1985, 1989, 1993	
이집트	1941, 1984	
튀르키예	1876~1881, 1915~1928, 1931~1932, 1940~1943, 1959, 1965, 1978~1979, 1982	1961~1970, 1978~1980, 1983~1984, 1994, 1999, 2002

자료: Reinhart, Carmen and Kenneth Rogoff, *A Decade of Debt* (2011), Washington DC: Peterson Institute for International Economics, 47-152.

자본시장의 경제위기를 분석한 카르멘 라인하르트와 케네스 로고프는 1800~2009년 외채불이행(정부)은 최소 250건, 국내채무불이행(공적채무)은 최소 68건이라고 추산했다.[38] 부연하면, 외채불이행(리스트럭처링 포함) 발생사례가 나폴레옹전쟁(1792~1815) 이후 1820~1840년(중남미), 1870~1890년, 1930~1950년, 1980~1990년(신흥투자시장)에는 정점(채무불이행 국가수의 비율: 평균 40% 수준)에 달했다. 정부의 채무불이행(외채)은 은행위기와 마찬가지로, 1차 세계대전 이후 급격히 증가하기 시작하여 경제대공황과 2차 세계대전 기간에는 정점에 달했다. 은행위기(글로벌 금융시장의 동요)로 인해 신흥투자시장에서 외채상환능력 저하로 나타나는 정부의 채무불이행 발생과정은 ▲선진경제권의 은행위기가 경기침체(경제활동의 위축 또는 둔화)로 신흥투자시장의 수출위축에 따른 외환보유액 감소, ▲글로벌 경기위축으로 상품(소비재· 원자재) 수출가격 하락, ▲글로벌 금융센터의 은행위기(신용경색 수반)에 따른 자본유입의 갑작스런 긴급중단(sudden stop),[39] ▲은행위기의 전염효과에 따른 투자자산의 회수, ▲은행위기의 신뢰상실 유발 등의 문제로 전개되는 경향이 있다.[40] 1900~2007년 물가위기(연중 소비자물가상승률 20% 초과)와 정부의 채무불이행(외채)은 0.39로 (+)상관관계를 나타냈는데, 1940~2007년에는 상관관계가 0.75 수준인 것으로 나타났다. 특히 경제대공황에 따른 심각한 채무불이행 사태가 물가하락(deflation) 현상으로 채무상환부담이 가중되고 거시경제 전반에 걸쳐 부정적인 영향을 미쳤다.[41] 일반적으로 물가위기가 채무불이행의 발생 가능성을 높이기도 했지만, 반대로 채무불이행 이후에는 국제금융시장에서의 차입중단(자본조달 곤란)과 재정수입 부

38 Reinhart, Carmen and Kenneth Rogoff(2009), 34-35.
39 Gillermo Calve(1998)에 의해 유명해졌으나, Rudiger Dornbusch(1995)에서 유래한 용어다.
40 Reinhart, Carmen and Kenneth Rogoff(2009), 73-79.
41 Irving Fisher(1933), "debt-deflation" theory

족에도 불구하고, 경제위기를 극복하기 위한 재정지출이 급격히 증가하면서 물가위기(inflation tax)가 더욱더 심화되는 사례가 빈번하게 나타났다. 1800~1940년 수출 상품가격지수(commodity price indexes)와 정부의 채무불이행과의 상관관계는 비교적 높은 것으로 추정되는데, 수출 상품가격의 정점(고점)과 저점의 순환주기(cycle)는 자본유입(capital inflows) 순환주기의 선행지표(leading indicators)로서 수출 상품가격의 저점 기간에는 정부의 채무불이행 발생사례가 빈번했던 것으로 나타났다. 수출 상품가격이 상승하여 상품의 교역조건(terms of trade)이 개선된 시기에는 자본유입이 증가했지만, 반대로 수출 상품가격이 하락한 시기에는 자본유입이 감소하면서 채무불이행 사례가 증가했다는 사실이 발견되었다. 그러나 1940~2008년에는 수출 상품가격지수와 자본유입 순환주기의 상관관계는 통계적으로 유의적이지 않은 것으로 추정된다. 1919~2008년 통계분석에서 긴급중단은 은행위기(systemic banking crises), 정부의 채무불이행(외채)과의 상관관계가 비교적 높은 것으로 나타났다.[42] 긴급중단과는 상반되는 자본유입의 급증현상은 은행위기 직전의 공통적인 특징인데, 1960~2006년 통계분석에서 자본유입과 은행위기의 (+)상관관계는 60.9%로 추정되면서 급격한 자본유입은 은행위기의 선행변수가 될 수 있다는 것이다. 1920~2007년 통계분석에서는 선진경제권뿐만 아니라 신흥투자시장에서도 자본유입 이전에 여신증가(credit booms)로 인해 자산가격이 상승하면서 실물자산(주택)과 주가지수(equity prices)의 실질가격이 거품이 누적된 상태에서 은행위기로 자산가격이 폭락하는 현상이 유발되었는데,[43] 블랙먼데이(1987년 10월), IT닷컴 버블(2000~2001) 등이 대표적인 은행위기 발생사례라고 할 수 있다. 자본유입의 비정상적인 급증(capital

42 Reinhart, Carmen and Kenneth Rogoff(2009), 250-252.
43 ibid, 157-162.

inflow bonanzas)에 따른 갑작스런 저축과잉(global savings glut)으로 채무위기 또는 은행위기가 발생함으로써 자본유입 순환주기와 경제위기(채무불이행)는 오히려 (+)상관관계라는 것이다.

채무재조정(debt rescheduling/restructuring)은 채무국이 외환부족 등의 이유로 원리금상환 등 금융계약조건을 이행하기 어려운 경우에 상환기일 연장, 원리금상환액 감면 등으로 채무국의 채무상환부담을 완화해주는 조치를 의미한다. 예를 들면, 1980년대 과다채무국을 대상으로 채무감면을 추진한 브래디플랜(Brady Plan)은 채무불이행 상태에 있는 신흥투자시장에 대해 미국재무부의 보증(collateralized by zero-coupon bonds)으로 취해진 대표적인 채무재조정 사례라고 할 수 있다. 니콜라스 브래디(Nicholas Brady) 미국재무부장관이 1989년 3월부터 추진한 브래디플랜(Brady Plan)[44]의 채무감면(debt reduction) 프로그램에 의해 브래디채권(Brady Bond)이 발행되었다. 브래디플랜은 채무상환부담 완화뿐만 아니라 과다채무국의 지속가능한 경제발전을 위한 경제회복조건으로 국제금융시장에서 자본조달(접근)이 가능하도록 하는 데 그 목적이 있었다. 부연하면, 과다채무국의 채무부담을 완화하기 위해 1985년 9월부터 추진된 베이커플랜(Baker Plan)[45]은 금융기관의 대출시스템을 통한 지원방식(system order)이었으나, 브래디플랜은 보다 유연한 시장질서(market order)로 대체된 시장주도의 지원방식(the Market-driven Menu Approach)이었다. 특히 브래디플랜은 과다채무국에 대하여 IMF 특별인출권(Special Drawing Rights: SDR)의 25% 상당

44 브래디플랜 참여국가(17 participating countries)는 아르헨티나, 브라질, 불가리아, 콩고, 코스타리카, 코트디부아르, 도미니카공화국, 에콰도르, 요르단, 멕시코, 모로코, 나이지리아, 페루, 필리핀, 폴란드, 우루과이와 베네수엘라로 알려졌다.

45 베이커플랜 참여국가(15 participating countries)는 아르헨티나, 볼리비아, 브라질, 칠레, 콜롬비아, 에콰도르, 코트디부아르, 멕시코, 모로코, 나이지리아, 페루, 필리핀, 우루과이, 베네수엘라와 유고슬라비아였다.

의 구조조정대출과 회원국 쿼터의 40% 범위 내 이자지원, 세계은행 대출한도의 15% 범위 내 이자지원과 1억 달러의 채무할인환매(discounted debt buyback) 등 국제금융기관(International Financial Institute: IFI)의 채무감면프로그램(umbrella effect)을 담고 있다.[46] 1990년대 브래디플랜의 채무재조정 협상(Brady-type restructuring deals)으로 신흥투자시장의 외채상환부담이 완화되면서 총외채잔액/GNP 비중은 평균 25% 미만으로 낮아졌다. 그러나 아르헨티나, 브라질, 에콰도르, 페루, 필리핀, 폴란드와 우루과이에서는 채무재조정 이후 3년 간 총외채잔액/GNP 비중이 25%를 초과했고, 2000년 기준으로 아르헨티나, 브라질, 에콰도르와 페루에서는 총외채잔액/GNP 비중이 오히려 채무재조정 이전 수준으로 높아졌다. 2001~2003년에는 아르헨티나, 코트디부아르, 에콰도르와 우루과이에서 채무불이행(리스트럭처링 포함) 사태가 또 다시 재연되었고, 특히 에콰도르에서는 2004~2008년에 채무불이행 사태가 또 발생했다.[47]

채무재조정은 전면적인 채무불이행(outright default)과 협상 가능한 부분적인 채무불이행(negotiated partial default)으로 구분된다. 일반적으로 채무재조정에서 공공채무(official debt)에 대해서는 파리클럽(Paris Club), 상업채무(commercial debt)에 대해서는 런던클럽(London Club)에서 리스케줄링 협상이 이루어진다. 공공채무와 상업채무의 구분기준은 채권자(채권국)에 따르며, 공적채무(public debt)와 민간채무(private debt)는 채무자(채무국)를 기준으로 분류된다. 파리클럽은 채무국의 외채상환부담을 경감하기 위해 지속가능한 해결책으로 채무재조정에 참여한 공적 채권단(participating creditors)의 비공식그룹이다. 채무국(정부)은 거시경제·금융

46 Bouchet, Michel, Ephraim Clark, and Bertrand Groslambert(2003), 179-180.
47 Reinhart, Carmen and Kenneth Rogoff(2009), 73-79.

상황의 안정과 회복을 위해 경제개혁 프레임워크(IMF-supported program)를 수용하면 파리클럽 채권단은 채무상환기일 재조정(rescheduling), 재조정된 기간 이내에 원리금상환금액 감면(concessional rescheduling) 등의 채무재조정 조건(debt treatment)[48]에 합의한다. 부연하면, 파리클럽은 정부 간 대출, 수출신용기관(Export Credit Agency: ECA)의 공적수출신용을 포함한 채무국의 외채상환 문제를 해결하기 위해 채권국(22개국 정부)[49]의 합의(consensus)을 통해 조정하는 절차를 취하며, 파리클럽 사무국(파리)은 프랑스재무부(French Treasury)에 의해 운용된다.[50] 파리클럽에서 채무재조정 대상원금의 기산일(cut-off date)은 IMF과 합의하여 1984년 5월부터 채택되었는데, 기산일은 원금, 이자와 연체금액을 포함한 채무재조정 적용기간(consolidation period)이 시작되는 시점이다. 따라서 채무재조정 기산일을 기준으로 기존의 채무상환이 적용되는 채무(pre-cut-off date debt)와 채무재조정이 적용되는 채무(post-cut-off date debt)로 구분된다. 파리클럽 리스케줄링은 2차 세계대전 이후 채무재조정을 위한 자율협의체로 시작하여 1956년 5월 16일, 아르헨티나 정부(요청)의 공적외채에 대한 상환기일 재조정을 위해 프랑스(재무부)가 주도하여 채권국 정부대표단들이 회동한 것이 최초의 사례다. 반면, 런던클럽 리스케줄링은 1980년대 초반 상업채무의 채권국들(상업은행 대표단)이 원리금 회수부진 문제를 런던에서 협의한 것이 최초의 사례로 기록된다. <부록 5>의 파리클럽 리스케줄

48 The outcome of the negotiation is not a legally-binding agreement between the debtor and each of its creditors but instead a document called Agreed Minutes (www.clubdeparis.com).

49 파리클럽 채권국(2025년 5월 기준)은 호주, 오스트리아, 벨기에, 브라질, 캐나다, 덴마크, 핀란드, 프랑스, 독일, 아일랜드, 이스라엘, 이탈리아, 요르단, 한국(2016), 네덜란드, 노르웨이, 러시아(1997), 스페인, 스웨덴, 스위스, 영국과 미국이다.

50 The Chairman of the Paris Club, traditionally a senior official of the French Treasury, is currently Mr. Bertrand DUMONT, Director-General of the Treasury.

링의 주요 합의현황에서 1956~2025년 파리클럽은 102개 채무국의 480건(6,160억 달러)의 채무재조정 조치를 취했다. 파리클럽의 채무재조정 조건은 1956~1980년에는 IMF의 전통적인 차관 지원조건에 준용하여 이루어졌다. 지역별로는 아시아지역에서는 인도네시아(1966), 아프리카지역에서는 콩고민주공화국(1976), 유럽지역에서는 폴란드(1981)에 대해 최초의 파리클럽 리스케줄링이 이뤄졌다. 전통적인 표준 채무재조정 조건(Classical Terms)은 채무국(61개국)에 대하여 일반적으로 10년의 상환기간(3년 유예기간) 이내에 시장이자율을 적용해 일시적인 유동성리스크를 완화하기 위한 지원형태를 취했다.[51] 그러나 1981년 이후에는 멕시코 정부의 채무불이행(1982)을 시작으로 1980년대에는 신흥투자시장의 채무위기로 인해 파리클럽의 채무재조정 사례가 급증했다. 1987년에 도입된 베니스조건(Venice Terms)은 사하라사막 이남의 아프리카지역(모리타니, 1987) 빈곤국을 대상으로 채무원리금(non-concessional debt)의 상환기간을 연장하는 조건이었다. 1988년 10월의 토론토조건(Toronto Terms)에서는 말리(1988) 등에 대해 채권국의 예산과 법규 제한을 충족하기 위해 원금감면비율(현재가치 기준) 33% 선택사항(debt reduction menu options)이 제시되었고, 공적개발원조(Official Development Aid: ODA)에 대한 이자율 경감조치도 취해졌으며, 1988~1991년 26건(20개국)의 채무재조정 조건이 합의되었다. 일반적으로 공적개발원조는 선진경제권 또는 국제금융기구가 후진국에 지원하는 양허성차관(concessional loan)이다. 1990년 9월의 휴스턴조건(Houston Terms)에서는 모로코(1990) 등 과다채무국(총외채잔액/GDP>50%)에 대해 15년 간(8~10년 유예기간)의 채무리스케줄링과 중하위소득국(Lower Middle Income Countries: LMIC)을 포함한 21개국(35건)에 대해서도 채무

51 The Paris Club offered non-concessional flow relief to support IMF adjustment programs.

상환기간을 연장하기로 합의했다. 1991년 10월의 런던조건(London Terms)에서는 니카라과(1991) 등에 대해 ODA 이외의 채무(non-ODA debt)에 대해서도 원금감면비율이 33%에서 50%로 상향조정되었고, 1991~1994년에는 러시아(1992) 등 23개국에 대한 채무재조정이 이뤄졌다. 1994년 12월의 나폴리조건(Naples Terms)에서는 캄보디아(1995) 등 33개국의 고채무빈국(Heavily Indebted Poor Countries: HIPC)에 대해 그 비율을 67% 수준으로 재조정했다. 이후 1996년 11월의 리용조건(Lyon Terms)에서는 80%로, 1999년 11월의 쾰른조건(Cologne Terms)에서는 우간다(1998)와 모잠비크(1999) 등 37개국의 HIPC 지원적격국(countries eligible to the HIPC initiative)[52]을 대상으로 90%(+swap up to 20% of outstanding debt stock)로 각각 적용했으며[53], 2003년 10월에는 HIPC 이외의 국가(non-HIPC countries)에 대해서도 또 다른 채무재조정 조건인 에비앙방식(the Evian Approach)을 케냐(2004) 등에 확대하기 시작했다. 아르헨티나는 경제위기(2001~2002) 지원대책 등과 관하여 IMF와 격한 갈등을 표출했는데, 2014년에는 파리클럽이 채무연체금액에 대한 청산(결제)과 상환을 재개하는 데 아르헨티나 정부와 합의했다. 파리클럽은 과다채무국의 채무상환부담을 경감하기 위해 G20 국가들과 국제금융기구(World Bank)에 의해 추진된 HIPC 이니셔티브(1996), 빈곤국 채무상환중단이니셔티브(Debt Service Suspension Initiative: DSSI)(2020)를 통해 소말리아(2024 채무탕감) 등 빈곤국에 대한 채무경감조치(채무상환유예)를 취했으며, G20를 중심으로 보다 광범위한 지원체계(the Common Framework)가 구축되었다.

52 In September 1996, the Interim and Development Committees of the IMF and the World Bank endorsed a program jointly proposed by the two institutions, and 39 countries were initially considered as potentially eligible for the HIPC initiative by the IMF and the World Bank.

53 Bouchet, Michel, Ephraim Clark, and Bertrand Groslambert(2003), 181-183.

2장

글로벌 경제위기

세계 경제는 인류의 문명이 태동하고 산업이 발전하면서 성장하였고, 전쟁과 혁명 등을 통해 그 변혁의 과정을 거쳤다. 일찍이 고대문명은 이집트(나일강), 메소포타미아(티그리스강·유프라테스강), 인도(인더스강·갠지스강), 중국(황하강) 등 세계 전역에서 발생한 것으로 역사가들은 조명하고 있다. 영국 역사학자인 아놀드 토인비(Arnold Toynbee)는 『역사의 연구』(1934~1961)에서 그리스와 튀르키예의 미노스문명(BC3000~BC1425)으로부터 이란과 아나톨리아의 시리아문명(BC1125~AD975, 이슬람교), 에게해 연안과 로마제국의 헬라스문명(BC1125~AD375, 기독교)이 탄생했으며, 티그리스강과 유프라테스강의 수메르문명(BC3000~BC1675)으로부터 이라크의 바빌로니아문명(BC1375~AD100), 튀르키예동부(카파도키아)와 팔레스타인의 히타이트문명(BC1675~BC1220)으로 분리되었다고 주장했다. 또한, 세계적인 종교의 발생지역도 예루살렘(유대교와 기독교), 로마(가톨릭), 메카(이슬람교), 불가리아(그리스정교), 인도(힌두교와 불교), 중국(유교) 등으로 세계 전역에 혼재되어 있다. 인류의 문명과 종교가 사회문화의 형성에 엄청난 영향을 미쳤기 때문에 문명과 종교 등에 관한 폭넓고 깊은 이해와 관찰이 필요하며, 따라서 인류의 문명을 주도한 지역과 국가의 사회문화에 대한 끊임없는 탐구가 요구된다.

글로벌 경제위기를 논하기 위해서는 인문학보다는 사회과학의 분야에서 그 지역과 국가의 정치와 경제에 관한 변화과정을 관찰할 필요가 있으며, 따라서 정치와 경제에 지대한 영향을 미친 세계사적 사건에 관한 담론이 요구된다. 정치와 경제의 대표적인 사건은 전쟁, 혁명과 위기 등으로 요약되는데, 정치적으로는 전쟁(내란 포함), 쿠데타, 정치사회혁명 등이 대표적인 사례이며, 경제적으로는 산업혁명, 경제위기, 채무불이행 등이 또한 대표적인 사례라고 할 수 있다. 그런데, 인류 역사에서 고대문명 이후 사회문화를 이끌었던 정치경제적 사건은 유럽지역을 중심으로 태동했으며, 따라서 유럽의 사회문화는 인류사에서 획기적인 지평을 열었다. 유럽지역에서는 고대 그리스와 로마 문화, 중세 기독교 문명과 르네상스, 근대 민주혁명과 산업혁명 등 굵직굵직한 사건들이 발생했으며, 세부적으로 모두 열거할 수 없을 정도로 인류의 위대한 문화유산을 잉태했다. 그리스는 서양철학의 원조와 민주주의의 사상의 근간이 되었고, 로마는 법과 정치체제, 그리고 건축과 예술 등 다양한 분야에서 유럽 문화의 보편적인 고향이라고 불린다. 중세 유럽에 대해서는 흔히 암흑기라고 혹평하지만 근대 이후의 경제사회의 발전을 잉태하기 위한 과도기였으며, 기독교 문화가 정착한 시기라고 할 수 있다. 중세의 몰락에서 부활한 르네상스는 인간 중심의 사회문화를 통해 지성의 발견과 관점의 변화 등으로 다양한 국가들과 교류하는 출발점이 되는 계기가 되었다. 근대에는 민주주의가 본격화되고 산업혁명이 나타나면서 의식의 전환과 사회과학의 발전 등을 기반으로 유럽지역에서는 더욱더 진전된 사회문화의 의식이 형성되었으며, 1차 세계대전(1914~1918) 이후 미국으로 경제패권을 넘기기 이전의 유럽지역은 인류사회의 변화과정에서 세계사의 중심적인 역할을 했다. 프랑스 경제학자로서 유럽개발은행(EBRD)을 설립한 자크 아탈리(Jacques Attali) EBRD 총재(1991~1993)는 『미래의 물결』(2007)에서 세계의 거점도시(최초의 산업형성지역)가 직물제조 산업이 태동한 벨기에의 브루게(1200~1350)에서 시작하여 금융기관과 주식회사의 체계를 구축한 이탈리아의 베네치아(1350~1500), 인쇄술(상용화)을 직조공업에 발전시킨 벨기에의 앤트워프(1500~1560), 금 생산과 금시장(회계기법 도입)을 형성한 이탈리아의 제노바(1560~1620), 의복산업에서 제사방식의 기계화(대량생산가능)로 성장한 네덜란드의 암스테르담(1620~1788), 증기기관의 출현으로 철도가 부설된 영국의 런던(1788~1890), 자동차와 전화 발명, 지하철 건설로 미국식의 자본주의가 형성된 미국의 보스턴(1890~1929), 기계의 생산성 향상과 전기·전자산업이 발달한 미국의 뉴욕(1929~1980), 컴퓨터(PC)와 인터넷의 상용화, 석유와 영화 산업이 성장한 미국의 로스앤젤레스(1980~2007)의 순서로 이동했다고 분석했다. 자본시장의 경제사회는 인류가 태동하면서 그 산업구조도 변했다. 신석기시대 이전에는 수렵채취(동물과 근접한 원시상태)가 인간의 중심적인 생활방식이었으나, 신석기시대 이후에는 불 등의 도구를 사용하기 시작하면서 농경사회 중심으로 인류의 사회문화가 정착하기 시작했다. 그러나 오랜 기간에 걸쳐 농경사회가 산업의 중심적인 역할을 했는데, 기원후 1500년이 지난 시점에서도 여전히 농림어업이 중심적인 산업이었던 것은 분명한 사실이었다. 특히, 중세유럽의 봉건사회에서는 봉토(장원)에서 주종관계를 통해 영주(토지 소유자)와 농노(농지 경작자)가 그 역할을 분담하면서 농업을 중심으로 산업구조가 형성되었다. 따라서 근대 이전에는 인간의 산업 중심에는 농업이 중요한 역할을 차지하고 있었던 것이다. 부연하면, 역사적으로 농업에 비해 제조업의 부가가치가 추월한 시기는 영국 1825년, 독일(프로이센) 1865년, 미국 1869년, 프랑스 1875년 등으로 미루어보아 1800년대 들어와서 산업의 중심이 농업에서 제조업으로 비로소 이전되기 시작했다. 그러던 인류사회에서 산업의 중심적인 역할이 농업에서 상공업으로 이전되는 계기가 발생했는데, “산업혁명”이라고 불리는 인류사회의 대변혁이 일어난 것이다. 아놀드 토인비(1889~1975)가 저술한 『역사의 연구』에서는 산업혁명의 발생시점을 기준으로 그 중심적인 변혁과정(성장동력)을 3단계로 구분하여 설명하고 있다. 아놀드 토인비는 1차 산업혁명(1794)은 기계식 생산설비의 도입(증기기관 발명), 2차 산업혁명(1870)은 컨베이어시스템의 도입과 대량생산체계 구축(전기에너지 발명), 3차 산업혁명(1965)은 자동차시스템의 진화와 정보기술(IT) 산업의 발전(PC·인터넷 발명)으로 분류하고 있다. 그러나 미국 경제학자이자 문명비평가인 제레미 리프킨(Jeremy Rifkin)은 『3차 산업혁명』(2011)에서 공동체의식의 패러다임 변화를 관찰한 접근방법론으로 산업혁명의 특징을 논했는데, 1차 산업혁명은 농업에서의 변화(수직형 도시형태), 2차 산업혁명은 공업(화석연료)의 글로벌화 진전(수평형 공간확장), 3차 산업혁명은 재생가능에너지 중심의 대륙화 과정으로 분류했다. 제레미 리프킨은 글로벌화가 진전되면서 화석연료 중심의 2차 산업의 패러다임이 재생가능에너지 중심의 3차 산업으로 변화하면서 효율(수직적 소유의식)에서 공감(수평적 공유의식)으로 공동체의 의식형태(의사결정)가 전환된다고 강조했다. 독일 경제학자로서 스위스(다보스)에서 개최되는 세계경제포럼(WEF)의 창설자인 클라우스 슈밥(Klaus Schwab)은 『제4차 산업혁명』(2016)에서 1차 산업혁명(1760~1840)은 철도 건설과 증기기간의 발명으로 기계에 의한 생산, 2차 산업혁명(1800년대 후반~1900년대 초반)은 전기와 생산 조립라인의 출현에 따른 대량생산, 3차 산업혁명(1960~1990)은 컴퓨터(PC)와 인터넷으로 인한 디지털 혁명을 그 특징(역사적 의의)으로 한다고 규정했다. 클라우스 슈밥은 2000년대에는 과학기술(물리시스템)의 융합형태가 진행되면서 사회 전체(시스템 충격)가 선형적 속도가 아닌 기하급수적 속도로 변화하는 4차 산업혁명(2000년대)에 진입했다고 분석했다.

아무튼 영국에서 시작된 산업혁명은 자본주의 경제체제가 변화하면서 미국을 거쳐 농업이 아닌 공업(제조업)으로 진화하면서 산업발전과 인류문명의 확산은 그 궤를 같이하고 있다.

인류의 역사에서 고대문명으로부터 시작하여 산업혁명으로 경제의 성장과 발전이 지속되었지만, 전쟁과 경제위기 등으로 경제의 성장과 발전이 후퇴하기도 했다. 역사적으로 페르시아전쟁(BC492~BC479), 펠로폰네소스전쟁(BC431~BC404), 포에니전쟁(BC264~BC149), 서로마제국 멸망(476), 프랑크왕국 성립(481~843), 신성로마제국 형성(962~1806), 십자군원정[1](1096~1270), 영·불 백년전쟁(1337~1452), 동로마제국 멸망(1453), 식민지쟁탈전[2](1488~1984), 종교전쟁[3](1618~1648), 오스트리아 왕위계승전쟁(1740~1748), 7년 전쟁(1756~1763), 나폴레옹전쟁(1792~1815), 보블전쟁(1870~1871), 1차 세계대전(1914~1918) 등 유럽지역에서는 국가의 흥망성쇠, 정치사회의 불안 등으로 경제위기를 겪었으며, 경제대공황(1929~1933), 2차 세계대전(1939~1945), 글로벌 금융위기(2008~2009), 코로나위기(2020~2021) 등으로 세계 전역은 심각한 몸살을 앓았다. 경제위기의 최대 위협요인은 전쟁(내란 포함)인데, 전쟁으로 영토가 폐허가 되고 인명과 인프라스트럭처 등의 피해로 인해 사회경제는 마비되고, 경제 구조가 취약한 국가들은 채무불이행 사태에 직면했다. 경제위기는 유동성위기, 외환·금융위기, 물가위기, 재정위기와 채무위기 등의 형태(패턴)를 통해 국가별로 다

1 1차(1096~1099) 툴루스 레몽 백작(예루살렘 점령), 2차(1147) 콘라트 3세와 루이 7세, 3차(1189~1192) 프리드리히 바르바로사 1세와 프리드리히 2세, 4차(1202~1204) 프랑스북부기사단(동로마제국 분열, 비잔틴제국(콘스탄티노플) 함락, 라틴제국 성립), 5차(1229) 나일강 상륙, 예루살렘 입성, 6차(1248~1254), 7차(1270) 루이 9세의 패배(아비뇽 유수사건, 1309~1377)

2 포르투갈의 남아프리카공화국(희망봉) 발견 이후 브루나이의 영국으로부터 독립한 기간

3 개신교와 가톨릭의 30년 종교전쟁(1618~1648)으로 독일지역이 황폐화되었지만, 1648년 베스트팔렌조약으로 30년 전쟁은 종식되었고, 독일은 로마가톨릭과 루터니즘(또는 개혁신앙)을 자유롭게 선택하게 되었다.

양한 형태로 발생했다. 과거 경제위기는 국가별로 다양한 형태로 나타났지만, 역사적인 관점에서 대표적인 경제위기의 발생사례를 요약하면, 종교전쟁(1618~1648)과 스페인내전(1627)의 후유증으로 발생한 네덜란드의 튤립구근 버블(1636~1637), 프랑스의 미시시피회사주식 버블(1719~1720), 중력(만유인력)의 법칙을 발견한 아이작 뉴턴(Isaac Newton)도 투자손실을 봤다는 영국의 남해회사주식 버블(1720), 오스트리아 왕위계승전쟁(1740~1748) 개입에 의한 독일·네덜란드 금융위기(1748), 7년 전쟁(1756~1763)의 산물인 독일·네덜란드 금융위기(1763), 미국 금융공황(1792), 미국 은행파산(1819), 영국 금융위기(1825~1826), 멕시코전쟁(1846~1848) 이후의 투자과열에 따른 미국 금광투기사건(1857), 남북전쟁(1861~1865) 이후에 발생한 미국 철도산업투기사건(1873~1884), 미국 금융위기(1893~1896), 1차 세계대전(1914~1918), 볼셰비키혁명(1917)에 따른 제정러시아의 채무불이행(1918), 베르사유조약(1918)에서 결정된 전쟁배상금 지불부담과 통화발행 급증으로 나타난 독일 물가위기(1923), 경제대공황(1929~1933), 독일과 오스트리아의 금융위기·채무불이행(1931~1933), 2차 세계대전(1939~1945), 영국 외환위기(1967), 브레튼우즈체제 붕괴(1971~1973), 4차 중동전쟁(1973)으로 국제유가(배럴당)가 3달러에서 11달러 수준으로 급등한 1차 오일쇼크(1973), 이란의 이슬람혁명 발생 이후 국제유가(배럴당)가 13달러에서 30달러 수준으로 급등한 2차 오일쇼크(1979), 폴란드 모라토리엄 선언(1981), 중남미 외채위기(1980~1983), 북유럽 금융위기(1987~1988), 미국 주식시장(저축대부은행 파산) 붕괴사건(1987), 소련공산주의체제 몰락(1991), 중남미 외환·외채위기(1990~1995), 유럽통화체제의 위기(1992~1993), 동남아 외환·금융위기(1997~1998), 러시아·브라질 재정·외채위기(1998~1999), IT닷컴 버블(2000~2001), 튀르키예·아르헨티나 외환·외채위기(2000~2001), 미국의 주택담보대출 부실사태(2007), 글로벌 금융위기(2008~2009), 유로존 재정위기(2010~2012), 코로나위기(2020~2021) 등 굵직굵직한 경제위기 발생사례를 모두 열거할 수 없을 정도로 수시로 빈번하게 발생했다. <표 3>의 주요 경제위기의 연대별 분류(1618~1998)에서 경제위기가 발생한 시기, 국가(배경)와 투기대상에 관하여 요약했지만, 세계 전역에 걸친 경제위기 발생현황을 빠짐없이 기록하는 것은 사실상 불가능하다. 그러나 1980년대 이후에는 국제무역과 국제금융을 통한 글로벌화의 진전으로 세계 전체적으로 국가 간 연계성이 확대되면서 경제위기의 빈도와 전염효과가 이전에 비해 강력해지면서 세계 전역에 걸쳐 경제위기는 더욱더 확산되거나 일반화되는 추세라는 점은 부인할 수 없다.

<표 3> 주요 경제위기의 연대별 분류(1618~1998)

발생시기	국가(배경)	투기대상
1618~1623	신성로마제국(30년 전쟁)	보조화폐(은)
1636~1637	네덜란드(스페인전쟁)	튤립, 동인도회사 주식
1690~1696	영국(1689~1697 프랑스전쟁)	동인도회사 주식
1720	영국(1713 Utrecht Treaty)	남해회사 주식
	프랑스(1715 루이14세 사망)	미시시피회사 주식
1763	네덜란드(7년 전쟁 종식)	상품(설탕)
1772	네덜란드(7년 전쟁 후유증)	동인도회사 주식
1792	미국(1789 헌법 제정)	미 증권
1793	영국(프랑스 테러)	운하
1797	영국(프랑스지폐 폭락)	증권, 운하
1799	독일(대륙봉쇄)	상품
1810	영국(웰링턴반도)	브라질·북유럽 수출품
1815~1816	영국(나폴레옹전쟁 종식)	유럽·미국 수출품

발생시기	국가(배경)	투기대상
1819	미국(무역 금지)	상품
1825	영국(금리 하락)	중남미 채권, 광산, 면화
1828	프랑스(금리 하락)	운하, 면화, 부동산
1836	영국(직물 붐)	면화, 철도
1837	미국(잭슨 대통령)	면화, 토지
1838	프랑스(1830 군주제)	면화, 부동산
1847	영국(1846 감자충해, 밀 흉작)	밀, 철도
1848	유럽대륙	철도, 밀, 부동산
1857	미국·호주(금광 발견)	철도, 공유지
	영국·유럽대륙(크림전쟁 종식)	철도, 밀, 중공업
1864	프랑스(미국 남북전쟁 종식)	면화
1866	영국·이탈리아(Bank Act(1844) 중단)	유한책임회사(선박회사)
1873	독일·오스트리아(불-프러시아전쟁)	철도, 증권, 상품
	미국(1872 사기사건)	철도, 주거개발
1882	프랑스(동유럽 진출)	신설은행 주식
1890	영국(커피·금광 등 자원개발)	아르헨티나 증권
	미국(주식시장 붕괴)	예금인출사태
1893	미국(1890 셔먼법)	은, 금
1893	호주(도시 성장)	토지, 금광
1907	미국(주식시장 붕괴, 러·일 전쟁)	증권, 커피
1920~1921	영국·미국(1차 세계대전 종식)	증권, 선박, 상품
1929	미국(전후 붐 종식)	토지, 주식
1931~1933	유럽(미국 해외대출 차단)	독일 은행위기(1931)
1950~1960	세계 전역(통화 태환성 문제)	외환
1874~1975	미국·세계(브레튼우즈체제 붕괴)	주식, 부동산투자신탁
1979~1982	미국·세계(1979 오일쇼크)	달러, 농지, 원유
1982~1987	미국(주식시장 붐)	주식, 고급주택, 달러

발생시기	국가(배경)	투기대상
1990	일본(주식시장 붐)	주가지수, 부동산
1994~1995	멕시코(NAFTA 가입)	증권, 외환
1997~1998	동남아·러시아·브라질(FDI 규제완화)	증권, 외환
2007~2008	미국·유럽(글로벌 금융위기)	부동산, 주식

자료: Kindleberger, Charles and Robert Aliber, *Manias, Panics, and Crashes: A History of Financial Crises* (2005), New Jersey: Wiley, 294-303.

1절 경제대공황

1929년 10월 24일 오전 10시 30분, 미국 주식시장은 멈췄다. 20세기(1900년대) 최대의 글로벌 경제위기인 경제대공황(Great Depression)[4]의 서막이 시작된 것이다. 경제대공황(1929~1933)은 과도한 경기침체 현상과 더불어 디플레이션(소비자물가의 전반적인 하락현상)을 유발하면서 산업생산과 국민소득은 심각한 수준으로 악화되었다. 미국의 경제위기가 최고조에 달한 1932년에는 경제성장률 -10%, 소비자물가상승률 -10%, 실업률 25% 수준이었다.

(1) 경제대공황의 진행경과

경제대공황 이전과 이후의 경제상황을 비교해보면, 국내총생산(GDP) 30% 감소, 제조업 생산 50% 감소, 금융기관 40% 파산 등 거시경제상황

4 John Kenneth Galbraith의 아들인 James K. Galbraith는 경제대공황을 “The Great Crash”, 글로벌 금융위기를 “the Great Crisis”로 구분했다.

은 처참했다. 1929~1933년에 실질국민소득은 매년 전년대비 11%, 9%, 18%, 3%씩 4년 연속 감소(연율로 환산하면 평균 11%) 감소하여 4년 누적기준 실질국민소득은 36%(명목국민소득: 53% 감소) 감소했다. <그림 1>의 경제대공황 전후 미국의 1인당 국민소득 추이(1928~1942)에서 미국은 1933년부터 거시경제상황이 회복되기 시작했지만, 1인당 국민소득 수준은 1940년 이전에는 1928년 수준으로 회복하지 못했고, 실업률도 1933년(25%)보다는 낮아졌지만 1940년에도 여전히 10% 수준에 달했다. 경제대공황이 발발하기 이전에는 미국 주식시장의 버블이 잠재되어 있었는데, 연간 기준으로 종합주가지수는 1928년 평균 36%, 1929년 1~8월에는 평균 53% 상승하면서 월가(Wall Street)의 투기확산현상이 지속되었다. 그러나 1932년 7월 8일, 종합주가지수(다우존스 산업평균 기준)는 고점 대비 90% 하락한 상태였으며, 1954년 11월에 가서야 경제대공황 이전 수준으로 회복되었다. 경제대공황이 발생한 기간의 종합주가지수는 급락한 형태를 보였으며, 20세기 통틀어 가장 낮은 수준을 기록했다. 예를 들면, 1928년 12월에 104달러로 상장된 미국의 대표적인 투자은행(investment bank)인 골드만삭스(Goldman Sachs) 주가가 1929년 9월 2일 60달러, 9월 3일 35달러, 10월 24일 12달러, 10월 29일 3달러, 1932년에는 1.75달러로 추풍낙엽처럼 급락했다.

<그림 1> 경제대공황 전후 미국의 1인당 국민소득 추이(1928~1942)

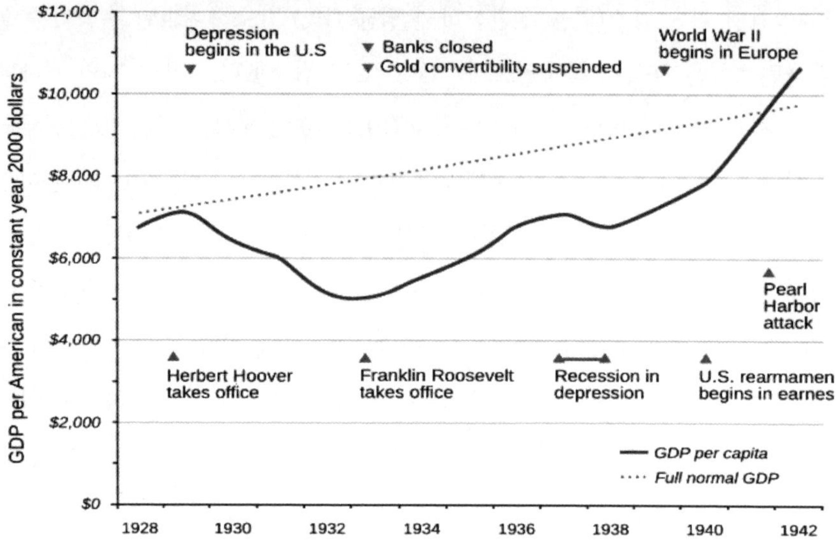

주: per-capita GDP (average income per person) shown in constant year 2000 dollars, (Dotted red line = long-term trend 1920-1970).
자료: Wikipedia, Great Depression.

미국의 산업생산은 경제대공황 이전인 1927년 5월부터 침체되기 시작해 경제위기의 조짐이 예상되었다. 경기가 침체되고 있는 상황에도 불구하고, 미연준[5](1913년 12월 설립)은 기준금리(재할인율)를 1928년 상반기에 3.5%에서 5.0%로 인상한 데 이어 1929년 8월에는 6.0%로 추가 인상했다.[6] 미연준의 기준금리 인상조치는 월가의 투기확산을 진정하기 위해 긴축통화정책을 시행한 것이다. 그러나 미국의 긴축통화정책으로 독일의 전쟁배상금(1차

5 세계 최초의 중앙은행은 암스테르담은행(1609)이며, 스웨덴(1668), 영국(1694)과 프랑스(1800)도 미국보다 앞서 중앙은행을 설립했고, 미국에서는 연방준비제도법이 1913년 의회에서 의결되면서 미연준(미국 연방준비제도이사회)은 1913년 12월에 설립되었다.

6 미연준은 경제대공황 이후 기준금리를 1929년 12월 4.5%, 1930년 3월 3.5%, 5월 3.0%, 12월 2.5%, 1931년 1월 2.0%, 5월 1.5%로 인하했으나, 미연준의 금 유출사태(1931년 9월, 영국의 금본위제도 이탈)로 기준금리를 1931년 10월 3.5% 수준으로 인상한 이후 경제상황이 심각해지자, 1932년부터 기준금리를 인하하면서 1933년 2월에는 0.5% 수준으로 조정했다.

세계대전) 지불, 영국·프랑스의 전쟁비용 상환 등으로 1929년부터 금본위제도(Gold Standard System)를 근간으로 하는 국제통화체계가 흔들리기 시작했다. 금본위제도(1870~1914)는 1717년부터 영국에 도입되어 1819년에 법제화되었고 금태환은 1821년부터 가능했으나, 1차 세계대전 발발(전시 경제체제)로 금본위제도는 일시 중단되었으며, 미국은 1925년 채택했다가 1933년 4월 19일에 미달러의 평가절하(40%)를 단행하면서 금본위제도를 사실상 포기(1936년 금본위제도 이탈)한 상태였다. 1929년 미국의 산업생산지수는 6월 127, 9월 122, 10월 117, 11월 106, 12월 99로 하락추세를 보였고, 미국의 자동차 생산대수도 1929년 3월 66만대, 8월 44만대, 10월 31.9만대, 12월 9.25만대 수준으로 감소추세를 이어갔다. 1924년부터 상승하기 시작한 단기(2년 만기) 정부채권수익률은 1927년에는 장기(10년 만기) 정부채권수익률을 상회하면서 1929년에는 4.5%(장기: 3.5% 수준에서 정체) 수준을 넘어섰다. 경제대공황이 진행된 가운데, 선진경제권의 보호무역조치가 강화되면서 국제수지(경상수지) 불균형 문제가 불거졌다. 미국 정부는 1930년에 스무트·홀리법(Smoot·Hawley Tariff Act)을 통해 수입 농산품과 공산품에 대해 최고 400%의 수입관세율을 부과했다. 미국 정부는 역사상 최고 수준의 수입관세율(보호무역주의)로 무역수지를 개선하려고 했으나, 오히려 무역수지는 악화되었고 국제무역과 산업생산은 더욱더 침체되었다. 경제대공황 기간 중 산업생산은 1931~1932년에 가장 침체된 상태였다. 1931년 산업 전체의 고용비율(employment rate)은 미국 25%, 영국 21%, 독일 34% 등이었고, 1932년 기준으로 미국의 제조업 생산지수(1929=100)는 55 이하 수준이었다. 계속된 경기침체로 1930년 12월 11일, 미국 최대 상업은행(예금규모: 2억 달러)이던 미합중국은행(Bank of the United States)이 파산했으며, 오스트리아 최대 상업은행이던 크레디트안슈탈트(Creditanstalt)가 1931년 5월에 파산하면서 미국의 금융위기가 유럽(1931~1933), 중남미(1931) 지역으로 확산되었다. 오스트리아, 헝가리 등 동유럽지역(1931~1932)에서 은행위기가 발생했고, 독일(1931~1933)도 금융위기(1931년 7월 금본위제도 탈퇴)를 겪었다. 영국에서는 제조업 수출부진으로 무역수지가 악화된 상태에서 1931년 9월에 통화위기가 발생하여 9월 21일에 영국은 금본위제도(1925년 회귀)에서 이탈했다. 영국의 경제위기(1929~1931)는 다시 북유럽의 덴마크(1931)와 스웨덴(1932)의 은행위기(1931년 9월 금본위제도 포기)에도 전이되었다. 경제대공황 기간 중에 시중에 유통된 통화량은 급격히 감소했고, 재무적으로 곤경에 처한 상업은행들은 자발적인 청산 또는 합병 등으로 폐업하는 사태가 속출했다. 1929~1933년 통화량 감소율은 4년 간 매년 2%, 7%, 17%, 12%였으며, 4년 누적기준으로는 33%(연율로 환산하면 10%)에 해당한다. 경제대공황 기간에 미국 상업은행의 3분의 1 이상이 폐업하면서 은행위기가 지속되자, 1933년 3월 3일에 미국 전역의 절반에 달하는 주에서 은행휴무를 선언한 이후 3월 6~13일 은행 휴무조치가 미국 전역에 취해지면서 경제대공황은 일단락되었다. 1932년 11월의 32대 미국 대통령선거에서 허버트 후버(Herbert Hoover) 대통령(1929~1932)의 후임으로 당선된 프랭클린 루스벨트(Franklin Roosevelt) 대통령(1933~1940)은 미국 전역의 은행휴무조치를 시행했다. 이후 미국 정부는 1931년 9월의 은행위기가 발생하자, 급격한 금유출 사태로 이어지면서 금의 해외반출과 미달러의 금 태환을 금지하는 조치를 취했다. 미국은 1925년에 채택한 금본위제도를 1933년 4월에는 미달러의 33% 평가절하 조치로 사실상 폐기했으며, 1936년에는 금본위제도에서 전면 이탈했다. 당시 선진경제권(아르헨티나, 덴마크, 그리스, 노르웨이, 포르투갈, 스페인 등)에서는 미국보다 먼저 1931년에 금본위제도에서 사실상 이탈했다.

(2) 경제대공황의 발생요인

그러면, 경제대공황의 발생요인은 무엇인가? 경제대공황 이전에 경제위기 예측에 실패한 신고전학파의 어빙 피셔(The Stock Market Crash-and After, 1929)는 당시의 경제지표는 비합리적인 상태여서 예측이 불가능한 상태였으며, 주가는 비정상적으로 과도한 상승수준에서 대중의 패닉심리(mob psychology of panic)에 의해 하락한 측면이 크다고 분석했다. 그러나 케인즈학파의 존 갈브레이스(John Galbraith)는 경제대공황이 소득재분배 악화, 기업구조와 금융시스템의 수익창출 문제, 국제수지 불균형, 경제정보 부족 등에 기인한다고 보았다.[7] 특히 존 갈브레이스는 미국 인구의 상위 5%가 소득의 3분의 1을 차지할 정도로 소득불평등 정도가 심해 사치품 소비와 과도한 투자에 치중했기 때문에 신규 투자를 통한 산업생산도 침체되었다고 분석했다. 이에 반해 시카고학파의 밀턴 프리드먼(Milton Friedman)은 경제대공황의 원인을 불안정한 신용시스템에 따른 유동성 변화, 기업신뢰도 저하에 대한 부적절한 통화정책 등에 기인한 것이라고 보았다. 특히 밀턴 프리드먼은 미연준의 잘못된 긴축통화정책이 경제대공황을 심화시켰다고 주장했는데, 1930년 10~12월의 은행위기 발발로 미합중국은행이 파산했음에도 불구하고, 미연준은 적극적인 공개시장정책을 시행하지 않았기 때문에 경제위기가 장기화되었고 더욱더 침체되었다는 견해다. 당시 미국의 대다수 상업은행(commercial bank)들은 비교적 소규모 은행이었고 미연준의 회원은행이 아니었기 때문에 미연준은 은행위기를 억제해야 할 특별한 유인(의무)이 없었다. 미연준의 벤 버냉키 총재는 2002년 11월 8일에 시카고대학교에서 개최된 밀턴 프리드먼(1912~2006)의 90회 생일기념 컨퍼런스에서 경제대공황은 각각 독특한 특징을 띠는 4차례의 기간으로

---

7 Galbraith, John, *The Great Crash 1929* (2009), New York: Mariner Books, 168-194.

구분된다고 논평했다.[8] 1차 기간(1928년 봄~1929년 10월)에는 주식시장 투기과열을 우려했기 때문에 긴축통화정책이 시행되었다. 1927년 11월부터 경기순환의 저점 기간이라 상품가격도 하락하고 있어서 인플레이션 조짐이 전혀 없었기 때문에 벤자민 스트롱(Benjamin Strong) 뉴욕연준 총재는 긴축통화정책의 시행을 반대하고 있었다. 당시 뉴욕연준 총재는 미연준과 공개시장투자위원회(연방준비은행 총재 5명으로 구성)의 의장 역할을 담당했다. 불행히도 벤자민 스트롱은 만성 폐결핵을 앓고 있었고, 1928년 10월에 사망하면서 후임으로 조지 해리슨(George Harison) 총재가 기준금리(재할인율) 인상을 통한 긴축통화정책으로 선회했다. 2차 기간(1931년 9~10월)에는 영국의 통화위기 이후 뉴욕연준은 기준금리를 1931년 10월 9일에 2.5%로 인상했고, 10월 16일에는 3.5%로 추가 인상했다. 그 결과, 미국의 금 인출 사태는 억제되었지만 수많은 상업은행들이 도산하는 사태가 벌어졌다. 3차 기간(1932년 4~7월)에는 의회가 미연준에 대해 긴축통화정책 완화와 증권매입(공개시장)을 요구하면서 미연준은 1932년 4월과 6월에 상당한 규모의 증권을 매입했다. 이에 따라 통화량 감소속도가 현저히 줄었고, 물가와 생산 등의 거시경제지표가 전반적으로 호전되었다. 1932년 7월에 의회가 휴회하자, 완화통화정책은 잠정 중단되면서 1932년 11월부터 1933년 3월까지 경기침체가 재연되었다. 4차 기간(1933년 1~3월)에는 프랭클린 루스벨트 대통령당선자가 달러의 평가절하, 금본위제 폐기 등을 시사하면서 미달러의 금태환 움직임도 나타났다. 특히 밀턴 프리드먼은 미연준의 통화정책의 운용과 관리에 대한 실패(시스템 미비)로 인해 경제대공황이 세계 전역으로 확산되었다고 역설했다.[9] 경제대공황이 발생했는데도 미연준은 긴축통화정책

8 조양현, 『자본시장과 경제위기』 (2017), 서울: 조윤커뮤니케이션, 134~136.
9 Friedman, Milton, *Capitalism and Freedom* (2020), Chicago: University of Chicago Press, 47-62.

(기준금리 인상) 시행으로 경기침체가 더욱더 악화되었으며, 금본위제도가 심각한 경제위기를 유발했기 때문에 금본위제도의 한계를 밀턴 프리드먼은 지적한 것이다. 밀턴 프리드먼의 경제위기 해석과는 다른 관점에서 경제대공황을 체험하고 그 위기를 사전에 인지한 존 케인즈는 경제대공황이 유동성위기에서 비롯되었다고 주장했다. 존 케인즈의 『고용, 이자 및 화폐에 관한 일반이론』(1936)[10]에 따르면, 경제위기는 자본의 한계효율(marginal efficiency of capital)이 급격히 하락하면서 나타나는데, 투자 불확실성 등에 따른 부정적인 전망으로 인한 유동성 악화(유동성선호 감소효과)로 투자의 심각한 위축현상이 초래된다는 것이다.

경제대공황의 또 다른 원인으로는 금본위제도에서 선진경제권을 중심으로 보호무역주의가 팽배하면서 미국에서도 무역수지 악화를 억제하려는 조치가 취해졌다. 1차 세계대전 이전에는 1694년에 설립된 영국중앙은행(Bank of England)이 국제금융시장에서 최종대부자(the last resort)의 역할을 함으로써 금본위제도(1780~1914)가 비교적 안정적으로 운용되었다. 1차 세계대전 이후에는 미국 제조업의 대외경쟁력 상승, 독일의 전쟁배상금 지불 등으로 미국의 국제투자자산포지션은 크게 호전되었다. 1920년대에 최종대부자 역할을 했던 국제연맹(League of Nation)에 의해 1930년에 설립된 국제결제은행(Bank for International Settlements: BIS)이 독일 전쟁배상금 지불문제를 지원하기 위해 그 역할을 대체하게 되었다. 더구나 1차 세계대전 이후에는 국제통화질서가 영국에서 미국 중심으로 재편되면서 미국이 경제패권(economic hegemony)을 주도하는 국가로 부상한 것이다. 경제대공황 이전에는 외환보유자산으로 금 태환이 가능한 미달러에 대한 과도한

10 Keynes, John, *The General Theory of Employment, Interest and Money* (2018), Cambridge: Palgrave Macmillan, 281-282.

의존현상(구조적인 딜레마)으로 국제통화체계(금본위제도)는 매우 불안정한 상태여서 금본위제도가 경제대공황 극복의 전제조건으로 제기되기도 했다.[11] 경제대공황이 발생했는데도 불구하고, 미국은 1930년에 수입관세율을 최대 400% 수준으로 인상하는 스무트·홀리법을 제정했다. 그러나 무역수지가 개선되지 않고 오히려 악화되었으며 산업생산은 더욱더 침체되면서 미국의 보호무역조치가 경제대공황의 잠재적인 요인이 되었던 것으로 분석된다.

2절 글로벌 금융위기

2007년 8월 9일에 미국 금융위기(2007~2008)가 발생하면서 글로벌 금융위기(Global Financial Crisis)[12]가 시작되었다. 미국의 주택담보대출(mortgage market) 부실사태(the US sub-prime financial crisis)가 유럽대륙에 전이되어 금융시장의 긴급발작(panic) 현상이 발생했고, 세계 전역에 경기침체가 확산된 것이다. 과거 경제위기 사례에서 금융위기(은행위기)가 발생한 국가에서는 실질주택가격이 6년 간 평균 35.5% 하락했고, 종합주가지수는 3.4년 간 평균 55.9% 하락했으며, 1인당 경제성장률은 1.9년 간 평균 9.3%(실업률: 4.8년 간 평균 7% 상승) 하락한 것으로 알려졌다. 금융위기가 발생하면 금융기관의 부실로 인해 정부의 금융시스템에 대한 구조조정과 구제금융 지원, 채무상환비용 증가 등으로 재정지출이 증가하면서 재정수지는

---

11 Eichengreen, Barry, *Gloden Fetters: The Gold Standard and the Great Depression, 1919-1939* (1992), New York: Oxford University Press, 4.

12 Milton Friedman과 Anna Schwartz(1963)가 경제대공황을 “the Great Contraction”이라고 지칭한 이후 Carmen Reinhart와 Kenneth Rogoff(2009)는 글로벌 금융위기를 경제대공황(“the First Great Contraction”)과 구분하여 “the Second Great Contraction”이라고 불렀다.

급속히 악화되는 경향이 있다. 특히 글로벌 금융위기로 인해 정부채무는 경기침체(금융위기 수반)에 따른 조세수입의 급감 등으로 경제위기 이전에 비해 평균 86.3%(실질가격 기준) 증가하면서 2차 세계대전 이후 최고 수준을 기록한 것으로 추정된다.[13]

(1) 자본주의 시장실패

자본주의에서 시장실패(market failure)는 신고전학파의 경제이론에 근거하며, 시장이 효율적으로 작동하지 않아서 자원의 할당문제(상품과 서비스의 배분문제)에 직면하는 상황을 일컫는다. 일반적으로 시장실패는 진입장벽에 따른 불완전 경쟁구조, 공공재에 따른 무임승차문제, 사회비용을 유발하는 외부경제의 효과, 정보의 비대칭성에 따른 역선택 또는 도덕적 해이 등 시장의 구조적인 또는 본질적인 문제에서 유발된다. 자본주의체제에서 시장이 제대로 작동되더라도 경제적인 부작용 등의 문제가 잠재되어 있는데, 시장이 작동되지 않는 경우에는 상당한 경제 후유증으로 경제위기도 발생할 가능성도 높아진다.

2001년부터 미연준이 주도한 저금리 기조 속에서 유동성이 과다 공급됨에 따라 금융시장을 중심으로 부동산과 연계된 투기성 파생금융상품이 폭발적으로 증가한 결과, 2000년대 중반 이후 자산거품이 팽배해 있었다. 경제대공황 연구의 전문가로 알려진 앨런 그린스펀(Alan Greenspan) 미연준 총재(1987~2006)는 1999년 중반 소비자물가상승률이 1.5%에서 3.5%로 상승하자, 기준금리를 4.75%에서 6.5%로 인상했다. 그러나 2000년 3월의 IT닷컴 버블이 발생하면서 경기침체가 나타나기 시작하자, 앨런 그린스

13 Reinhart, Carmen and Kenneth Rogoff(2009), 225-232.

펀은 2001년 1월 3일에 기준금리를 6%에서 1%로 급격히 인하했다. 미연준은 기준금리를 2004년 6월 30일부터 2006년 6월 29일까지 5.25%로 다시 인상했으나, 앨런 그린스펀 후임의 벤 버냉키(Ben Bernake) 미연준 총재(2006~2014)는 2007년 8월 17일까지 기준금리 수준을 유지했다. 2008년 12월 10일부터 실물경제에 대한 위기전이가 본격화되자, 벤 버냉키는 기준금리를 아예 0% 수준으로 추가 인하했다.[14] 경제대공황 이후 최초로 기준금리는 0% 수준에 머문 역사적 순간이었다. 특히 1999년 11월에는 글래스·스티걸법(Glass·Steagall Act)이 폐지되면서 상업은행과 투자은행 간의 업무영역이 혼재됨으로써 파생금융상품의 시장규모가 폭발적으로 증가하게 되었다. 글래스·스티걸법은 1932년 2월 27일에 의결되어 1933년부터 시행된 은행개혁법으로서 상업은행(commercial bank)과 투자은행(investment bank)의 업무가 구분되었는데, 상업은행은 예금부채에 대한 적정자본을 유지하는 것을 법적으로 요구된 반면, 투자은행은 자율적인 통제방식의 적정성을 감시하는 증권거래위원회(SEC)(1934년 설립)에 의해 통제된다. 장외거래(OTC) 파생상품 거래규모가 1998년 말 80조 달러에서 2007년 중반 684조 달러로 증가한 가운데, 동 기간 중 금리스왑 규모는 36조 달러에서 357조 달러로 급증했으며, 외환거래 규모도 18조 달러에서 63조 달러로 늘어난 것으로 추정된다. 2008년 9월에는 정부채권수익률(3개월 만기)이 1941년 이후 최초로 마이너스(-)로 전환되었으며, 종합주가지수(다우존스 산업평균)도 2008년 4월 13,000을 고점으로 하락하기 시작하여 2009년 2월에는 6,500 수준으로 급락했다. 연방담보대출협회(Federal National Mortgage Association)의 주가는 글로벌 금융위기 직전인 2007년 9월에 60달러에 거래되었는데,

14 미연준은 2015년 11월까지 기준금리를 0~0.25% 수준으로 유지했으며, 2015년 12월 16일에는 0.25~0.50% 수준으로 인상한 데 이어, 2016년 12월 14일에는 또 다시 0.50~0.75% 수준으로 인상했다.

2009년 12월에는 55센트(99% 하락)로 급락했다. 연방주택담보대출공사(Federal Home Loan Mortgage Corporation)의 주가는 동 기간 중 60달러에서 74센트(98% 하락)에서 형성되었다. 글로벌 금융위기가 시작되면서 연방담보대출협회(Fannie Mae), 연방주택담보대출공사(Freddie Mac), 베어스턴스(5위 투자은행), 리먼브라더스(4위 투자은행), 씨티금융그룹, 메릴린치, AIG(1위 보험회사) 등이 대규모 손실로 인해 파산 직전상태로 몰렸다. 베어스턴스(Bear Stearns)는 2008년 3월에 JP모건체이스(290억 달러의 부실자산 인수)에 매각되었으며, 그해 9월 6일에는 미국재무부가 연방담보대출협회(1968년 설립)와 연방주택담보대출공사(1970년 설립)의 부실자산(5조 5천만 달러)을 인수(4천억 달러 지원)했고, 150년 역사의 리먼브라더스(Lehman Brothers)는 미연준의 노력에도 불구하고 9월 15일에 파산을 선언했다. AIG(자산 1조 달러)는 9월 16일에 미국재무부로부터 850억 달러의 구제금융을 지원받았고, 9월 24일에는 골드만삭스(Goldman Sachs)와 모건스탠리(Morgan Stanley)도 미연준의 허가로 은행지주회사로 변경되었다.[15] 110년 역사의 워싱턴뮤추얼은행(6위 뮤추얼펀드)은 9월 25일에 폐쇄되어 JP모건체이스[16]로 인수되었고, 10월 13일에는 와코비아(Wachovia)(5위 상업은행)가 웰스파고은행(Wells Fargo Bank)에 인수되었다. 2008년 11월에는 씨티금융그룹(자산 8천억 달러)도 미국재무부로부터 구제금융을 받았고, 그해 12월에는 메릴린치(Merrill Lynch)도 BOA(Bank of America)로 인수되었다. 미국재무부의 구제금융 지원으로 미국의 금융기관들은 파산위기를 모면했으나, 안타깝게도 미국 금융위기는 유럽으로 전이되었고, 세계 경제는 극도의 경기침체를 겪었다. BNP파리바, UBS 등 유럽 굴지의 투자은행들도 월가

15 Gramm·Leach·Billy Act(1999)에 의해 투자은행도 상업은행 또는 보험회사를 인수할 수 있었고, 은행지주회사(bank holding company)로도 변경 가능했다.

16 2000년 9월에 체이스는 JP모건을 310억 달러에 인수하여 JP모건체이스로 통합되었고, 씨티금융그룹(자산 8천억 달러)에 이어 2위 상업은행(자산 6,500억 달러)으로 급부상했다.

의 파생금융상품에 투자하면서 유럽에도 그 위기가 전염된 것이다. 미국 금융위기의 전염효과는 대서양을 건너 영국, 아일랜드 등 미국 경제권과 유사한 경제시스템을 보유한 국가에 전이되면서 2008년 하반기부터 EU 경제권도 경제위기에 직면하게 되었다. 더구나 유럽경제권의 유럽연합(EU) 확대과정에서 서유럽 기업들의 동유럽지역에 대한 투자가 확대된 상태이므로 서유럽 투자은행들이 동유럽지역에 투자한 자금을 회수하기 시작하자, 동유럽 지역에서도 경제위기가 발생했다. 글로벌 금융위기로 인해 우크라이나, 헝가리, 루마니아, 라트비아 등 경제기초여건이 취약한 국가에서 경제상황이 극도로 악화되어 국제통화기금(IMF)에 긴급 구제금융(대기성차관)을 요청하기에 이르렀다.

(2) 글로벌 금융위기의 발생요인

글로벌 금융위기가 발생한 원인은 무엇인가? 튀르키예계 미국 경제학자인 누리엘 루비니(Nouriel Roubini)는 과도한 채무와 무분별한 차입으로 인해 글로벌 금융위기가 발생했다고 주장했다. 특히 누리엘 루비니는 경제대공황 당시에 논란이 되었던 통화긴축과는 다르게, 막대한 채무규모에 의해 발생한 "재무제표상의 불황"이라고 분석했다.[17] "재무제표상의 불황"에 대해, 카르멘 라인하르트와 케네스 로고프는 경제의 모든 부문에서 채무와 차입을 줄이지 않으면 경기회복이 지연될 수 있다고 역설했다. 실제로 미국 경제는 경기침체에 따른 소비여력과 구매력 저하, 부실금융기관과 구조조정에 따른 신용위축 등으로 글로벌 금융위기가 종식된 이후에도 상당기간 경기회복이 지연되었다. 2000년대 초반부터 미국에서는 경기침체(2001)에 대한 공격적인 경기대응조치(countercyclical response)로 초저금리 기조 하

17 누리엘 루비니·스티븐 미흠 공저(허익준 번역), 『위기경제학』 (2010), 449~450.

에서 과잉유동성으로 인한 주택 등의 부동산투기가 성행했고, 부동산연계 파생상품(증권화·유동화 채권)이 개발되면서 투기열풍(붐)이 지속되었다. 앨런 그린스펀 미연준 총재는 파생상품(증권화)을 통한 금융혁신(financial innovation/liberalization)이 투자자산의 위험을 증가시키지만 주택 등 비유동자산을 유동자산화 할 수 있으므로 위험자산의 가격상승은 당연한 결과라고 주장했다. 미연준(앨런 그리스펀, 벤 버냉키)은 실물자산(주택)의 과도한 상승에도 불구하고, 중앙은행의 주요 목적은 성장과 물가안정이며, 자산가격의 급격한 상승에 대해서는 기준금리 인상으로 미연준이 무난히 잘 대응할 수 있고 시장에 대한 믿음("Greenspan put")을 강조했다. 그러나 이런 기류 속에서 한껏 부풀려 있던 주택가격의 버블이 급속도로 붕괴되면서 그 위기감이 고조되었다고 앨런 그린스펀은 회고했다. 1993~2006년에는 미국에서 저축률이 급락했으나, 자산가격이 급등하면서 가계채무/GDP 비중은 1993년 80%에서 2003년 120%, 2006년 130% 수준에 달했다.[18] 부연하면, 자산거품과 투기열풍으로 인해 부실여신의 증가에 따른 금융기관들이 파산하면서 자본이동의 통제가 약한 국가들을 중심으로 글로벌 금융위기가 전이되었다는 것이다. 그러나 글로벌 금융위기의 원인에 대하여, 미연준이 시장의 작동원리를 과신한 시장실패(market failure), 통화당국의 위기 인식에 대한 판단오류와 안이한 시장대처에 따른 정책실패(policy failure)에 대한 비판이 제기되었다. 폴 볼커(Paul Volker)(1979~1987) 후임으로 미국의 통화정책을 주도한 앨런 그린스펀 미연준 총재는 시장의 비이성적인 과잉반응과 비합리적인 과열(irrational exuberance)을 인지하면서도 시장의 버블 상태를 정확히 알 수 없었고, 버블을 불식할만한 효과적인 정책수단이 없다고 판단했다. 그래서 앨런 그런스펀은 시장의 자율적인 작동원리를 신뢰하

18 Reinhart, Carmen and Kenneth Rogoff(2009), 208-212.

고 있었으며, 미연준의 시장개입이 불필요하다고 보았다. 부연하면, 자산시장이 버블로 판명되기 이전에는 시장 개입이 부작용을 초래하며, 시장 의존적인 경제철학(시카고학파)을 견지하면서 미연준의 투기적인 거래에 관여하는 것은 바람직하지 않고 가능하지도 않다는 입장이었다. 자산가격에 급격한 조정이 발생하면 미연준의 우선적인 정책목표는 자금시장에 충분한 유동성을 공급하는 것이며, 따라서 통화정책의 우선순위는 자산가격 조정이 아니라 인플레이션 억제에 방점을 둔 것이다. 밀턴 프리드먼의 통화주의(신자유주의 사조)는 벤 버냉키 미연준 총재기간에도 지속되어 기준금리 조절 등 전통적인 통화정책 대신에 저금리 기조 속에 과다한 유동성 공급(양적완화), 자본시장 자유화 등의 조치가 취해졌다. 실제로 IT닷컴 버블(2000년 3월) 발생으로 경기침체 현상이 지속되자, 미연준(앨런 그린스펀 총재)은 완화통화정책을 시행했다. 미연준은 기준금리를 2001년 1월에 6%에서 1%로 급격히 인하한 상태에서 유지했으나 부동산연계 파생금융상품 등에 대한 투기과열현상이 나타나자, 미연준은 기준금리를 2004년 6월부터 2006년 6월까지 5.25% 수준으로 급격히 인상했다. 그런데, 2000년대 초반부터 실질이자율은 장기간에 걸쳐 지속적으로 하락한 상태였다. 실물시장을 중심으로 과도한 투기상품, 특히 부동산과 연계된 파생금융상품이 폭발적으로 증가하면서 금융시장의 자산거품(버블)이 우려되었다. 부연하면, 주택신용시장에서 장기간 저금리 상태에서는 별다른 금융부실문제가 발생하지 않았으나, 저금리를 활용한 자산시장에 대한 투자증가(투기열풍)로 인해 자산시장에서 거품현상이 잠재된 상태였다. 그러나 자산(주택) 가격의 급등으로 자산(주택) 구입(매수)에 따른 과다한 자금차입(대출 원리금의 상환부담 과중), 자산 구입의 수요 증대 등으로 인해 2005년 말부터 대출이자율(차입비용)이 급격히 상승하기 시작했다. 갑자기 상승한 실질이자율로 인해 2000년 초반부터 저금리의 차입비용으로 구매한 실물자산(서브프라임모기지)에 대한 대출 원리금 상환이 불가능해지면서 자금시장에서는 유동성 부족현상이 발생했다. 2007년 중반의 고금리 지속에 따른 자산시장의 가격조정으로 주택담보대출 부실사태가 터진 것이다. 금융시장과 파생상품의 변동성 문제가 잠재된 상태에서 자본시장의 투기행태로 인한 투기적인 거품(speculative bubbles)은 가격 상승의 기대에 의한 자산(파생금융상품 포함)의 급격한 가격상승으로 붕괴위험(버블)을 내재하고 있었다.[19] 미국 경제학자인 찰스 킨들버거(1910~2003)는 "투기적인 거품"을 금융시장과 파생금융상품의 불안정성 문제로 인해 자산의 가격이 급등하는 현상이라고 정의했다. 그러나 미연준(벤 버냉키 총재)은 금융위기를 진정하기 위해 2007년 8월부터 기준금리를 다시 인하하기 시작하여 2008년 10월에는 1%로 인하했고, 12월 10일에는 경제대공황 이후 가장 낮은 0~0.25% 수준으로 인하했다. 미연준은 2008년 12월부터 실제 시장금리와 연방기금금리 목표치 간의 격차가 발생함에 따라 시장금리를 연방기금금리 이내에 제한하려는 목적에서 기준금리의 구간을 설정했다. 벤 버냉키 후임의 자넷 옐린(Janet Yallen) 미연준 총재(2014~2018)은 취임하자마자, 2015년 12월 16일에 통화정책기조를 양적완화축소(tapering)로 전환하면서 2006년 6월 이후 9년 6개월 만에 기준금리를 0.25~0.50% 수준으로 인상했다. 이후 제롬 파월(Jerome Powell) 미연준 총재가 코로나위기에 따른 경제위기를 극복하기 위해 2020년 3월에 기준금리를 0~0.25% 수준으로 인하하고 2년 간 유지하다가 2022년 2월 24일에 발발한 러시아·우크라이나 전쟁으로 인플레이션을 억제하기 위해 통화정책기조를 다시 전환했다. 미연준(제롬 파월 총재)은 2022년 3월부터 기준금리를 인상하기 시작하여 2022년 12월에는 4.25~4.50%, 2023년 8월에는

19 Kindleberger, Charles, *Manias, Panics, and Crashes: A History of Financial Crises* (2005), New Jersey: Wiley, 9.

5.25~5.50% 수준으로 인상한 이후 2024년 9월부터 기준금리를 인하하고 있으나 그해 12월 기준으로 4.5% 수준의 고금리 상태다. <그림 2>의 미연준의 기준금리 변동추이에서 1995~2023년 기간(2000년대 초반과 2010~2021년 제외) 미연준의 기준금리가 인플레이션 목표수준(=2%)[20]보다 높은 수준에서 움직이고 있는 추이를 관찰할 수 있다.

<그림 2> 미연준의 기준금리 변동추이

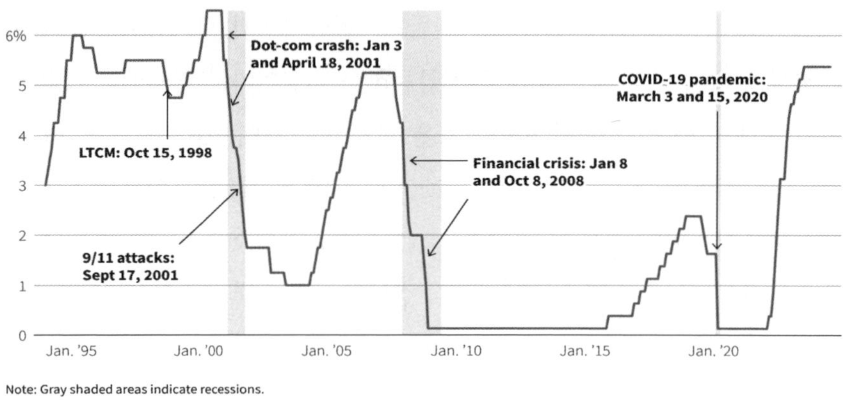

자료: US Federal Reserve.

글로벌 금융위기의 또 다른 원인으로 미국의 금융기관에 대한 효과적인 규제가 작동하지 않은 점도 문제였다. 1932년 2월에 의결(1933년 제정)된 글래스·스티걸법(Glass·Steagall Act)에 의해 미국에서는 상업은행과 투자은행의 업무영역이 구분되었다. 글래스·스티걸법은 증권거래위원회(SEC)에 의해 투자은행에 대한 자율적인 통제방식의 자본적정성을 감독하는 은행개혁법이었으며, 상업은행의 예금부채에 대한 적정자본(지급준비금)을 규정한 은행시스템이었다. 그러나 1999년 11월에 글래스·스티걸법이 폐지되면서 상

20 Taylor Equation(1992): r=1.5p+0.5y+1 (r: policy interest rate, p: inflation rate, y: real GDP growth rate)

업은행과 투자은행의 업무영역이 혼재됨으로써 파생금융상품의 투자시장 규모가 폭발적으로 증가하게 되었다. 국제결제은행(BIS)에 따르면, JP모건이 1997년 1월에 개발한 신용부도스왑(CDS)[21] 거래잔액도 2004년 12월 6.4조 달러에서 2007년 12월에는 58조 달러로 급격히 증가한 것으로 추정된다. 또한, 1949년 알프레드 존스(Alfred Jones)가 개발한 헤지펀드[22] 거래자산(펀드수) 규모도 2002년 7천억 달러(4천)에서 2007년 2조 달러(8천)로 확대된 것으로 추산된다.[23] 글래스·스티걸법 폐지로 1999년에 제정된 그램·리치·빌리법(Gramm·Leach·Billy Act)에 의해 투자은행은 상업은행뿐만 아니라 보험회사도 인수할 수 있었고, 은행지주회사로의 전환도 가능했다. 예를 들면, 대표적인 투자은행인 골드만삭스와 모건스탠리는 미연준의 인가로 은행지주회사로 전환할 수 있었다. 글로벌 금융위기 발생 이전에는 미국의 해지펀드는 미연준의 규정을 준수할 필요가 없었고, 따라서 투자거래를 공개(투명성 요구조건)하지도 않았다. 예를 들면, 장기자산관리회사(Long Term Capital Management)의 파산위기(1998년 9월)에 대하여 뉴욕연준은 메릴린치, 모건스탠리, JP모건, 체이스맨해턴은행(Chase Manhattan Bank) 등 14대 대형은행을 대표해서 장기자산관리회사(LTCM)의 파산을 방지하기 위해 긴급 구제금융(36억 달러, LTCM 지분의 90% 인수) 조치를 취했지만, 글로벌 금융위기 이전에는 아무런 금융규제를 하지 않았다. 더구나 증권거래위

21 JP모건이 1997년 12월에 고안한 파생금융상품으로 발행·유통채권의 신용(부도)위험 수준을 가늠하는 지표(보험상품)로 활용되고 있으나, 급격한 변동성으로 인해 정부채권 신용수준에 대한 평가 정합성 측면에서 논란의 여지가 있다.

22 1949년 Alfred Winslow Jones가 창안한 파생금융상품으로 투자리스크를 완화 또는 예방하는 대표적인 재무관리 상품으로 부상했다.

23 글로벌 금융위기 이전에 헤지펀드는 금융당국의 규정을 준수할 필요가 없었고, 따라서 금융거래의 투명성이 요구되지 않았다. 그러나 2010년 6월 25일, Dodd·Frank Wall Street Reform and Consumer Protection Act가 의결되어 헤지펀드도 미연준에 투자포트폴리오 공개가 의무화되었다.

원회는 2004년에 투자은행에 대해 차입비율[24]의 3배 증가를 허용하면서 자본유입이 차입증가(금융기관의 신용·여신 증가)와 자산가격을 끌어 올렸다. 그 결과, 2008년 기준으로 미국 담보대출(모기지) 평가금액(total value)은 GDP의 90% 수준에 근접한 것으로 추정된다. 미국은 2007~2008년의 금융위기로 정부 채무불이행 상태에는 직면하지 않았으나, 미국이 신흥투자시장의 경제수준이라면 금리와 환율 급등(통화가치 급락) 등으로 국제금융시장(자본조달)에 대한 접근이 차단되었을 것이다.[25] 글로벌 금융위기 발생 이후 2010년 6월에 의결(2010년 7월 제정)된 도드·프랭크법(Dodd·Frank Wall Street Reform and Consumer Protection Act)에 의해 헤지펀드도 금융당국에 투자거래실적의 공개의무를 준수해야 한다.

또 다른 관점에서 글로벌 금융위기의 발생 배경에는 미국 경상수지의 과도한 불균형 상태를 고려하지 않을 수 없다. 2차 세계대전 이후 미국은 글로벌 경제의 패권을 장악하면서 국제통화체계를 주도하고 국제금융시장에서 글로벌 리더의 역할을 담당했기 때문에 미달러가 기준 대외지급준비자산(지급준비통화)으로 부상했다. 미국은 1800년대 후반부터 100년간에 걸쳐 무역수지 흑자를 기록했으나, 1975년부터 무역수지가 적자로 전환되었고 2000년 이후에는 최대 순채권국에서 순채무국으로 국제투자수지포지션(해외자산)의 급격한 변화가 나타났다. 1980년 기준으로 미국은 세계 여타채권국을 합한 규모보다 많은 최대 순채권국이었지만, 2000년 기준으로 그 반대로 세계 여타채무국을 합한 규모보다도 많은 최대 순채무국이 된 것이다. 미국의 무역수지 적자는 미달러표시 증권(채권·주식)과 실물자산에 대한 수요가 증가(미달러의 공급증가분 초과)하면서 나타난 구조적인 문제가 근본 요

24 leverage ratio measuring the amount of risk to capital
25 Dornbusch/Calvo-type sudden stop

인이다. 2007년의 주택담보대출 부실사태가 미국에서 발생한 배경에는 미국은 1970년대 중반 이후 국제수지포지션이 급격히 악화된 데 기인한다. 글로벌 금융위기 직전인 2006년에는 미국의 경상수지 적자가 GDP의 6.5%에 달했는데, 미연준 총재(앨런 그린스펀)와 재무부장관(Paul O'Neill)은 경상수지 적자(not a primary risk, meaningless concept)를 미국 경제의 주요 현안(리스크)으로 다루지 않았다. 앨런 그린스펀 후임의 벤 버냉키 미연준 총재(2005)는 미국의 차입(외자유입) 증가는 글로벌 저축과잉("savings glut")의 부산물로 평가했다. 미국의 무역수지 적자가 심화된 구조적인 문제는 지급준비자산(국제금융시장의 자금결제수단)으로 미달러에 대한 수요증가분이 공급증가분보다 많기 때문이다. 미국 이외의 국가들이 미달러 표시 증권과 실물자산에 대한 수요증가로 미달러를 보유하려는 경향으로 인해 미국은 달러나 정부채권을 수출하고 그 대가로 채무를 수입하는 기형적인 구조인 것이다. 부연하면, 경상수지(무역수지) 적자로 인해 값싼 외국자본이 지속적으로 유입(자본수지 흑자)되면서 실물자산(부동산시장)에 대한 과도한 투자로 자산거품(가계채무 누적) 현상이 만연해 있었다. 1996~2006년 미국의 주택 누적실질가격지수(Case-Shiller housing price index)는 1890~1996년의 27%보다 3배 이상 상승한 92%였으며, 자산거품이 절정에 달했던 2005년에는 실질주택가격이 12% 이상 상승하여 1인당 국민소득 증가율의 6배 수준이었다.[26] 미국 경제는 1990년대 일시적으로 저물가, 저실업, 재정수지 흑자, 기술 진전 등으로 경기호황국면(New Era)이 나타났지만, 내수의존적인 경기부양과 가계저축률 저하 등의 경제 구조적인 한계가 잠재되어 있었으며, 신용카드 채무문제로 인한 가계부실도 우려되었다. 부연하면, 글로벌 금융위기의 발생원인은 미국의 국제수지(무역수지) 불균형 지속, 재

26 Reinhart, Carmen and Kenneth Rogoff(2009), 207.

정수지 적자 확대와 정부채무 누적[27] 등으로 인한 경제 구조적인 문제가 노출된 결과이며, 자산시장의 투기행태가 겹치면서 미국 금융위기가 유럽지역 등지로 전이된 것이다. 글로벌 금융위기는 금융시스템의 직접적인 연계로 인해 유럽지역의 금융시장에 파급된 사례이면서, 동시에 공동충격을 통한 전염효과의 사례이기도 하다.[28] 글로벌 금융위기로 인해 세계 경제는 만성적인 저성장기조에서 벗어나지 못하는 경제 구조적인 딜레마(new normal)에 직면했다. 베를린장벽의 붕괴(1989)로 인해 공산주의체제가 경제현실에서 더 이상 제대로 작동되지 않는다는 증거를 보여주었는데, 글로벌 금융위기는 자본주의체제에 대한 회의(의구심)를 유발했다. 부연하면, 자본주의체제의 기본적인 논리인 자율적인 시장조정 기능이 국제금융시장(증권투자)의 내재적인 불안정성으로 인해 시장실패 현상이 나타나면서 경제 구조적인 취약성(economic vulnerability)을 드러낸 것이다. 베를린장벽·소련체제 붕괴(1990·1991)는 공산주의 체제몰락 및 동유럽경제권의 체제전환을 가져온 역사적인 사건이었지만, 글로벌 금융위기는 자본주의 체제에 대한 근본적인 문제점이 노출된 시장실패에 따른 경제위기 사례라고 할 수 있다.

3절 코로나위기

2019년 11월부터 중국(후베이성 우한시 폐렴발생)에서 시작한 것으로 추정되는 코로나바이러스 확산사태가 2020년 1월부터 세계 전역으로 확산되면서 사회경제적인 마비상태를 불러왔다. 중세 유럽지역에서 발생한 흑사

27 글로벌 금융위기가 종료되는 2009년말 기준으로도 미국의 재정수지는 GDP의 -10%, 공적채무는 GDP의 85% 수준에 달한 것으로 추정된다.
28 Reinhart, Carmen and Kenneth Rogoff(2011), 18-20.

병(1346~1353) 이후 가장 많은 인구가 사망한 끔직한 재난이었다. 흑사병(bubonic plague pandemic)은 생쥐에 기생하는 쥐벼룩이 숙주로 알려져 있으며, 중국에서 발현하여 실크로드를 따라 이탈리아(제노바) 상인이 드나드는 타나(흑해의 돈강 하구), 콘스탄티노플(이스탄불) 등을 거쳐 피렌체 등 유럽지역으로 전이되기 시작했다. 흑사병의 창궐로 인해 2,500만 명(유럽 인구의 3분의 1) 이상이 사망한 것으로 추정되는 인류 최악의 대참사(인구 감소현상)로 인해 중세 봉건제도가 몰락하는 계기가 되었다는 주장도 있다. 코로나위기(2020~2021)는 2020년부터 세계 전역으로 확산하면서 세계보건기구(WHO)도 2020년 3월 11일에 코로나바이러스 팬데믹(Coronavirus Pandemic)을 공식적으로 선언했다. 코로나위기가 중국에서 발현된 것으로 알려져 있지만, 경제적으로 심각한 타격을 받은 곳은 의외로 미국과 EU 경제권이다. 세계보건기구에 따르면,[29] 코로나 감염으로 인한 누적 확진자 수가 급격한 증가추세를 보였던 2022년 3월 4일 기준(세계: 440,807,756명, 인구비중)으로 EU-27 108,731,080명(24.7%), 미국 78,428,884명(17.8%), 중국 481,550명(0.1%) 등이며, 누적 사망자수(세계: 5,978,096명)는 EU-27 1,013,934명(17.0%), 미국 947,625명(15.9%), 중국 6,855명(0.1%) 등으로 나타나 EU 경제권이 최대 피해를 입은 것으로 조사되었다. <그림 3>의 코로나바이러스 사망자 추이에서 2020년 상반기를 고점으로 하향추세를 보여 2022년부터 사망자 수가 크게 줄었으나, 2025년 5월 18일 기준으로 코로나위기로 인한 누적 사망자 수는 7,096,187명, 누적 감염자 수는 777,891,034명이며, 유럽지역이 최대 수치를 기록했다.

29 WHO, "Coronavirus Disease(COVID-19) Situation Dashboard," https://covid19.who.int.

<그림 3> 코로나바이러스 사망자 추이(2020~2025)

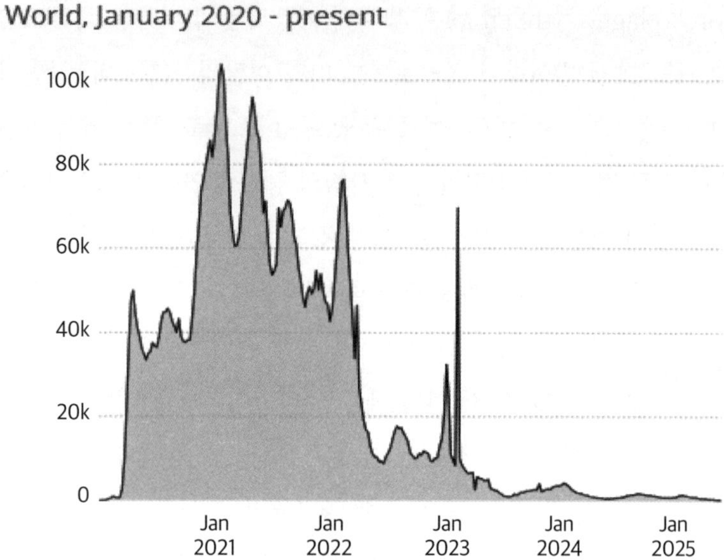

주: Total COVID-19 deaths reported to WHO (weekly)
자료: World Health Organization, COVID-19 dashboard.

코로나위기로 인해 각국 정부는 보건관리 강화를 위한 사회경제의 봉쇄 조치를 갑작스럽게 취하게 되었고, 그 결과 세계 경제는 글로벌 금융위기 이후 최대 경제위기에 직면했다. 코로나위기의 파급효과로 2020년 경제성장률은 미국 -3.4%, EU -5.9%(유로존 -6.3%) 등 선진경제권에서 평균 -4.5%로 경기침체가 지속되었고, 글로벌 금융위기 이후 최초로 역성장(-)을 기록했다. 글로벌 가치사슬(GVC)로 연계된 다국적기업을 중심으로 생산설비의 가동중단과 영업중지, 코로나바이러스 감염 확산을 억제하기 위한 노동의 이동제한(외국인의 입국 제한 또는 금지, 국경과 감염지역 봉쇄), 재택근무 등 사회 격리로 인한 소비 부진 등으로 경제의 공급(생산·제조·투자)과 수요(소비·유통·무역) 네트워크가 급격히 위축되었다. 예컨대, 코로나위기는 글로벌 금융위기보다 심각한 타격을 미치면서 예전에 없던 사회격리조치(strict quarantine and self-isolation policies)로 인해 경제 역성장, 고용시장 위축(실업률 상승), 소득 불평등(빈곤비율) 수준 악화, 재정수지 적자 확대, 공적채무 누적 등으로 거시경제가 전반적으로 악화되었다. 각국 정부가 경제사회의 제한조치(containment restrictions and strict lockdown measures)를 강화하면서 산업생산은 감소하고 체감경기(economic sentiment)가 악화됨에 따라 경제활동은 즉각적이고 강력한 영향을 받았다.

그런데, 코로나위기는 경제성장의 내생변수가 아닌 경제외적인 요인(외생변수)에 의해 발생한 역사적으로도 매우 드문 경제위기의 사례라고 할 수 있다. 물론 스페인독감(1918~1920), 사스(2002~2003), 에비앙플루(2003~2009), 돼지독감(2009~2010), 메르스(2012), 에볼라(2014~2016) 등으로 인해 국지적인 사회경제적인 불안이 야기되었으나, 코로나위기만큼 세계 전역에 걸친 경제위기로 확산되지는 않았다. 코로나위기에 대한 경제영향분석을 살펴보면, 경제사회의 봉쇄조치로 인한 글로벌 생산차질(supply-side effects)과 공급비용(에너지·원자재 가격) 상승에 따른 인플레이션 압박이 경제성장의 하방위험(downward risk) 요인으로 작용했으며, 무역상대방의 수입수요 위축으로 국제무역에서 생산과 투자의 감소 현상이 나타났다. 더구나 코로나바이러스의 확산과 변이출현으로 공급(생산)과 수요(소비)에 대한 외부충격이 가해지면서 투입·산출·무역의 연계네트워크의 와해 또는 단절 사태가 발생했다. 코로나위기로 인해 각국의 국민건강과 보건관리는 치명적인 영향을 받은 데다 기업과 가계의 경제여건(상황)도 상당한 타격을 받았다. 2020년에는 코로나위기로 촉발된 경제사회의 봉쇄조치로 인해 글로벌 기업들의 해외투자 위축, 역내투자 회귀 또는 투자회수 등으로 기업경기가 급속히 악화되었으며, 글로벌 공급체계(supply network)가 위축된 상태에서 2021년에는 소비재 산업에 필수적인 원료·원자재·에너지 가격 급등, 핵심부품(반도체)의 공급부족 사태로 인한 생산중단(supply shock), 무역거래를 위한 물류보급 차질 등으로 글로벌 경제상황은 혼란스러운 상태에서 벗어나지 못했다. 그 결과, 산업 전반에 걸쳐 생산비용 상승에 따른 인플레이션(cost-push inflation) 현상이 우려되는 수준에 달했다. 미연준은 양적완화(QE) 등 유동성 지원(통화 증가) 등을 통해 나타난 인플레이션을 억제하기 위해 양적긴축(QT)의 통화정책으로 선회하면서 2022~2024년에는 기준금리를 인상했다. 이에 따라 경제 구조적인 취약성에 노출된 신흥투자시장에서 자본유출 등으로 외환·금융시장의 변동성이 커지고 거시경제상황이 더욱더 악화되었다. 또한, 코로나위기의 경제성장과 소득수준에 미친 영향분석에서는 선진경제권보다 신흥투자시장에 대한 경제성장률 하락이 더 악화되었다. 코로나 충격으로 인한 산업별 영향분석을 요약하면, 서비스분야 등 대면접촉이 많은 산업(High-Contact Sectors)과 글로벌 공급체계에 의존적인 산업(GVC-intensive industries)에 대한 파급효과(spillover effects from lockdown stringency)가 훨씬 더 심각했던 것으로 추정된다. 특히 무역거래에서 글로벌 공급체계에 의존적인 산업에 대한 수출 감소의 파급효과가 크게 나타났으며, 원자재 생산단계의 산업(upstream: input industries)보다는 최종소비재 산업(downstream: close to final user industries)에서 무역관계(trade networks)를 통한 생산과 투자의 감소효과가 더 크게 나타난 것으로 분석된다.[30] 예를 들면, 코로나위기가 심화되었던 2020년에 EU-27개국의 평균 수출증가율(상품·서비스)은 전년에 비해 -8.4%를 기록했고, 해외직접투자(FDI) 유입실적은 평균 47.8% 감소한 것으로 추정된다.[31] 코로나위기를

30 IMF, "World Economic Outlook: War Sets Back the Global Recover," https://www.imf.org/en/Publications/WEO/Issues/2022/04/19/world-economic-outlook-april-2022.

31 https://ec.europa.eu/info/system/files/economy-finance/ecfin_forecast_statistical-annex; https://unctad.org/system/files/official-document.

극복하려는 각국 정부의 긴급 경제지원 등 정책 대응이 없었다면 코로나위기가 경제사회의 봉쇄조치로 인해 소득불평등 상태가 더욱더 악화되었을 것이다. 또한, 노동시장에서는 수요와 공급 제약, 생산요소의 이동제한과 경직적인 가격 형성 등으로 불완전 고용상태가 지속적으로 악화되었고 실업문제가 사회불안을 가중시킨 것으로 분석된다.

요컨대, 코로나 감염 등 경제외적인 변수 등 예기치 않은 불가항력으로 경제 불확실성이 증가하고 있는 상황에서는 아무런 조치를 하지 않는 것보다는 즉각적이고 실효적인 조치를 통해 경기침체 국면을 해결하기 위한 대책이 필요하다. 존 케인즈도 『고용, 이자 및 화폐에 관한 일반이론』(1936)에서 불확실한 경제여건에서는 대중의 심리적인 변동성에 따른 관습적인 가치(동물적인 자생적 충동)에 의해 기업 투자가 결정되므로 경제여건의 개선을 위해 아무 것도 안하는 것보다는 어떤 방식이든지 적절한 대책을 강구해야 한다고 역설했다. 또한, 경제대책의 성과여부에 따라 경제위기의 확산이 억제되고 그 피해도 최소화될 수 있다. 예를 들면, EU는 그린·디지털 전환(구조개혁)뿐만 아니라 코로나 확산에 따른 경제사회의 피해를 보전하기 위해 2020년 7월, 7,500억 유로 규모(2021~2026)의 경기회복기금(NGEU/RRF: the Next Generation EU/Recovery and Resilience Facility)을 통해 공여(grants), 대출(loans) 등의 지원에 합의했다.[32] 과거 전염병 발생사례를 관찰하면 전염병 확산, 기후변화에 따른 자연재해 등의 경제외적인 변수가 출현할 가능성이 잠재되어 있다. 따라서 경제안정을 위협하는 어떤 형태의 경제위기를 극복하기 위해서는 거시경제 상황변화에 대한 적합한 대책수립과 효과적인 정책 시행이 필요하다. 코로나위기의 경제영향분석에서 살펴본 바와

32 https://www.imf.org/en/Publications/CR/Issues-Article-IV-Consultation-Press-Release-and-Staff-Report.

같이, 예상하지 못한 경제위기가 발생하더라도 성장·물가·무역·투자의 연계 체계에 따른 사회경제적인 영향을 분석하고, 경제리스크에 대한 리스크관리 대책이 더욱더 요구된다고 하겠다. 예를 들면, 코로나위기에 대응하기 위해 선진경제권은 2020~2021년 GDP의 평균 10% 수준의 재정지출(경기부양조치, 확대재정정책)로 인해 세계 전역의 평균 소비자물가상승률은 2022년 평균 7.9%에 달했고, 2022년부터 세계 각국의 중앙은행은 인플레이션을 억제하기 위한 기준금리 인상(긴축통화정책) 등으로 2022~2023년 세계 전역의 경제성장률은 평균 3% 수준의 경기침체 현상이 초래되면서 경제여건 변화와 경제정책의 대응관계가 글로벌 경제에 상당한 충격을 주고 있다.

3장

지역별 경제위기

글로벌 경제위기(2장)에서 경제대공황, 글로벌 금융위기 등에 관하여 미국 등 선진경제권에 대해 집중적으로 살펴보았다. 지역별 경제위기(3장)에서는 세계 전역을 지역별로 구분하여 서유럽과 동유럽, 중남미, 동남아와 중동지역의 신흥투자시장에서 발생한 경제위기를 살펴보고자 한다. 과거 자본주의체제에서 신흥투자시장의 최대 경제위기는 1982년에 발생한 채무위기였다. 당시 30개국 이상에서 총외채잔액의 절반 정도가 2년 이내 연체(arrears) 상태에 직면했기 때문에 흔히 “신흥투자시장의 채무위기”(the debt crisis)로 불린다. 스탠리 피셔(Stanley Fischer)는 신흥투자시장의 채무위기(1982) 발생요인을 ▲적절하지 못한 거시경제 관리와 채무국의 무분별한 차입, ▲국제금융기관(IFI)의 과다한 대출, ▲선진경제권의 물가억제 정책(counter-inflationary policies)에 따른 실질금리 상승, 수출 상품가격 하락, 경기침체 등으로 분석했다.[1] 실제로 신흥투자시장에서 가장 많은 경제위기를 경험한 중남미지역(멕시코, 브라질 등)에서는 과다한 단기차입, 수출실적 감소(실질실효환율 상승), 자본유출 지속 등으로 채무위기(채무불이행 위험)가 주변국가들로 전이되었고, 국제금융시장에서 자금조달의 접근이 차단되었다. 부

1 Fischer, Stanley, *Economic Development and the Debt Crisis*, World Bank Policy, Planning and Research Papers (1988), 8.

연하면, 채무위기의 전염효과가 나타났고, 국제금융기관의 긴급중단(abrupt cut-off) 사태가 벌어진 것이다. 1982년 8월에는 멕시코 정부의 모라토리엄 선언으로 채무위기는 최고조에 달했는데, 채무지급의 실패(채무불이행)는 국제금융체제(은행시스템)의 완전한 붕괴(system failure)를 초래할 수 있다는 우려가 증폭된 것이다.[2]

지역별(또는 국가별) 경제위기(3장) 발생현황은 글로벌 경제위기와는 또 다른 관점에서 과거 800년간의 경제위기에 관하여 저술한 라인하르트·로고프의 『이번에는 다르다』(2009)(17장, 463쪽)[3]를 기본적으로 반영했다. 『이번에는 다르다』는 금융위기(Financial Crises: An Operational Primer)(1부)에서 경제위기의 유형(Varieties of Crises and Their Dates)(1장), 채무지불능력(Debt Intolerance: The Genesis of Serial Default)(2장), 금융위기통계(A Global Database on Financial Crises with a Long-Term View)(3장)에 관하여 분석했고, 정부외채위기(Sovereign External Debt Crises)(2부)에서는 채무위기의 이론(A Digression on the Theoretical Underpinnings of Debt Crises)(4장), 정부의 외채불이행 순환주기(Cycles of Sovereign Default on External Debt)(5장), 외채불이행 역사((External Default through History)(6장)에 관하여 다뤘으며, 국내채무와 채무불이행의 역사(The Forgotten History of Domestic Debt and Default)(3부)에서 국내채무와 채무불이행의 특징(The Stylized Facts of Domestic Debt and Default)(7장), 외채불이행과 인플레이션의 관계(Domestic Debt: The Missing Link Explaining External Default and High Inflation)(8장), 채무불이행의 비교분석(Domestic and External Default: Which Is Worse?

2 Bouchet, Michel, Ephraim Clark, and Bertrand Groslambert(2003), 176.
3 Reinhart, Carmen and Kenneth Rogoff, *This Time Is Different: Eight Centuries of Financial Folly* (2009), New Jersey: Princeton University Press.

Who Is Senior?)(9장)에 관하여 다뤘고, 은행위기, 인플레이션과 환율변동(Banking Crises, Inflation, and Currency Crashes)(4부)에서는 은행위기(Banking Crises)(10장), 통화위기(Default through Debasement)(11장), 인플레이션과 환율변동의 관계(Inflation and Modern Currency Crashes)(12장)에 관하여 다뤘으며, 미국 금융위기와 글로벌 금융위기(The US Sub-Prime Meltdown and the Second Great Contraction)(5부)에서 미국의 주택담보대출 부실사태(The US. Sub-Prime Crisis: An International and Historical Comparison)(13장), 금융위기의 영향(The Aftermath of Financial Crises)(14장), 미국의 주택담보대출 부실사태의 전염효과(The International Dimensions of the Sub-Prime Crisis: The Results of Contagion or Common Fundamental?)(15장), 금융위기 예측지수(Composite Measures of Financial Turmoil)(16장)에 관하여 다뤘고, 경제위기의 교훈(What Have We Learned?)(6부)에서는 조기경보시스템(Reflections on Early Warnings, Graduation, Policy Responses, and the Foibles of Human Nature)(17장) 등에 관하여 분석했다. 지역별 경제위기에서는 1973년 3월 미국의 외환위기로 나타난 브레튼우즈체제(BWS) 붕괴, 1970년대 이후 수시로 발생한 중남미 외환·외채위기, 1992년 9월 16일에 영국이 유럽통화체제(EMS)의 환율조정메커니즘(ERM)에서 이탈하면서 나타난 서유럽의 통화위기, 1997년 5월 태국(바트)의 환율변동에서 시작된 동남아 외환위기, 글로벌 금융위기의 영향으로 2009년 10월 그리스에서 촉발된 유로존 재정위기 등이 대표적인 경제위기의 사례라고 할 수 있다.

1절 서유럽지역의 경제위기

선진경제권을 주도한 서유럽지역에서는 경제위기가 다른 지역보다 일찍부터 나타나기 시작했다. <표 4>의 서유럽지역의 경제위기 발생현황(1340~2009)을 살펴보면, 총 17개국에 걸쳐 경제위기 발생기간[4](국가별 누적합계)은 총 580년에 달한다. 지난 670년 중 서유럽지역에서 경제위기 발생기간이 긴 국가는 그리스(103년), 스페인(85년), 영국(53년), 독일(49년), 프랑스(47년), 오스트리아(39년), 포르투갈(38년) 등의 순이다. 그런데, 서유럽지역의 경제위기 발생기간을 카르멘 라인하르트와 케네스 로고프가 집계한 통계자료를 보완하기 위해 대표적인 경제위기 지원기관인 IMF의 차관 지원현황을 추가적으로 고려할 필요가 있다. <부록>에서는 지역별 IMF 차관 지원현황(2025년 3월 31일 기준)에 대해 국가별로 요약했는데, IMF 차관(lending facility)은 일반재정계정(General Resources Accounts: GRA)과 빈곤감축성장기금(Poverty Reduction and Growth Trust: PRGT)으로 구분하여 그 재원을 지원하고 있다. IMF의 빈곤감축성장기금(PRGT)에는 확대신용차관(Extended Credit Facility: ECF=formerly PRGF), 대기성신용차관(Stand-by Credit Facility: SCF) 등을 통해 저소득국(LIC)을 대상으로 지원하고 있으나 경제위기에 대한 금융지원이라기보다는 경제성장을 위한 지원프로그램이다. IMF의 일반재정계정(GRA)에서 지원하는 대기성차관(Stand-By Arrangement: SBA), 확대기금차관(Extended Fund Facility: EFF), 긴급금융(Rapid Financing Instrument: RFI)과 단기유동성금융(Short-term Liquidity Line: SLL)이 경제위기에 대처하기 위한 지원프로그램이다. 대기성차관(SBA)은 IMF의 전통적인 차관지원프로그램

4 경제위기의 빈도를 발생횟수(건)보다는 발생기간(연도)을 기준으로 비교하는 것이 경제위기 심화정도를 측정하는 데 더 적절하다.

으로서 국제수지 불균형 문제에 직면한 국가를 대상으로 경제위기에 대한 정책대응에 필요한 자금을 최대 3년(통상 1년~1년 6개월) 이내 지원하고, 확대기금차관(EFF)은 심각한 국제수지 불균형 문제와 경제 구조적 취약성에 노출된 국가를 대상으로 경제 구조조정(개혁)에 필요한 자금을 최대 4년 간 지원하는 (중기)프로그램이다. 또한, 긴급금융(RFI)은 긴박한 국제수지 불균형 문제를 대처하기 위해 즉각적인 금융지원(outright purchase)을 요청하는 국가를 대상으로 지원하고, 단기유동성금융(SLL)은 경제정책체계(policy framework) 또는 경제기초여건(economic fundamentals)이 양호한 국가를 대상으로 국제수지 악화를 유발하는 외부충격으로 단기(12개월) 유동성리스크(유동성위기)를 관리할 필요가 있는 경우 지원하는 프로그램이다. 따라서 <표 4>의 서유럽지역의 경제위기 발생현황(1340~2009)과 <부록 1>의 유럽지역에 대한 IMF 차관(SBA·EFF·RFI·SLL) 지원현황을 반영(중복 제외)하면, 그리스 7년(2010~2016), 네덜란드 2년(1957~1958), 벨기에 6년(1952~1957), 스페인 4년(1959~1961), 아이슬란드 5년(1961~1963, 2010~2011), 아일랜드 3년(2010~2012), 영국 5년(1969~1970, 1977~1979), 이탈리아 4년(1974~1975, 1977~1978), 포르투갈 9년(1978~1979, 1983~1985, 2001~2014), 프랑스 6년(1956~1959, 1969~1970), 핀란드 6년(1996~1998, 2008~2010)의 경제위기 기간을 추가해야 한다. 그러면, 서유럽지역에서 과거 686년(1340~2025) 중 경제위기 발생기간이 긴 국가는 그리스(110년), 스페인(89년), 영국(58년), 프랑스(53년), 독일(49년), 포르투갈(47년), 오스트리아(39년)으로 재조정된다. 서유럽지역에서 최장의 경제위기 기간을 기록한 그리스는 1830년 독립 이후 195년 중 110년(56.4%) 간 경제위기 상태에 있었으며, 비교적 경제위기가 오랜 기간 발생한 스페인은 1492년 국가수립 이후 534년 중 89년(16.7%) 간 경제위기 상태였던 것으로 추정된다.

<표 4> 서유럽지역의 경제위기 발생현황(1340~2009)

국가(독립연도)	경제위기 발생연도(위기기간)
그리스(1830 튀르키예)	(1826) 1830~1878, 1893~1897, 1929~1964, 1976, 1980, 1984, 1987~1988, 1991~1995, 2007~2009 (103)
네덜란드(1581 스페인)	1636~1637, 1763, 1772, 1802~1814, 1819~1829, 1897, 1914, 1921, 1939 (32)
노르웨이(1814 스웨덴)	1898~1899, 1914, 1921~1923, 1931, 1936, 1973, 1978, 1987~1993 (17)
덴마크(1047)	1813, 1857, 1877, 1885, 1902, 1907~1908, 1921, 1931, 1971, 1973, 1979, 1987~1993, 2008~2009 (21)
독일(843)	1618~1623, 1683, 1799, 1807, 1812~1814, 1850, 1857, 1873, 1880, 1891, 1901, 1923, 1925, 1929~1953, 1977, 2007~2009 (49)
벨기에(1830 네덜란드)	1838~1839, 1842, 1848, 1870~1871, 1914, 1925~1926, 1929~1934, 1939 (16)
스웨덴(1523)	1811~1812, 1876~1879, 1897, 1907~1908, 1922~1923, 1929~1933, 1977, 1981~1982, 1990~1994 (24)
스위스(1648)	1870~1871, 1910~1913, 1931, 1933 (8)
스페인(1492)	1557, 1575, 1596, 1607, 1627, 1647, 1809, 1814~1817, 1820, 1829, 1831~1834, 1837~1867, 1872, 1877~1882, 1920~1925, 1929~1933, 1936~1939, 1976~1986, 1992~1993, 2007~2009 (85)
아이슬란드(1944 덴마크)	1985~1986, 1993, 2007~2009 (6)
아일랜드(1921 영국)	(1836~1837, 1856) 2007~2009 (3)
영국(829)	1340, 1472, 1594, 1690~1696, 1720, 1749, 1793, 1797, 1810, 1815~1817, 1822, 1825~1826, 1834, 1836~1839, 1847~1848, 1857~1858, 1866, 1878~1880, 1888~1891, 1907~1908, 1914, 1920~1921, 1932, 1974~1976, 1984, 1991, 1995, 2007~2009 (53)
오스트리아(1806)	1806~1816, 1868~1870, 1873~1874, 1914~1915, 1924, 1929~1933, 1938, 1940~1952, 2008~2009 (39)
이탈리아(843)	1866~1868, 1887, 1891, 1893, 1907~1908, 1914, 1921, 1929~1933, 1935, 1940~1946, 1990~1995 (29)

국가(독립연도)	경제위기 발생연도(위기기간)
포르투갈(1640 스페인)	1825~1828, 1837~1841, 1845~1847, 1850~1856, 1890~1901, 1920, 1923, 1929~1933 (38)
프랑스(843)	1558, 1624, 1648, 1661, 1690~1696, 1701, 1715, 1719~1720, 1770, 1788, 1793, 1797, 1802, 1805~1806, 1812, 1827~1828, 1838~1839, 1848~1850, 1864, 1867~1868, 1871, 1882, 1889, 1904, 1907~1908, 1914, 1929~1933, 1994~1995 (47)
핀란드(1917 러시아)	(1900) 1921, 1931, 1939, 1973, 1982, 1991~1994 (10)

자료: Reinhart, Carmen and Kenneth Rogoff, *This Time Is Different: Eight Centuries of Financial Folly* (2009), New Jersey: Princeton University Press, 296-392.

서유럽지역에서 경제위기에 영향을 미친 대표적인 정치경제적 사건은 십자군원정(1096~1270), 영·불 백년전쟁(1337~1452), 장미전쟁[5](1455~1485), 종교전쟁(1618~1648), 청교도혁명[6](1641~1679), 명예혁명[7](1688), 스페인 왕위계승전쟁(1701~1714), 오스트리아 왕위계승전쟁(1740~1748), 7년 전쟁(1756~1763), 프랑스대혁명[8](1789), 나폴레옹전쟁(1792~1815), 보블전쟁(1870~1871), 1차 세계대전(1914~1918), 2차 세계대전(1939~1945) 등이다. 서

5 영국에서 헨리 4세(1399~1413 재위) 등 랭카스터가문(홍장미 문장)과 에드워드 4세(1461~1473 재위) 등 요크가문(백장미 문장)의 30년 간 지속된 왕위계승전쟁을 말하며, 이후 헨리 7세 등 튜더 왕가(1485~1509), 제임스 1세(1603~1625 재위), 제임스 2세(요크공) 등 스튜어트왕가, 조지 1세(1714~1727 재위) 등 하노버왕가 등으로 이어진다.

6 영국에서 발생한 청교도혁명은 성공회(Church of England)를 지지하는 헨리 8세(1534년, 성공회 탄생) 이후 국교(성공회)를 반대한 메리여왕(Bloody Mary)이 가톨릭을 국교로 선포했다. 이후 엘리자베스 1세는 성공회를 옹립(Act of Uniformity 제정)하고 찰스 1세는 왕권을 강화했으나, 1641년 찰스 1세의 정책을 탄핵(대강의서)하면서 시작된 청교도혁명(Puritan Revolution)에 의해 찰스 1세는 처형된다. 의회군(퓨리턴·장로교도의 반발) 호국경 크롬웰의 쿠데타(찰스 1세의 처형)로 공화국이 선포되었고, 찰스 2세(1660~1685 재위) 치하에서 1679년, 인신보호법 제정(자유보장과 왕정복고)으로 일단락되었다.

7 제임스 2세(1685~1688 재위)의 절대주의 성향과 가톨릭 개종에 대항해 윌리엄 3세와 메리 2세(1689~1694 재위)를 공동 국왕으로 인정하는 명예혁명(1688)이 발생했고, 왕권 위에 법의 권력 인정과 의회의 승인 권한을 강화한 권리장전(1689)이 선포되었다.

8 프랑스대혁명의 발발 원인은 봉건사회에 대한 반발, 특권적 신분사회에 대한 면세특권 부여, 절대군주제(왕권신수설)로 인한 재정수지 악화, 부르주아의 역동성(공채발행 비판) 등으로 요약된다.

유럽지역에서 발생한 전쟁과 혁명 등에 관한 구체적인 내용을 경제위기의 관점에서 모두 다룰 수 없으나, 서유럽지역 국가의 흥망성쇠, 경제 패권의 전환 등에 적지 않은 영향을 미쳤다. 예를 들면, 영·불 백년전쟁은 샤를 4세(카페 왕조)의 서거(1328) 후 영국이 지지한 에드워드 3세(프랑스남부 기옌공작 겸 잉글랜드 국왕)와 프랑스가 지지한 필립 발루아간의 왕위계승문제로 촉발되었다. 전쟁의 발단은 프랑스 왕가에서 영국으로 시집간 이사벨라의 아들, 에드워드 3세의 왕위계승권 요구(1337)를 시작으로 플랑드르지방(모직물 생산중심지)에 대해 영국이 양모공급을 중단한 것을 계기로 필립 발루아가 영국령 기옌(가스코뉴지방)을 점령하자, 영국이 1340년에 프랑스에 대해 전쟁을 선포했다. 이후 브르타뉴조약(1360), 트루아조약(1420), 아라스협약(1452)을 통해 전쟁은 끝났다. 프랑크왕국에서는 남계만 왕위등극이 가능하다는 논리로 필립 발루아가 필립 6세(1328~1350 재위)로 옹립되었고 프랑스 왕세자가 샤를 7세로 즉위하자, 발루아 왕조를 열면서 종식되었다. 영·불 백년전쟁 이후 영국과 프랑스는 식민지쟁탈전에서도 서로 대립하면서 서유럽지역의 패권을 놓고 경쟁관계를 형성했다.

1581년 7월 26일에 스페인으로부터 독립한 네덜란드에서 발생한 최초의 경제위기 사례는 그 유명한 네덜란드의 튤립구근 버블(1636~1637)이다. 1609년에 세계 최초의 중앙은행인 암스테르담은행이 설립되어 150년 간 세계 금융의 중심적인 역할을 담당했던 네덜란드[9]는 종교전쟁(1618~1648)의 후유증으로 경제상황이 악화되었으나, 1630년대 이후 경제상황이 회복되기

9 네덜란드는 한반도의 5분의 1에 불과한 작은 영토에 1,790만 명의 인구를 보유하고 있으며, 2023년 기준 국내총생산(GDP)은 1조 1,181억 달러(세계 17위/207개국)로 1인당 국민소득(GNI)이 60,670달러(세계 16위/198개국)의 유로존 가입국이며, OECD 고소득국(HIC)이다. 세계은행(World Bank List of Economies, July 2024)은 1인당 GNI를 기준으로 고소득국(14,005달러 초과), 상위중소득국(4,516~14,005달러), 하위중소득국(1,146~4,515달러), 저소득국(1,145달러 이하)으로 분류하고 있다.

시작했다. 네덜란드는 영국에 이어 동인도회사를 설립해 동인도 무역을 통해 착취한 금과 은으로 금융자본을 축적했다. 당시 네덜란드에서는 부유계층의 저택에 재배되는 튤립이 부의 상징으로 여겨졌으나, 튤립을 증식하기가 까다로워 공급물량에 비해 수요가 턱 없이 부족했다. 튤립에 대한 수요기 급증하자, 튤립을 구매할 수 있는 권리(프리미엄)에 대한 거래가 횡행하면서 튤립구근도 거래의 대상이 된 것이다. 1636년 11월부터 본격화된 튤립 투기 광풍은 1637년 2월 3일에는 최고조에 달했는데, 튤립 거래가 더 이상 이뤄지지 않으면서 튤립구근의 가격도 폭락하는 사태가 발생한 것이다. 네덜란드 튤립구근 버블은 존 케인즈가 주장한 "비합리적인 투기거품"의 전형적인 사례다. 오스트리아 왕위계승전쟁(1740~1748)에서 오스트리아(프랑스·스페인 지원)가 프러시아(독일 지원)를 상대로 일으킨 전쟁에서 네덜란드는 중립적인 입장이었다. 7년 전쟁(1756~1763)에서 네덜란드의 금융기관들이 필요한 전쟁비용을 환어음 발행 등으로 대출했으나, 7년 전쟁이 종식된 이후 환어음 발행으로 투자한 자산가격이 폭락하면서 암스테르담은행 등이 부도에 직면하는 등 금융위기(1763)가 네덜란드에서 재연되었다. 세계 최초의 국제적인 금융위기는 영국의 남해회사(the Mississippi and South Sea) 버블(1720)로서 프랑스, 네덜란드, 이탈리아, 독일 등 서유럽지역에 적지 않은 영향을 미쳤다. 영국[10]은 중남미지역의 식민지를 확보하기 위해 스페인과의 전쟁을 벌였는데, 전쟁비용을 마련하기 위해 1710년에 남해회사를 설립하여 스페인 관할의 중남미 식민지 국가들을 대상으로 무역 독점권을 확보하려는 움직임을 보였다. 이런 가운데, 남해회사는 주식 발행으로 영국 정부채권을 매입하기 시작하여 1720년에는 영국 정부채권 매입규모가 3천만 파운드를 상회하

10 영국은 한반도의 1.1배의 영토에 6,840만 명의 인구를 보유하고 있으며, 2023년 기준 국내총생산(GDP)은 3조 3,400억 달러(세계 6위/207개국)로 1인당 국민소득(GNI)이 47,800달러(세계 27위/198개국)의 OECD 고소득국(HIC)이다.

면서 남해회사의 주가도 1720년 6월 17일에는 950파운드에 달했다. 그러나 버블이 붕괴되면서 그해 12월에는 남해회사의 주가가 120파운드로 급락했다. 지나친 가격상승은 언제나 거품을 내재하기 마련이다. 그러나 시세차익을 노린 투자자들의 과도한 투기성향은 1720년 6월 이전에는 진정되지 않았고, 그 결과 주식시세의 급락으로 인해 투자자들은 결국 파산에 이르게 되었다. 오스트리아(마리아 테레지아 여제)·프랑스·러시아에 대항해 영국은 프로이센(프리드리히 2세)과 연합하여 7년 전쟁(1756~1763)을 벌였다. 프로이센·영국 연합은 오스트리아·프랑스·러시아를 상대로 7년 전쟁에서 승리하면서 프로이센(프리드리히 2세, 1740~1786 재위)은 파리조약 체결 이후 유럽의 강국으로 부상한다.

근대 사회로 접어들면서 유럽에서는 프랑스대혁명(1789) 이후 국민주권과 민주주의 성향의 사회의식이 발현되었고, 1849년 파리에서 개최된 1차 세계평화회의[11]에서 프랑스의 대문호인 빅토르 위고(Victor Hugo)(1802~1885)가 유럽연합(European Union: EU)의 탄생을 예고했다. 빅토르 위고는 "유럽 대륙의 모든 국가가 하나의 유럽이라는 형제가 될 날이 올 것이다. (중략)우리는 대서양 건너편의 미국과 EU가 대면하는 날이 언젠가는 올 것이다. (중략)그리고 그 첫걸음은 최초의 유럽연합이지만, 나중에는 세계 전체의 연합국이 될 것이다"[12]라고 역설했다. 그런 가운데, 영국의 윈스턴 처칠(Winston Churchill)(1874~1965) 총리가 1946년 9월 19일에 스위스 취리히 대학교에서 유럽각료회의 설립을 호소하면서 유럽통합의 필요성을 역설하며 유럽연합의 출현을 예견했다.[13] 그러나 유럽연합의 실체는 프랑스의 기업

11 1차 세계평화회의(1849)는 (평화·자유를 위한) 「국제연맹」 탄생의 계기가 되었고, 2차 세계평화회의(1868)에서 유럽연합(안)이 채택되었다.

12 Gardner, Stephen, *Comparative Economic Systems* (1998), Orlando: The Dryden Press, 254.

13 Nelson, Brent and Alexander Stubb, *The European Union* (2003), Lynne Rienner Publishers, 7-20.

인 장 모네(Jean Monet)(1888~1979)와 외무장관이던 호베르 슈망(Robert Schuman)(1886~1963)이 주도하여 1952년 유럽석탄철강공동체(European Coal and Steel Community: ECSC)가 창설되면서 시작되었다.[14] "유럽공동체의 아버지"로 불리는 장 모네는 "과거의 주권국가는 현재의 문제를 해결할 수 없다. 자신의 진보를 담보할 수 없고, 자신의 미래를 통제할 수 없기 때문에 유럽공동체만이 미래의 조직화된 세계로 향하는 첫 단계다"[15]라고 역설했다. 장 모네는 독일 루르지방(석탄산지)의 중공업 발전을 계기로 프랑스의 알사스와 로렌 지역의 석탄과 철강에 대한 통제(공동관리)가 필요하다며 유럽의 공동조직체 설립을 제안했다. 1951년 4월에는 프랑스·독일·이탈리아와 베네룩스 3개국(창립멤버 6개국) 정부대표단이 파리에 모여 ECSC를 발족하기 위해 파리조약을 체결했다. ECSC 창립멤버 6개국은 석탄과 철강 산업의 무역장벽 완화(공동시장 창설), 정부보조금 철폐 등을 시행했으나, 일부 국가의 저항으로 석탄과 철강의 단일시장 창설에는 실패했다. 이후 1957년 3월에 창립멤버 6개국이 로마조약[16]을 체결하면서 유럽경제공동체(European Economic Community: EEC)가 창설되었다. 1965년 4월에 체결된 브뤼셀 조약[17]에 의해 EEC는 유럽공동체(EC)로 확대 발전했다. 1968년에는 관세동

14 프랑스 코냑(Cognac) 출신의 장 모네는 대표적인 연방주의자로서 샤를 드골 프랑스대통령의 경제계획을 보좌한 경제외교관이었고 ECSC의 초대 위원장(first president of its High Authority)을 역임했다. 장 모네는 경제적으로 역동적이고 강력한 연방체인 미국의 경제발전 현상에 자극받아 유럽도 "유럽연합체를 창설해야 한다"고 호베르 슈망에게 제안했다(1950년 5월 9일의 슈망계획(Schuman Declaration)으로 매년 5월 9일을 Europe Day로 기념하고 있다).

15 Monet, Jean Monet *Memoire* (1978), New York: Doubleday and Company, 251.

16 로마조약이 12년 이내 공동시장 창설을 목표로 선정한 6대 과제는 ①역내 무역제한의 점진적인 철폐, ②역내로 유입되는 모든 상품에 대한 대외공동관세 부과(관세동맹), ③역내 생산물(상품·서비스)과 생산요소(노동·자본)의 자유로운 이동에 대한 장벽 완화, ④공동의 농업·교통 정책 추진, ⑤유럽사회기금(ESF) 설립, ⑥유럽투자은행(EIB) 설립 등이다. 유럽경제공동체 조약은 미국식 원칙을 추종했는데, 실제 역내 단일 공동시장은 35년이 지난 1992년 12월 31일에 달성되었다.

17 ECs=EEC+ECSC+Euratom (European Atomic Energy Community)

맹[18]이 성립되었고, 1986년의 단일유럽협약(Single European Act: SEA)에 의해 세계 최초로 역내공동시장(Single Internal Market: SIM)[19]이 출범했으며, 1991년 12월에는 마스트리히트조약(Treaty of European Uniion: TEU)에 의해 유럽연합(EU)을 구축했다. 유럽경제권은 유럽연합(27개국)[20]으로 대변되고, 경제적으로는 화폐동맹(단일통화인 유로 도입)을 구축한 세계에서 가장 진전된 경제통합체를 구성하면서 유럽연합은 유럽지역에서 사회경제의 중심적인 역할을 하고 있다.

베르뎅조약(843)에 의해 프랑크왕국은 동프랑크(독일), 중프랑크(이탈리아), 서프랑크(프랑스)로 분리된 이후 독일[21]에서는 신성로마제국(962~1814), 독일연방(1815~1836), 독일제국(1871~1918), 바이마르공화국(1919~1933)의 국가체제가 들어섰다. 중세 유럽의 실세였던 합스부르크왕가(오스트리아)는 독일에서 300년(1438~1740년, 샤를르 6세 사망) 간 지배력을 행사했다. 그러나 프로이센·영국 연합은 오스트리아·프랑스·러시아를 상대로 7년전쟁(1756~1763)에서 승리하면서 프로이센(프리드리히 2세, 1740~1786 재위)은 파리조약 체결 이후 유럽의 강국으로 부상했다. 이후 합스부르크왕가와 프로이센왕국이 공존하다가 독일은 나폴레옹전쟁(1792~1815)에 휘말렸으며, 1864년 덴마크(유틀란드반도) 점령, 1866년 오스트리아·프로이센전쟁 등을 거쳐 독일은 북독일연방을 창설했다. 독일제국(프로이센)은 보블전쟁(1870~1871)에서 승리하면서 베르사유조약(1871년 1월)에 의해 최초로 통

18 역내 관세(tariffs) 철폐, 대외공동관세(common external tariff) 부과

19 생산품(상품·서비스)과 생산요소(노동·자본)의 역내 완전이동 가능

20 2016년 3월의 국민투표로 영국이 유럽연합 탈퇴(Brexit) 과정을 거쳐 2020년 1월31일에 Brexit가 최종 결정되었지만, EU는 여전히 유럽지역에서 사회문화의 중심적인 요체라고 할 수 있다.

21 독일은 한반도의 1.6배의 영토에 8,480만 명의 인구를 보유하고 있으며, 2023년 기준 국내총생산(GDP)은 4조 4,561억 달러(세계 3위/207개국)로 1인당 국민소득(GNI)이 53,970달러(세계 21위/198개국)의 유로존 가입국이며 OECD 고소득국(HIC)이다.

일 국가(독일제국)를 형성했다. 그러나 1차 세계대전[22](1914~1918) 패배로 베르사유조약(1919년 6월)에서 규정한 가혹한 조건[23], 물가위기[24](1922~1923), 경제대공황(1929~1932) 등으로 나치즘이 태동하는 계기가 조성되었다. 독일 경제가 재정긴축과 디플레이션 등으로 1932년에는 실업률이 30%에 달할 정도로 극심한 경기침체 상태에 직면하자, 바이마르 정부에 대한 불만 등이 겹치면서 오스트리아 출신의 아돌프 히틀러(Adolf Hitler)(국가사회주의 독일노동자당)가 1933년 1월 30일 독일 총리(1933~1945)로 등장하는 사건이 일어났다. 2차 세계대전의 전초전 성격의 스페인내전(1936~1939)에서 스페인 좌파정부(1931년에 수립된 2공화국)에 대항하여 프란시스코 프랑코(Francisco Franco) 장군이 1936년 7월 17일, 모로코에서 쿠데타를 일으켜 우파정부가 수립되는 결과가 초래되었다. 당시 좌파정부(반파시즘)에는 영국·프랑스의 군수물자 지원(미온적 태도), 러시아 (소비에트)공산주의자 등이 연합했고, 우파 쿠데타에는 파시즘(나치 독일, 이탈리아 무솔리니정권), 포르투갈(살라자르 정권)과 스페인 내부의 가톨릭교회와 왕당파가 지지했으나, 미국은 중립적인 입장(좌파에는 비행기 판매, 우파에는 휘발유 판매)을 견지했다. 2차 세계대전(1939~1945)에서 독일은 소련과의 스탈린그라드전투에서 최종 패배함에 따라 독일영토(베를린 포함)가 연합국(소련·영국·미국·프랑스 4개국)의 분할통치를 받다가 베를린봉쇄령(1948년 8월 24일)으로 1949년 독일연방공화국(서독)과 독일민주공화국(동독)으로 분리되었다. 1989년 11월 9일, 냉전시대의 상징이던 베를린장벽(1961년 8월 13일 설치)이 무너지고 1990년 10월 3일에 독일은 재통일(통합)되었다.

22 패전국: 독일-오스트리아-헝가리-불가리아-튀르키예, 승전국: 프랑스-영국-이탈리아-벨기에-미국-러시아

23 전후 배상금 지불, 자르(1935년 국제연맹의 관리에서 회복), 라인란트(1936년 무력으로 장악)와 루르(프랑스·벨기에 침입) 상실 등

24 소비자물가상승률(2023): 22,220,194,522% 추정

베를린장벽은 1963년 6월 23일의 존 케네디(John Kennedy) 미국 대통령의 연설, "나는 베를린 사람이다"로 더욱 유명해졌고, 공산주의 몰락과 소비에트연방 해체를 가져왔다. 1차 세계대전(1914~1918) 패전으로 베르사유조약(1918)에 의해 막대한 전쟁배상금(1,320억 마르크)을 독일 정부는 지불해야 했기 때문에 독일의 경제상황은 말할 수 없을 정도로 피폐해졌다. 더구나 1차 세계대전의 전쟁비용을 조달하기 위해 발행한 정부채권(재정수지 적자)으로 인해 독일 정부의 금보유량은 이미 바닥난 상태였다. 이런 상황에서도 독일 정부는 독일제국은행의 통화발행(통화가치 하락)에 의존적인 경제정책을 지속적으로 시행했고, 그 결과 1923년 독일의 소비자물가상승률은 10년 전인 1913년에 비해 무려 1조 2,600억 배나 상승한 것으로 추정되며, 그 결과 소비자물가수준은 전쟁 직전에 비해 평균 1,000배에 달한 것으로 알려졌다. 실제로 1923년 여름에 소비자물가상승률이 월평균 100%를 초과하더니 가을에는 월평균 1,000%를 상회하면서 소비자물가상승률을 계산조차 하기 어려울 정도였다. 독일 물가위기는 역사상 최초로 나타난 초인플레이션 현상이며, 초인플레이션을 경험한 독일중앙은행(분데스방크)은 아직도 물가관리에 최대 역점을 두는 경제정책으로 일관하고 있다. 독일 물가관리에 대한 경제철학은 유로존 통화정책을 주도하고 있는 유럽중앙은행(European Central Bank: ECB)의 경제정책에도 지대한 영향을 미치고 있다. 물가위기에 따른 마르크·미달러 환율은 1차 세계대전 직전에 4.2마르크였으나, 1919년 8마르크에서 1923년 12월에는 4조 2천억 마르크로 급등하자, 독일 정부는 화폐개혁을 통해 신규 화폐(렌텐마르크)를 도입하는 조치를 취했다.

(1) 브레튼우즈체제와 유럽통화시스템

2차 세계대전이 종식되기 직전인 1944년 7월, 미국 브레튼우즈(뉴햄프셔주 마운트워싱턴호텔)에서 44개국 대표단(UN 주관)이 참가한 국제통화금융회의(International Monetary and Financial Conference)가 개최되었다. 국제금융 역사에서 중요한 브레튼우즈협정(Bretton Woods Agreement)이 체결된 것이다. 브레튼우즈협정 체결의 목적은 경제위기의 재연을 방지하고 간전기(1919~1938) 이후 발생한 실업사태를 억제하기 위함이었다. 브레튼우즈협정에 의해 국제금융기구인 국제통화기금(IMF)과 세계은행(World Bank)이 설립되었으며,[25] 금 1온스를 35미달러로 고정하고, 기타 통화는 미달러를 기준으로 ±1%의 환율변동밴드를 적용한 금환본위제도(브레튼우즈체제)가 채택되었다. 서유럽지역에서는 유럽공동체(EC)를 중심으로 1958년에 통화위원회가 설립되었으나, 역내 각국의 환율 불안정성이 지속되어 무역과 투자가 거의 마비된 상태였다. 특히 1967년에는 영국파운드의 불안으로 인해 영국에서 외환위기가 발생함에 따라 영국 정부는 자본통제와 함께 IMF에 긴급 구제금융을 요청했다. 2차 세계대전 이후 1960년대에는 경기호항 국면이 지속된 가운데, 베트남전쟁으로 미국의 국방비 지출증가로 화폐수요가 급격히 증대되었다. 외환시장에서 미달러가 공급과잉 상태인데, 화폐수요에 대응하기 위해 미연준은 화폐발행(통화공급)을 증가했으나 1968년 3월에는 미연준의 금보유액이 120억 달러에 불과하여 대외유동성 부채를 상환하지 못할 정도로 부족했다. 그 결과, 국제금융시장에서 미달러의 금태환제도를 신뢰하지 않게 되자, 미달러의 가치하락으로 미국은 외환위기(financial crisis)에 직면하게 되었고, 미달러와 금의 투기적인 거래가 성행

25 IMF와 World Bank는 존 케인즈(영국)의 국제청산연합(International Clearing Union)과 해리 화이트(Harry White)(미국)의 국제안정기금(United and Associated Nations Stabilization Funds) 설립 제안으로 창설되었다.

하면서 국제통화질서가 흔들리기 시작했다. 당시 미국 경제학자인 로버트 트리핀(Robert Triffin)은 금 보유수준이 미달러(지급준비통화)에 대한 수요 증가를 충족하지 못해 미달러의 금태환이 불가능한 상황에서는 더 이상 미달러가 지급준비통화로서의 역할을 하지 못한다는 "통화정책의 유동성 딜레마"(Triffin's Dilemma)를 주장했다.[26] 미국의 외환위기와 미달러의 신뢰도 문제(유동성 딜레마)를 해결하기 위해 IMF는 특별인출권(SDR) 창출과 금의 이중가격제도(Two-Price System for Gold)를 시행했다. 1968년 3월에 시행된 금의 이중가격제도는 금 매입에 따른 글로벌 통화위기를 극복하기 위해 금풀제도(International Gold Pool)를 대체한 것으로서 각국 중앙은행 간 금 거래는 브레튼우즈체제를 준용하되, 금거래 가격에 대한 금융당국의 개입을 중단하고 금 시세는 금시장에서 결정하게 한 조치였다. 1971년 8월에 영국과 프랑스가 미달러를 금으로 교환하는 계획을 발표하자, 리처드 닉슨(Richard Nixon) 미국 대통령은 8월 13일 미달러의 금태환 중지를 긴급 선언했다. 1971년 12월의 스미소니언협정(Agreement at the Smithsonian Conference) 체결로 미연준은 미달러의 가치를 금 온스당 35달러에서 38달러로 8.57% 평가절하하고, 환율변동밴드를 ±1%에서 ±2.25%로 확대하는 조치를 취했다. 스미소니언체제가 출범한 지 6개월이 지난 후 1971년 6월에는 영국, 프랑스, 이탈리아 등 서유럽 전역에서 외환위기가 발생하면서 투기자본이 독일마르크와 일본엔에 집중되며 미달러의 시세는 계속 하락했다. 1973년 2월, 미연준이 미달러의 가치를 금 온스당 38달러에서 42.22달러로 10% 추가평가절하 조치를 발표한 이후 1973년 3월에는 유럽경제공동체(EEC) 회원국들이 변동환율제도를 채택하자, 3월 19일에 미연준도 고정환율제도를 폐기하고 변동환율제도로 이행함으로써 결국 브레튼우즈체제는

26 미연준은 미달러에 대한 투기거래를 억제하기 위해 금 보유조항(Gold Cover) 폐지를 추진했는데, 당시 밀턴 프리드먼과 찰스 킨들버거도 동조했다.

붕괴되었다. 1976년 1월 자메이카(킹스턴)에서 브레튼우즈체제를 대체하는 킹스턴체제를 통해 국제금융시장에서 독자적인 환율제도 채택의 재량권 부여(변동환율제도 도입), IMF의 기준화폐인 특별인출권(Paper Gold)의 국제통화로서의 기능과 역할이 강화되었으나, IMF는 특별인출권을 각국 중앙은행 간 공적거래(차관지원)로 제한하여 운용하고 있다.

1970년대는 세계 전역의 통화가치 불안과 미국의 신규 환율시스템 도입 기피로 그 어느 때보다 환율안정이 필요한 시기였다. 독일의 미달러 보유급증으로 인해 1970년부터 마르크는 강세를 보였으나, 서유럽지역에서는 통화위기가 빈번하게 나타났다. 이에 따라, 유럽경제공동체(EEC) 회원국들은 스미소니언협정에 의해 1972년에 공동변동환율협약(Joint Float Agreement, European Currency Snake System)을 체결했다. 그럼에도 불구하고, 1974년 1월에 프랑스프랑의 환율불안 현상이 나타나면서 발레리 데스탱(Valery d'Estaing) 프랑스 대통령은 환율안정을 위한 공동대책을 제기했다. 헬무트 슈미트(Helmut Schmidt) 독일 총리도 유럽통화시스템(European Monetary System: EMS) 구축이 유럽통합을 지향하는 필연적인 조치로 인식하면서 1978년에는 미달러의 추가적인 약세(마르크 강세)로 인해 독일의 수출경쟁력이 약화될 것을 우려하여 유럽확대통화시스템(European-Wide Monetary System) 구축을 제안했다. 그러나 1978년 4월의 유럽경제공동체 정상회담(코펜하겐)에서 불·독 정상들이 유럽통화시스템(EMS) 추진을 발표했고, 그해 7월 유럽경제공동체 정상회담(브레멘)에서는 유럽통화시스템 추진방안이 제시됨으로써 1979년 3월(1979년 12월, 브뤼셀 정상회담 합의)에 유럽통화시스템이 출범하게 되었다. EMS의 핵심은 환율안정을 위해 유럽통화단위(European Currency Unit)의 회계기법을 기준으로 환율조정체제(Exchange Rate Mechanism: ERM)를 채택한 것이다. 유럽통화단위(ECU)는 역내 국내총생산과 무역의 비중(가중치)에 따른 역내 통화바스켓의 가치 단위이며, 1999년 1월 1일 이후에는 유로존 단일통화인 유로(EUR)로 변경되었다. 유럽경제공동체의 환율조정체제(ERM)는 ECU를 기준으로 역내 회원국 통화의 환율변동밴드를 ±2.25%(이탈리아 ±6% 예외허용)로 제한하여 환율불안정에 따른 통화위기를 억제하기 위해 도입되었다. 그러나 ERM이 도입된 이후 8년간의 환율변동 추세를 비교하면, 독일마르크와 네덜란드길더의 평가절상 현상이 나타났지만 프랑스프랑과 이탈리아리라는 평가절하 현상으로 대조적인 양상(변동성)을 보였다. 역내 통화가치의 재조정 현상은 국가 간 경제성장률, 인플레이션, 경상수지의 불균형 등으로 나타난 경제기초여건의 격차로 인해 각국 중앙은행이 환율변동밴드 범위 이내로 자국 환율을 안정적으로 유지하기가 어려울 정도로 대외경쟁력의 변화가 나타난 데 기인한다. 1989년, 자크 들로흐(Jacque Delors) 유럽공동체(EC) 집행위원장은 역내 환율안정을 위해 경제통화동맹(Economic and Monetary Union: EMU) 추진을 제안했다. 1990년 베를린장벽 붕괴 이후 공산주의체제가 몰락하면서 소비에트연합의 무역 결제시스템이 와해됨에 따라 서유럽 선진경제권도 타격을 받았다. 특히 통독 이후 독일의 재정지출 급증에 따른 재정수지 적자가 누적된 데다 경기침체도 동반되었다. 독일중앙은행(분데스방크)은 재정지출 급증에 따른 물가상승 압박을 억제하기 위해 기준금리를 인상하는 등의 긴축통화정책을 취했다. 그러나 영국과 프랑스에서는 경기침체로 인해 긴축통화정책을 시행하기 어려운 상황이었기 때문에 독일 정부에 대해 긴축통화정책의 완화(기준금리 인하)를 요구했다. 독일과 영·불 간 경제정책의 갈등은 외환시장에서 영국파운드와 프랑스프랑에 대한 환투기가 발생한 배경이 되었다. 또한, 경제상황이 악화된 스페인(1989년 6월), 영국(1990년 10월), 포르투갈(1992년 4월)에 대해서는 환율변동밴드를 최대 ±12% 허용된 상태였다. 결국 ERM을 수용한 영국(파운드), 스페인(페세타)과 포르투갈(이스쿠두)의 통화가치 불안, 유럽연합조약(마스트리히트조약) 비준에 대한 불확실성, 기존 ERM 참여국(프랑스·독일·이탈리아·벨기에·네덜란드·룩셈부르크·덴마크·아일랜드)의 환율재조정 포기 등으로 1992년 9월에 이탈리아(리라), 스웨덴(크로나), 핀란드(마르카) 등 서유럽 경제권에서도 통화위기가 발생한 것이다. 국제금융시장에서 EC 통화에 대한 환투기가 확산되자, 영국(9월 16일)과 이탈리아가 ERM에서 이탈했고, 프랑스(프랑), 벨기에(프랑), 덴마크(크로네), 아일랜드(파운드) 등의 서유럽지역에도 통화위기가 전이되었다. ERM이 붕괴된 1992년 9월에는 영국파운드, 이탈리아리라, 스웨덴크로나와 핀란드마르카의 통화가치는 독일마르크에 비해 평균 30% 이상 하락한 상태였다. 1993년 8월에는 ERM의 환율변동밴드가 ±15%로 확대되어 준변동환율제도(quasi-floating exchange system)로 변환되었다. 이후 단일통화 도입에 대한 결정은 1995년 12월의 EC 정상회담(마드리드)에서 비로소 이뤄졌으며, 1999년 1월의 마스트리히트조약(TEU)에서 단일통화 도입(12개국 합의)이 결정되면서 2002년 1월부터 유로가 유통되기 시작했다. EMS 붕괴의 근본원인은 EMS 가입국 간 적정한 통화정책에 대한 갈등, 영국과 프랑스의 긴축통화정책 요구에 대한 독일중앙은행의 미온적인 태도 등이 복합적으로 적용한 결과였다. 독일중앙은행은 외환시장에 개입할 수 있는 통화량(유동자금)이 충분했으나, 영국이나 프랑스 통화당국에 통화(독일마르크) 공급을 거부했다는 사실도 EMS 붕괴의 원인이었다. 독일중앙은행은 통화량의 급격한 증대(유동성 공급)에 따른 물가상승을 우려했기 때문에 영국과 프랑스의 긴축통화정책의 완화요구에 동조하지 않았던 것이다. 1992년 서유럽 경제권의 통화위기(외환시장 불안정 현상)는 독일중앙은행이 외환시장에 충분히 개입하지 않았던 통화정책의 기조에서 기인한 것이라고 할 수 있다.

(2) 유로존 재정위기

2010년 서유럽지역에서는 또 다시 홍역을 치른다. 글로벌 금융위기(2008~2009)가 서유럽지역에 전이되면서 유로존(Eurozone)에도 경제위기가 현실화되었다. 2009년 10월, 그리스[27] 총선에서 집권한 신임 정부는 재정수지 적자가 국내총생산(GDP)의 12.7%, 공적채무는 GDP의 100%(2011년 180% 수준)를 상회한다며 전임 정부의 경제통계에 대한 조작(설)을 제기했던 것이 남유럽지역을 중심으로 발생한 유로존 재정위기(Euro Area Crisis)의 발단이다. 2009년 12월 1일에 EU의 리스본조약이 발효된 이후 국제금융시장에서 그리스의 정부채권(sovereign bond)에 대한 평가등급이 급락하기 시작했다. 2010년 2월부터 그리스 정부채권의 발행·유통가격이 폭락하면서 그리스 정부채권수익률[28](5년 만기)이 독일 정부채권수익률에 비해 400bp(4%포인트) 상승한 이후 2008년 12월말 2.64%포인트, 2009년 6월말 1.20%포인트, 그해 9월말 0.96%포인트로 하락추세를 보였으나, 2009년 12월말 2.54%포인트로 상승하면서 2010년 1월말 4.39%포인트, 4월 27일 8.49%포인트, 5월 7일 9.65%포인트로 급등추세를 나타냈다. 그리스 정부채권 신용등급에 대해, S&P는 2009년 1월 14일 A에서 A-(Stable), 12월 16일에는 BBB+(Negative)로 각각 하향조정한 이후 2010년 4월 27일에는 그리스 금융기관의 취약성 등을 이유로 BB+(Watch Negative)로 세 단계나 하향조정했다. 2011년 3월 29일에는 그리스 정부의 채무재조정 가능성을 반영하여 BB-(Watch Negative)로 강등했고, 5월 9일 B(Watch Negative)로 하향조정했고, 6월 13일에는 다시 CCC(Negative)로 강등했으며, 7월 21일 EU

27 그리스는 한반도의 5분의 3에 불과한 작은 영토에 1,040만 명의 인구를 보유하고 있으며, 2023년 기준 국내총생산(GDP)은 2,382억 달러(세계 54위/207개국)로 1인당 국민소득(GNI)이 22,580달러(세계 53위/198개국)의 유로존 가입국이며 OECD 고소득국(HIC)이다.

28 채권수익률은 채권가격과는 역(-) 상관관계이기 때문에 채권가격이 상승하면 채권수익률(차입비용) 상승으로 채권발행 정부의 채무불이행 위험이 증가함을 의미한다.

와 IMF의 주도로 민간채권단의 그리스에 대한 2차 구제금융 합의가 이루진 이후에도 S&P는 그리스 신용등급을 7월 27일에 CC(Negative)로 계속해서 하향조정하여 채무불이행 직전 단계로 평가했다. Moody's는 2009년 12월 22일에 A1에서 A2(Negative)로 하향조정한 데 이어, 2010년 4월 22일에는 A3(Negative), 6월 1일에는 Ba1(Stable)으로 추가 하향조정했다. Moody's는 그리스 금융기관의 건전성 악화와 긴축재정정책 시행 등에 부정적인 평가를 하면서 2011년 3월 7일에는 B1로 하향조정했고, 그해 6월 1일에는 Caa1(3~5년 이내 채무불이행 확률 50%)로 계속 하향조정했으며, 2차 구제금융 합의 이후인 7월 25일에는 민간투자자의 경제손실 우려 등의 이유로 Ca로 강등했다. Moody's는 그리스의 불확실한 경제성장 전망, 재정수지 적자목표 달성 실패 등으로 채무재조정 없이는 정부채무를 관리할 능력이 없으며, EU, IMF 등이 민간투자자들의 채무재조정 참여를 요구할 가능성이 높아지고 있다고 진단했다. 2009년 GDP 기준으로 그리스, 아일랜드 및 스페인의 재정수지 적자비중은 각각 -15.6%, -12.2% 및 -9.6%, 공적채무 비중도 129%, 25% 및 33% 수준으로 밝혀지면서 경제위기가 확산되기 시작했다. 특히 그리스 정부의 재정수지 악화는 공적부문의 부정부패, 재정통계 조작, 탈세관행 등이 결합되어 나타난 그리스병(Greek Disease)[29]에 기인한 것이었다. 아무튼 그리스(서유럽지역의 중남미패턴) 정부는 과다한 재정적자를 보전하기 위해 정부채권을 무리하게 발행하다보니 공적채무가 누적되는 결과를 초래했다. 2010년 그리스 재정위기가 발생하기 직전인 2009년에는 GDP(3,412억 달러→3,217억 달러), 1인당 GDP(30,218달러→28,397달러), 경제성장률(-0.2%→-3.2%), 총투자/GDP(23.7%→18.3%), 재정수지/GDP(-9.4%→

29 1950년대 북해 천연가스 유전발굴로 인해 네덜란드가 에너지 가격 상승에 따른 외환보유액 증가로 경상수지가 일시적으로 개선되었으나 고물가에 따른 제조업의 대외경쟁 약화로 경상수지가 다시 악화된 현상을 네덜란드병(Dutch Disease)이라고 한다.

-15.6%), 수출규모(796억 달러→592억 달러), 자본수지/GDP(14.7%→11.8%), 공적채무/GDP(113.0%→129.3%) 등의 거시경제지표가 악화되었다. 그러나 2010년 재정위기 발생 직전에는 재정수지/GDP -15.6%, 외환보유액/(월평균)수입 0.2개월분, 공적채무/GDP 129% 등의 거시경제지표가 악화되었다. <표 17> 경제위기진단 거시경제지표의 위기징후 임계수준에서는 경제위기 발생가능성을 진단하기 위해 주요 경제지표(중점요소)의 위기징후 임계수준(crises thresholds)이 제시되었다. 예를 들면, 소비자물가상승률 20% 초과(물가위기), 재정수지 적자 -10% 초과(재정위기), 환율 25% 상승(외환위기), 외환보유액/(월평균)수입 3개월 미만(유동성위기), 총외채잔액/GDP 50% 초과(외채위기), 공적채무/GDP 90% 초과(채무위기), 단기외채/외환보유액 130% 초과(유동성위기)인 경우 경제위기 가능성이 높아진다는 것이다. 그리스 재정위기가 발생한 2010년에는 GDP(3,217억 달러→3,010억 달러), 1인당 GDP(28,397달러→26,500달러), 경제성장률(-3.2%→-3.5%), 총투자/GDP(18.3%→16.2%), 소비자물가상승률(1.2%→4.7%), 자본수지/GDP(11.8%→5.8%), 외환보유액(16억 달러→13억 달러), 공적채무/GDP(129.3%→148.3%) 등으로 거시경제지표가 더욱더 악화되었다. 재정위기가 발생한 2010년에는 <표 17> 경제위기진단 거시경제지표의 위기징후 임계수준에서 경제성장률 -3.5%, 재정수지/GDP -10.8%, 외환보유액/(월평균)수입 0.2개월분, 공적채무/GDP 148% 등의 거시경제지표가 개선되지 않으면서 경제위기 상황이 지속되었다. 경제위기의 형태로 관찰하면, 그리스에서는 유동성위기, 재정위기와 채무위기가 복합적으로 나타났고 재정위기와 채무위기가 가장 심각했기 때문에 재정·채무위기로 재분류하는 것이 적합하다. 재정위기가 지속된 2011년에도 GDP(3,010억 달러→2,990억 달러), 1인당 GDP(26,500달러→26,252달러), 경제성장률(-3.5%→-6.9%), 총투자/

GDP(16.2%→14.5%), 자본수지/GDP(5.8%→5.1%), 외환보유액(13억 달러 →12억 달러), 공적채무/GDP(148.3%→170.3%) 등 거시경제지표는 최악의 상황으로 심화되었다. 그리스 정부는 신뢰위기(confidence crisis)에 직면했으며, 포르투갈, 아일랜드, 스페인과 이탈리아의 정부채권에 대한 국제금융시장의 평가등급도 하락하면서 유로존 재정위기(fiscal crisis)가 금융위기(financial crisis)로 확산되었다.

서유럽지역에서 역사상 최다 경제위기를 경험한 그리스 등 남유럽을 중심으로 재정위기가 심화되었으나, EU의 금융지원은 상당히 지연되었다. EU의 금융지원 체계상의 문제점이 노출되었고, 독일과 프랑스 국민은 세금으로 거둔 정부의 재원을 그리스 등 재정위기국에 지원하는 것에 반발하는 등 역내 결속력도 약화됨에 따라 유로존 국가의 재정위기가 EU 경제권의 최대 경제현안으로 부상했다. 과거 경제위기에서 유럽지역 구제금융의 최종대부자 역할을 담당했던 독일 정부가 경제위기 초기부터 적극적으로 지원하지 않은 점도 문제였다. EU조약(리스본조약)의 유로존 국가에 대한 지원근거가 불명확하고, 도덕적 해이 등 나쁜 선례를 남길 수 있으며, 과거 독일 헌법재판소에서 위헌 판결사례가 있으므로 독일 정부는 그리스 지원에 소극적인 입장이었다. 그렇다고 하더라도, EU는 유로존 재정위기를 방관할 수 없는 처지였다. 왜냐하면, 독일, 프랑스 등 EU 주도국가(core countries)의 남유럽에 대한 금융기관들의 부실여신(대출·보증)이 우려되었기 때문이다. 당시 독일은 스페인 8,520억 달러, 그리스 2,720억 달러, 포르투갈 2,420억 달러 등 남유럽지역의 재정위기 국가들에 대해 최대 대출·보증채권(exposure)을 보유하고 있었다. 말하자면, 남유럽에 대한 금융지원이 부실여신으로 확정되면 독일의 금융기관들도 연쇄적인 부실이 우려되는 상황이었다. 유로존 재정위기를 해결하기 위해 2010년 3월의 브뤼셀 EU 정상회담에서 그리스 지원을 합의하고, 2010년 5월 2일에 EU는 ECB·IMF와 공동으로 그리스에 대해 3년 간 1차 구제금융(1,100억 유로의 유동성자금) 지원을 합의했다. 1차 구제금융 지원조건은 EU 800억 유로, IMF 300억 유로의 대출금리가 연 4.5~5.8%, 최대상환기간은 7.5년이었다. 상황이 급박하게 돌아가자, 5월 10일에는 유로존 정상회담에서 그리스에 대해 7,500억 유로(9,550억 달러 상당, 유로존 GDP의 8% 수준)에 달하는 긴급 구제금융 지원프로그램을 발표하게 된다. 이는 글로벌 금융위기를 극복하기 위한 2009년 미국 정부의 긴급 구제금융 지원규모(7,800억 달러)보다도 큰 금액이었다. 유로존은 3년 간 한시적인 금융지원체계인 유럽금융안정기금(European Financial Stability Fund: EFSF)을 조성하면서 ECB 보증의 경제통화동맹(EMU) 회원국 정부채권 매입(4,400억 유로), EU 예산(600억 유로)과 IMF 차관(2,500억 유로)을 통해 유로존 재정위기 극복조치를 취했다. 그러나 유로존 재정위기가 단기간에 쉽게 해결되지 못할 것이라는 우려가 확산되자, EU-ECB-IMF는 2010년 11월, 아일랜드에 대해 850억 달러를 긴급 지원한 데 이어, 2011년 5월에는 포르투갈에 대해 780억 유로를 지원했으며, 그해 7월에는 그리스에 대해 2차 구제금융(1,090억 유로)을 추가 지원했다. 특히 2011년 2월에는 유로존(재무장관회의)은 5천억 달러에 달하는 유럽안정메커니즘(European Stability Mechanism: ESM)을 통한 항구적인 구제금융 지원체제를 구축했다. 재정위기에 직면한 그리스, 포르투갈, 아일랜드, 스페인 및 이탈리아(PIIGS-5)의 정부채권수익률(10년 만기, 2012년 기준)은 독일의 정부채권수익률(German Bund)을 기준으로 그리스는 25%포인트(=2,500bp), 포르투갈은 10%포인트(=1,000bp)를 상회하면서 사실상 정부의 채무불이행(sovereign default) 상태였다. 2011년 12월 이후 그리스 정부의 채무불이행 우려가 일시적으로 완화되었지만, 그리스에 대한 다자간 구제금융 지원협상이 지연된 가운데, 2011년 7월 21일 유로존 정상회담에서 그리스 정부에 대한 구제금융 지원이 결정되었고, 2012년 2월 21일의 유로존 재무장관회의에서 그리스에 대한 2차 구제금융(1,300억 유로의 유동성자금) 지원이 타결되었다. 2차 구제금융 지원조건은 IMF 130억 유로 등 유동성자금을 3년 간 연 1.5~35% 금리로 대출(15~30년 상환기간)하되, 민간채권단의 보유 정부채권 2,050억 유로 중에서 53.5%(1천억 유로 상당)를 탕감하고, 나머지 31.5%(700억 유로)는 최대 30년 만기의 채권교환(bond-swap), 15%(300억 유로)는 직접대출로 지원하는 내용이다. 그리스에서는 1983년의 채무불이행(디폴트) 사태 이후 2012년 3월에 민간채권단에 대한 채무탕감조치를 거쳐 채무불이행 위기를 해결했으며, 2012년 10월에는 EU 차원에서 유럽금융안정기금이 항구적인 지원체계인 ESM(5천억 달러 조성)으로 대체되었다. 그러나 그리스 정부가 구제금융 이행조건을 준수하지 않으려는 움직임이 나타나자, 그리스의 유로존 탈퇴(Grexit=Greek+Exit) 가능성이 제기됨에 따라 국제금융시장에서 남유럽 국가들의 정부채권 가격이 또 다시 급락했고 정부채권 신용등급도 하향 조정되었다. S&P는 2012년 2월에 그리스 신용등급을 부분적 채무불이행(Selective Default: SD) 수준으로 추가 강등했으나 그해 5월에는 그리스 부채감축 등을 반영하여 CCC로 상향조정했고, 그해 12월 5일에 그리스 정부의 채권매입설이 나온 직후 SD로 다시 하향조정되었으나, 국제기구의 국제금융 지원이 재개되면서 그해 12월 18일 B-, 2014년 9월에는 B로 상향조정했다. 그러나 그리스 정부의 채권단과의 구제금융 지원조건에 대한 협상 지연, 금융기관의 유동성 제한, ECB의 그리스 정부채권의 담보인정 제외 등을 이유로 S&P는 2015년 2월 6일에 그리스 신용등급을 B-로 다시 강등했다. 유로존 재정위기 이후 역내 경제안정을 위해 은행동맹(Banking Union)

의 필요성이 제기되었고, EU는 은행감독과 유동성 지원, 부실정리와 예금보호 기능을 강화함으로써 금융위기 등의 경제위기 발생 가능성을 억제하려는 경제통화정책의 변화를 추진했다. 그 결과, EU 체계에서 EU 집행위원회(은행감독청)보다는 ECB를 통한 은행감독 기능이 강화되었다. 2012년 6월에는 EU 집행위원회가 역내 은행 감독권한을 보유한 금융감독메커니즘(Single Supervisory Mechanism: SSM)을 통해 ESM의 은행자본금에 대한 직접적인 조정권한을 부여했다. 2012년 9월, EU 집행위원회는 은행동맹을 위해 금융감독메커니즘(SSM)(2014년 11월 4일), 예금보장체계(deposit insurance scheme), 부실금융기관의 구조조정메커니즘(Single Resolution Mechanism)(2016년 1월 1일)의 단계별 추진방식을 권고했다. ECB는 2009년 3월부터 기준금리를 1% 수준으로 인하한 이후 그해 6월에는 1년 간 무제한 대출지원을 통한 양적완화(QE) 통화정책을 시행했다. 2011년 11월, 장 클로드 트리셰(Jean-Claude Trichet)(2003~2011) 후임의 마리오 드라기(Mario Draghi) ECB 총재는 무제한 정부채권매입프로그램(Outright Monetary Transaction)을 도입했다. 그러나 유로존 경기는 회복되지 않았고 디플레이션 우려가 더욱 커지자, ECB는 기준금리를 아예 0%로 인하하는 조치를 취했다. 2015년 1월의 조기총선[30] 이후 그리스 정부의 채무불이행 가능성이 국제금융시장에서 우려되면서 S&P는 채권단간의 채무협상타결 지연, 경기침체, 재정수지 적자 전환, 금융기관의 예금인출 지속, 단기외채 상환부담 가중 등의 이유로 그리스 정부채권 신용등급을 2015년 4월 15일에는 B-에서 채무불이행 단계인 SD 직전의 CCC+로 하향조정했다. Moody's도 그리스 정부의 공적채무 상환의 불확실성 증대, 채권단과의 채무협상조건의 불이행 가

30 그리스 제1야당이던 급진좌파연합의 시리자(Syriza Unifying Social Union)가 승리하면서 기존의 신민주당이 추진한 긴축재정정책과 경제개혁이 일단 중단된 상태였다. 집권한 시리자 소속의 치프라스(Alexis Tsipras) 총리는 공공부문 인력감축과 긴축재정 등 기존 정책에 반대하면서 경기 부양, 채무재협상을 통한 부채 탕감 등의 선거공약을 주장하면서 EU와 갈등을 초래했다.

능 등을 근거로 그리스 신용등급을 Caa1에서 Caa2로 하향조정했는데, Caa2는 과거 채무불이행(경험) 통계사례에 의하면, 2년 이내 채무불이행 확률이 25% 수준에 달한다는 의미다.

유로존 재정위기가 발생한 요인은 무엇인가? 글로벌 금융위기로 인해 불거진 유로존 재정위기는 역내 경제 구조적인 문제점에 기인한다. 유로존은 단일통화에 의해 환율변동위험이 차단된 상태였으나, 역내 경제력 격차로 금융위기(뱅크런), 재정위기(정부차입 증가문제), 채무위기(채무불이행) 등의 경제위기가 발생할 가능성이 잠재되어 있었다. 유로존의 단일통화정책은 역내 국가 간 경제수준의 차이(경제 구조적인 비대칭성)를 고려하지 않고 동일한 수준의 기준금리를 적용하면서 상대적으로 경제 불안정(고물가·고실업)(self-reinforcing doom loop)[31] 상황에 직면하고 있는 국가들에서는 통화(유로) 고평가 현상이 지속되었다. EU 역내 국가 간 산업구조, 노동생산성, 대외경쟁력 등의 차이가 최적통화지역에 대한 근본적인 문제점(트리핀 딜레마)이 유로존 재정위기를 유발할 가능성을 내재하고 있었던 것이다. 특히 유로존 재정위기의 발단이 된 그리스 정부의 재정수지 악화는 공적부문의 부패, 재정통계 조작, 만연된 탈세관행, 방만한 재정운용 등이 결합된 "그리스병"에 기인하며, 재정수지 적자를 보전하기 위해 정부채권을 과다하게 발행하면서 공적채무가 누적되는 결과가 초래되었다. 그리스는 소규모 경제권, 산업경쟁력 저하 등에 기인한 만성적인 저성장 기조, 경상수지 적자 확대에 따른 외환보유액 부족과 외채상환부담 가중 등으로 경제 구조적인 취약성에 노출되어 있었다. 유로존 창설(1999) 이후 주택가격의 거품(housing booms)이 잠재해 있던 아일랜드와 스페인을 중심으로 유로존 역내에서도 인플레이션 현상이

31 Calvo, Guillermo, "Servicing the Public Debt: The Role of Expectations," (1988), *American Economic Review* 78, 647-661.

만연되었다. 유로존 재정위기 국가들의 실질환율[32]도 고평가되면서 대외경쟁력(수출가격)이 약화되어 경상수지 적자가 심화되었으며, 실질이자율[33]은 유로존 역내에서도 국가 간 극심한 경제력 격차를 보였다.

2절 동유럽지역의 재정위기

1991년 소련공산주의체제가 붕괴되면서 독립한 동유럽지역에서는 경제위기가 서유럽지역에 비해 훨씬 늦게 나타나기 시작했다. <표 5>의 동유럽지역의 경제위기 발생현황(1839~2009)을 살펴보면, 총 20개국에 걸쳐 경제위기 발생기간(국가별 누적합계)은 총 238년으로 추정된다. 지난 171년 중 동유럽지역에서 경제위기 발생기간이 긴 국가는 러시아(85년), 헝가리(41년), 루마니아(35년), 폴란드(32년) 등의 순이다. <표 5>의 동유럽지역의 경제위기 발생현황(1839~2009)과 <부록 1>의 유럽지역에 대한 IMF 차관(SBA·EFF·RFI·SLL) 지원현황(2025년 3월 31일 기준)을 반영(중복 제외)하면, 그루지야 12년(2014~2025), 라트비아 7년(2000~2002, 2008~2011), 루마니아 6년(2010~2015), 리투아니아 5년(1997, 2000~2003), 몬테네그로 1년(2020), 몰도바 6년(2020~2025), 벨라루스 3년(1996, 2009~2010), 보스니아-헤르체고비나 12년(2009~2020), 북마케도니아 5년(2005~2008, 2020), 불가리아 10년(1998~2007), 슬로바키아 3년(1994~1996), 아르메니아 11년(2014~2017, 2019~2025), 아제르바이잔 5년(1996~2000), 알바니

32 실질환율(2008년 GDP deflator 기준, 1999=100): 아일랜드 125+, 스페인 115+, 포르투갈 105+, 경상수지/GDP: 그리스 -14.6%, 포르투갈 -12.0%, 스페인 -9.8%

33 실질이자율(2012년 기준, 2015=100) = (평균)정부채권수익률(10년 만기) - 소비자물가상승률(인플레이션)

아 9년(2006~2009, 2014~2017), 에스토니아 3년(1999~2001), 우크라이나 8년(2018~2025), 체코 1년(1993), 코소보 7년(2015~2017, 2020, 2023~2025), 크로아티아 6년(2001~2006), 키프로스 6년(1980~1981, 2013~2016), 헝가리 4년(1996~1998, 2010)의 경제위기 기간을 추가해야 한다. 그러면, 동유럽지역에서 과거 187년(1839~2025) 중 경제위기 발생기간이 긴 국가는 러시아(85년), 헝가리(45년), 루마니아(41년), 폴란드(32년) 등의 순이다. 동유럽지역에서 최다 경제위기 기간을 기록한 러시아는 882년 국가수립 이후 1143년 중 85년(7.4%) 간 경제위기 상태에 있었던 것으로 추정된다.

<표 5> 동유럽지역의 경제위기 발생현황(1839~2009)

국가(독립연도)	경제위기 발생연도(위기기간)
그루지야(1991 소련)	1991~1992 (2)
라트비아(1991 소련)	(1931) 1994~1999 (6)
러시아(882)	1839, 1862~1863, 1875, 1885, 1896, 1917~86, 1991~2000 (85)
루마니아(1877 튀르키예)	1931, 1933~1958, 1981~1983, 1986, 1990~1992, 2008~2009 (35)
리투아니아(1990 소련)	1994~1996 (3)
마케도니아(1991 유고)	1993~1994 (2)
벨라루스(1991 소련)	1995 (1)
보스니아-헤르체고비나(1992 유고)	1992 (1)
불가리아(1908 튀르키예)	1994~1997 (4)
슬로바키아(1993 체코)	(1931, 1991)
슬로베니아(1991 유고)	1993~1994 (2)
아르메니아(1991 소련)	1994~1996 (3)
아제르바이잔(1991 소련)	1994~1995 (2)
알바니아(1912 튀르키예)	1992 (1)

국가(독립연도)	경제위기 발생연도(위기기간)
에스토니아(1991 소련)	(1930~1931) 1992~1995, 1998 (5)
우크라이나(1991 소련)	1997~2000 (4)
체코(1918 오스트리아)	1931, 1991~1992, 1994, 1997 (5)
크로아티아(1991 유고)	1993~1996 (4)
폴란드(1918 러시아)	1926~1927, 1931, 1936~1937, 1940~1952, 1981~1994 (32)
헝가리(1918 러시아)	1931~1937, 1941~1967, 1991~1995, 2007~2009 (41)

자료: Reinhart, Carmen and Kenneth Rogoff(2009), 296-392.

동유럽지역은 슬라브족 계통이지만 종교적으로는 1054년부터 로마가톨릭과 그리스정교 국가로 분리되었다. 부연하면, 러시아, 벨라루스, 불가리아, 마케도니아, 세르비아, 우크라이나 등은 그리스정교(동슬라브) 계열로 그리스와 로마 문자를 혼합한 키릴문자를 채택한 반면, 크로아티아, 체코, 슬로바키아, 폴란드, 슬로베니아 등은 로마가톨릭(서슬라브) 계열로 라틴어를 차용했다. 988년 비잔틴제국으로부터 그리스정교를 도입하면서 동·서 교회가 1054년에 분리되었고, 비잔틴과 슬라브 문화가 혼재된 러시아문화가 형성되었다. 중세에는 우크라이나에 키예프공국이 성립되었으나, 러시아는 240년(1237~1452) 몽골(킵차크한국)의 지배를 받았다. 오스만제국(1299~1922)의 침략으로 불가리아(1371), 세르비아(1389), 보스니아-헤르체고비나(1463), 알바니아(1483), 헝가리·크로아티아(1526) 등이 함락되었다. 러시아에서는 모스크바대공국(1340~1547) 이후 로마노프왕가의 러시아제국(1613~1917)이 건설되었다. 폴란드, 체코슬로바키아, 슬로베니아 등은 오스만제국의 지배에서 벗어날 수 있었으나, 폴란드에서는 스웨덴·프러시아와의 전쟁(1629), 스웨덴의 침략(1655~1656), 스웨덴과의 북방전쟁(1700~1721), 왕위계승전쟁(1733~1735) 등으로 전쟁과 내란이 지속되었다. 서유럽지역의 7년 전쟁(1756~1763) 이후 합스부르크제국, 프러시아(프로이센)와 제정러시아가 폴란드 영토를 3국이 분할[34]하여 지배했다. 루블린조약(1569) 체결로 결성된 폴란드·리투아니아연합은 1795년에 붕괴되었으며, 프랑스(나폴레옹)에 의한 바르샤바공국(1807~1815)을 제외하고, 폴란드는 합스부르크제국, 프러시아(프로이센)와 제정러시아에 의해 123년(1795~1918) 간 지배당했다. 러시아제국은 스웨덴과의 북방전쟁으로 발트해연안과 핀란드만을 통제했으며, 오스만제국과의 전쟁[35](1768~1792)에서 1783년에는 크림반도를 병합하고 흑해연안(세바스토폴 기지)을 점령했다. 러시아제국은 스웨덴과의 전쟁(1808~1809)에서 핀란드를 복속하고, 페르시아와의 전쟁(1804~1813)에서는 그루지야를 병합하면서 코카서스지역을 점령했다. 나폴레옹전쟁(1792~1815) 이후 1830년대부터 동유럽지역에서는 합스부르크제국(1526~1918)과 오스만제국의 영향권에서 벗어나려는 민족주의 운동이 일어났다. 프랑스의 2월혁명(1848) 이후에는 계몽주의, 인권주의, 자유주의 사상의 영향으로 발칸반도에서도 민족주의가 본격화되었다. 러시아의 볼셰비키혁명(1917년 10월), 민족자결주의 선언(1918) 등의 영향으로 동유럽지역에서 독립국가가 나타나기 시작했다. 체코슬로바키아와 유고슬라비아는 합스부르크제국(오스트리아·헝가리제국)이 붕괴되자, 1918년 10월 28일에 독립을 선언했다. 체코슬로바키아(연방공화국)는 1차 세계대전 이후 프랑스의 동유럽지역에서의 주도권 장악을 위한 요구로 베르사유조약(1919)에 의해 탄생한 것이다. 2차 세계대전에서 나치독일에 가담한 헝가리는 독일의 패전(1945년 5월 8일) 이후 소비에트연방에 편입되어 공산화(1947~1989)가 추진되었다.

34 1772년(1차 분할)을 시작으로 폴란드·프러시아동맹(1790)에도 불구하고, 1792년 폴란드·러시아전쟁 이후 1793년(2차 분할, 오스트리아 제외), 1795년(3차 분할)에 의해 폴란드(스타니슬라스 아우구스투스, 1764~1795년 재위) 영토는 유린당했다.

35 1차 투르크전쟁(1768), 2차 투르크전쟁(1787~1792)

(1) 공산주의체제의 몰락

동유럽지역에서 폴란드의 연대노조운동이 주도한 원탁회의[36](1989년 3월) 이후 폴란드에서는 자유총선(1989년 6월)의 실시로 공산주의체제가 몰락하는 계기가 되었다. 2차 세계대전 이후 동유럽지역에서 최초로 실시된 대통령선거(1993)에서 그단스크조선소 연대노조(전기공) 출신의 레흐 바웬사(Lech Walesa)가 폴란드 초대 대통령으로 선출되었다. 1982년의 외채위기를 겪은 폴란드[37]는 또 다시 채무위기(1991, 1994)로 경제상황이 악화되자, 파리클럽과 런던클럽을 통해 채무리스케줄링에 합의했다. 체제전환과정에서 인플레이션을 억제하기 위해 고정환율제도가 시행되었으나, 폴란드는 제조업의 수출경쟁력을 제고하기 위해 1991년에는 통화(즈워티)의 환율변동밴드 확대(±15%) 이후 2000년 4월부터 자유변동환율제도를 전면 시행했다. 소련의 조세프 스탈린(Joseph Stalin) 사망(1953) 이후 헝가리의 너지 임레(Nagy Imre) 총리는 1955년 5월에 가입한 바르샤바조약기구에서 탈퇴(1956년 10월)하고 중립국을 지향하면서 동유럽지역 최초로 소련공산주의체제에 대항하는 헝가리혁명[38](1956년 10월 23일)을 일으켰으나 소련군에 의해 진압되었다. 체코슬로바키아는 나치독일의 점령(1938년 3월), 프라하의 봄(1968년 1월), 벨벳혁명(1989년 11월) 등을 거치면서 1993년 1월 1일 국민투표를 실시해 체코(공화국)와 슬로바키아는 분리되었다. 체코공화국은

36 원탁회의(1988~1990)는 구소사회주의 정치체제, 공산당 중심의 권력구조 등의 문제로 결성되었고, 바르샤바조약기구 참가 6개국(폴란드, 헝가리, 체코슬로바키아, 동독, 불가리아, 루마니아)에서 개최되었다.

37 폴란드는 한반도의 1.4배의 면적에 3,660만 명의 인구를 보유하고 있으며, 2023년 기준 국내총생산(GDP)은 8,112억 달러(세계 21위/207개국)로 1인당 국민소득(GNI)이 19,730달러(세계 64위/198개국)의 EU 회원국이며 OECD 고소득국(HIC)이다.

38 헝가리는 소련군의 철수, 시민권과 언론·출판·집회의 자유보장, 소련과의 교역관계 재협상, 생산쿼터의 철폐 등을 요구했으나, 소련의 니키타 흐루시초프(Nikita Khrushchyov)(1894~1971)는 단호한 제제조치를 취했다.

벨벳혁명을 이끈 민주화운동의 주역으로 극작가 출신으로 시민포럼(자유민주주의 성향)을 조직한 바츨라프 하벨(Vaclav Havel)이 초대 대통령으로 선출되었으나 경제위기(1997~1999)로 물러나고, 2013년 1월에는 최초로 대통령 직선제를 실시했다. 그러나 동유럽지역은 러시아의 공산주의체제(구소연방)로 편입되어 서유럽지역과의 경제력 격차는 더욱더 벌어졌다. 1947년 6월에 발표된 서유럽지역의 마샬플랜(Marshall Plan)[39]에 대응하여 동유럽지역에서는 그해 9월에 코민포름(Cominform)[40]이 결성되었다. 이후 1949년에 결성된 코메콘(상호경제원조위원회) 등으로 동유럽 블록이 형성되었으나, 1991년에는 구소연방 해체로 붕괴되었다. 코메콘(Council for Mutual Economic Assistance: COMECON)(1949~1991)은 마샬플랜에 대응하여 소련의 주도로 1949년 1월에 결성(6개국 참가)되었으나, 1961년 중소분쟁을 계기로 사실상 그 활동이 중단되었다. 베를린장벽 붕괴(1989)와 구소연방 해체 이후 동유럽지역은 서유럽(서구) 자유민주주의에 대비되는 사회공산주의의 이념적인 관점보다는 지리적인 관점으로 구분된다. 체코[41]에서는 중도우파의 시민민주당(OSD) 정부의 긴축재정정책, 거시경제 불균형 현상 등으로 인해 1997년 5월 이후 외자유출 급증과 통화(코루나) 가치급락(10%)이 나타나면서 외환위기(1997)에 직면했다. 체코중앙은행은 코루나의 태환허용(1995년 10월) 이후 1996년 2월의 환율변동밴드 확대(±7.5%포인트), 1997년 5월에는 자유변동환율제도를 채택했으나 환율변동제한을 사실상 폐기한 것

39 미국의 조지 마샬(George Marshall) 국무부장관이 1947년 6월 5일 하버드대학교 졸업식 연설에서 발표한 서유럽지역(16개국)에 대한 대외원조계획(European Recovery Program)으로 1948년 3월 의회의결로 마샬플랜(1948~1951)이 승인되었다.

40 코민테른 해체(1943) 이후 소련공산당 주도로 폴란드(바르샤바)에서 결성(9개국)한 국제공산당 정보기관(1947~1956)이다.

41 체코는 한반도의 3분의 1의 면적에 1,090만 명의 인구를 보유하고 있으며, 2023년 기준 국내총생산(GDP)은 3,309억 달러(세계 46위/207개국)로 1인당 국민소득(GNI)이 27,110달러(세계 47위/198개국)의 EU 회원국이며 OECD 고소득국(HIC)이다.

은 2017년 4월부터였다. 시민민주당(1992~1997) 이후 정권을 잡은 중도좌파의 체코사회민주당(CSSD) 정부는 확대재정정책을 시행했으나, 러시아 재정위기(1998)의 영향으로 또 다시 유동성위기(1998~1999)를 겪었다. 헝가리(동유럽의 디트로이트)[42]는 구소연방 탈퇴에 따른 동유럽지역의 경기침체(1989~1991) 이후 러시아 금융위기(1999~2001)로 또 다시 경제적인 타격을 받았다. 보크로스개혁(Bokros Package)[43]에 의해 2001년 5월에는 고정환율제도(crawling-peg system)의 환율변동밴드 확대(±2.25%→±15%) 이후 그해 10월에는 관리변동환율제도를 채택했다. 경제구조개혁 성격의 보크로스개혁 정책(1995~1997)은 재정수지와 무역수지 적자 개선 등의 긍정적인 효과에도 불구하고, 단기적으로 인플레이션이 유발되는 부작용이 초래되었다. 헝가리 통화당국은 인플레이션을 3% 수준으로 억제하기 위해 2008년 2월에 환율변동제도를 폐기했으나, 헝가리에서는 경제위기(2008)가 발생하면서 페렌츠 쥬르차니(Ferenc Gyurcsany) 총리가 경제위기에 대한 불신임으로 중도 퇴진했다. 헝가리사회당(MSZP)과 자유민주연맹(SZDSZ) 연립정권은 쥬르차니개혁(Gyurcsany Package)[44] 정책을 시행했으나, 통화(포린트)의 가치 급락, 재정수지 악화 등으로 인해 오히려 경제위기가 초래되었다. 과다한 외화차입 상태(2008년 외화차입 비중 70%)에서 가계대출 연체율 급등과 서유럽 금융기관의 투자자산 회수로 인해 유동성위기가 불거져 헝가리 정부는 유럽중앙은행(ECB)의 긴급 금융지원(50억 유로,

42 헝가리는 한반도의 5분의 2의 면적에 960만 명의 인구를 보유하고 있으며, 2023년 기준 국내총생산(GDP)은 2,124억 달러(세계 56위/207개국)로 1인당 국민소득(GNI)이 19,820달러(세계 63위/198개국)의 EU 회원국이며 OECD 고소득국(HIC)이다.

43 라조스 보크로스(Lajos Bokros) 재무부장관은 재정수지 적자감축을 위한 공공부문 지출 억제, 통화가치의 9% 평가절하, crawling-peg system 도입, 8% 수입세 부과, 국영기업의 민영화 등을 추진했다.

44 페렌츠 쥬르차니 총리가 주도한 긴축재정정책(2006년 9월~2007년 1월)으로 조세인상을 통해 재정수지를 2007년에 GDP의 -6.7% 이내로 억제하기 위한 개혁·안정화조치였다.

2008년 10월 16일), 국제기구의 긴급 구제금융(251억 달러, 2008년 10월 28일)[45] 지원에 합의했다. 헝가리 이외에도 동유럽지역에서는 그루지야(2008년 9월 15일), 우크라이나(2008년 11월 5일), 라트비아(2008년 12월 23일), 벨라루스(2009년 1월 12일), 세르비아(2009년 1월 16일), 루마니아(2009년 5월 4일) 등도 IMF로부터 긴급 구제금융(승인)을 지원받았다. 글로벌 금융위기(2008~2009)로 인해 폴란드 정부도 경제위기에 대비하기 위해 2009년 5월에 IMF의 신축적신용공여제도(FCL)[46]를 통해 205억 달러의 금융지원을 승인받았다. 폴란드 정부는 우크라이나의 오렌지혁명(2004)을 주도한 친서방진영의 빅토르 유셴코(Viktor Yushchenko) 대통령(2005~2010)을 지지한 이후 러시아·그루지야전쟁(2008)에서 그루지야를 지지함으로써 러시아와의 불편한 관계가 조성되었다. 1998년 5월과 2010년 4월의 헝가리 총선에서 집권한 중도우파 성향의 헝가리시민연합(Fidesz) 정부는 "경제상황이 심각하고 IMF 차관의 이행조건인 재정수지 적자 목표치를 달성할 수 없을 것 같다"고 언급하면서 2010년 6월에는 헝가리가 제2의 그리스가 될 것이라는 우려로 인해 헝가리의 외환·금융시장은 또 다시 동요했다.

(2) 러시아 재정위기

동유럽지역에서 최장의 경제위기를 경험한 러시아[47]는 대륙봉쇄(1799),

45 IMF 157억 달러, EU 81억 달러, 세계은행 13억 달러 등

46 IMF는 경제기초여건이 양호한 국가를 대상으로 글로벌 금융위기의 사전 예방적인 차원에서 2009년 3월 24일에 도입한 차관으로 폴란드는 멕시코(470억 달러) 이후의 수혜국가였다.

47 러시아는 한반도의 77.4배(세계 1위)에 달하는 광활한 영토에 1억 5천만 명의 인구(세계 9위)를 보유하고 있으며, 2023년 기준 국내총생산(GDP)은 2조 214억 달러(세계 11위/207개국)로 1인당 국민소득(GNI)이 14,250달러(세계 73위/198개국)의 고소득국(HIC)이다. 2022년 기준 세계 1위의 다이아몬드 매장량(11억 캐럿, 점유율 61.1%), 세계 1위의 천연가스 매장량(37조 4천억 m^3, 점유율 19.9%), 세계 2위의 석탄 매장량(1,622억 톤, 점유율 15.1%), 세계 2위의 금 매장량(6,800톤, 점유율 12.6%), 세계 2위의 텅스텐 매장량(40만 톤, 점유율 10.8%), 세계 3위의 희토류 매장량(2천 100만 톤, 점유율 17.5%), 세계 3위의 철광석 매장량(250억 톤, 점

나폴레옹전쟁(1797~1815), 유럽대륙의 경제위기(1848), 크림전쟁(1857) 등의 외부충격으로 경제위기(1839, 1862, 1875, 1885, 1896)를 겪었다. 블라디미르 레닌(Vladimir Lenin)(1870~1924)이 주도한 볼세비키혁명(1917) 이후 제정 러시아 시절의 채무상환을 거절하고, 러시아는 1918년 2월에 채무불이행을 선언했다. 러시아는 2차 세계대전 이후 카프카스지역, 볼가강과 우랄산맥 등지에서 방대한 광물자원(원유·천연가스)이 발견되면서 고도성장을 구가했다. 러시아의 2019년 기준 원유 생산량(일간)은 1,154만 배럴(점유율 12.1%)로 미국의 1,705만 배럴(17.9%), 사우디아라비아 1,183만 배럴(12.4%) 다음의 세계 3위를 기록했으며, 천연가스 생산량은 6,790억 m^3(점유율 17.0%)로 미국(9,209억 m^3, 점유율 23.1%) 다음의 세계 2위 수준이다. 러시아는 원유, 천연가스 등 에너지 산업에 대한 경제의존도가 지나치게 높은데, 원유와 천연가스의 부가가치는 수출의 3분의 2, 재정수입의 2분의 1, GDP의 3분의 1을 차지하고 있기 때문에 국제유가(우랄산) 변동에 매우 취약한 경제 구조적인 문제점을 내재하고 있다. 그러나 공산주의체제(1917~1989)는 공산당 중앙위원회의 마르크스·레닌주의 폐기(1991년 7월) 등으로 69년간의 소비에트연방의 공산주의체제가 몰락하였고, 75년간의 소비에트연방 해체(1991년 8월 24일) 이후 카자흐스탄의 알마아타협약(1991년 12월)에 의해 12개국의 독립국가연합(CIS)이 출범했다. 이후 러시아는 그루지야의 장미혁명(2003), 우크라이나의 오렌지혁명(2004), 체첸공화국과의 전쟁(1994~1996, 1999~2009), 그루지야와의 전쟁(2008), 우크라이나와의 전쟁(2014, 2022~2025) 등에 개입하면서 전쟁과 내란이 지속되고 있다. 러시아의 우크라이나 침략에 대해

유율 13.9%), 세계 3위의 아연 매장량(2천 200만 톤, 점유율 8.8%), 세계 4위의 은 매장량(4만 5천 톤, 점유율 8.5%), 세계 4위의 니켈 매장량(750만 톤, 점유율 7.9%), 세계 4위의 우라늄 매장량(48만 6천 톤, 점유율 7.9%), 세계 4위의 동 매장량(6천 200만 톤, 점유율 7.0%), 세계 5위의 몰리브덴 매장량(43만 톤, 점유율 2,7%), 세계 6위의 원유매장량(1,078억 배럴, 점유율 6.2%) 등 풍부한 광물자원을 보유하고 있다.

미국재무부의 해외자산통제실(Office of Foreign Assets Control: OFAC)은 러시아의 에너지산업 수출금지와 자산동결을 포함한 경제제재(2014, 2022) 조치를 취했다. 구소연방 공산주의체제가 붕괴된 이후 동유럽지역은 자본주의체제로 체제전환과정에 있었고, 시장자본주의를 경험하지 못한 상태였기 때문에 경제상황은 통제 불가능한 수준이었다. 동유럽 국가들은 자본주의 체제이행을 위한 고가의 수업료를 지불한 것이다. 실제로 동유럽지역에서는 물가 급등, 실업 증대, 경기침체 현상이 만연하면서 사실상의 경제위기 상황에 진입했다. 비교적 경제발전 수준이 높았던 동독 지역에 대한 재정투입으로 통일독일의 경제사정도 상당기간 악화된 상태에 있었고, 비세그라드(Visegrad)[48] 그룹도 사회주의시스템에서 탈피하기 위한 과정에서 경제적인 부작용이 나타났다. 1990년 이후 동유럽지역에서 경제위기가 발생한 슬로바키아·폴란드·헝가리(1991), 체코(1997), 루마니아(1999) 등의 국가들은 IMF 긴급 구제금융(대기성차관)을 통해 경제위기를 극복하려고 했는데, 특히 러시아는 장기간의 경제위기 상황에서 벗어나지 못했다. 1997년 동남아 외환·금융위기 이후 국제유가의 급락으로 인해 러시아의 상품수지 적자가 더욱더 악화되었고, 수출 위축으로 재정수입 감소에 따른 재정수지도 악화되었으며, 러시아(동유럽지역의 중남미패턴) 정부의 단기 재정증권 발행도 급격히 증가했다. 러시아에서는 1998년 상반기에 종합주가지수와 정부채권가격이 급락한데다 국제유가의 추가적인 하락으로 경기침체 상황이 심각했다. 러시아 정부는 외환보유액의 2배를 상회하는 단기외채를 상환할 수 없게 되자, 1998년 5월 25일에 러시아 정부(보리스 옐친 대통령)는 IMF에 170억 달러의 긴급 구제금융을 요청했고 그해 7월 13일에 IMF는 차관지원을 승인했다. 그럼에도 불구하고, 그해

---

48 1991년 2월 헝가리 부다페스트 부근의 비세그라드에서 체코슬로바키아, 헝가리와 폴란드가 결성한 중부유럽 지역협력체로서 1993년 체코와 슬로바키아가 분리되어 4개국으로 구성되었다.

8월 17일, 러시아 정부는 루블·달러 환율을 6.3루블에서 9.5루블로 고시하면서 루블의 평가절하(33.7%) 조치와 함께 재정증권에 대한 채무(430억 달러 상당)를 상환하지 못하게 되자, 모라토리엄을 선언했다. 1998년 러시아 재정위기가 발생하기 직전인 1997년에는 총투자/GDP(24.6%→22.8%), 수출규모(1,038억 달러→1,031억 달러), 경상수지/GDP(2.8%→0.5%), 루블·달러 (연평균)환율(5.12루블→5.78루블), 총외채잔액(1,267억 달러→1,277억 달러) 등의 거시경제지표가 악화되었다. 1998년 재정위기 발생 직전에는 <표 17> 경제위기진단 거시경제지표의 위기징후 임계수준에서 소비자물가상승률 -69.1%, 재정수지/GDP -60.7%, 외환보유액/(월평균)수입 1.7개월분 등의 거시경제지표가 경제위기 발생 가능성이 높은 것으로 나타났다. 재정위기가 발생한 1998년에는 GDP(4,285억 달러→2,826억 달러), 1인당 GDP(2,913달러→1,928달러), 경제성장률(0.9%→-4.9%), 총투자/GDP(22.8%→15.4%), 소비자물가상승률(-69.1%→87.7%), 수출규모(1,031억 달러→873억 달러), 경상수지/GDP(0.5%→0.2%), 자본수지/GDP(-0.9%→-4.6%), 외환보유액(129억 달러→78억 달러), 루블·달러 (연평균)환율(5.78루블→9.71루블), 총외채잔액(1,277억 달러→1,777억 달러), 단기외채 비중(4.8%→8.4%), DSR(6.7%→12.4%) 등 거시경제지표가 심각한 상태였다. 1998년 재정위기가 발생한 기간에는 <표 17> 경제위기진단 거시경제지표의 위기징후 임계수준에서 소비자물가상승률 87.7%, 재정수지/GDP -46.3%, 외환보유액/(월평균)수입 1.3개월분, 총외채잔액/GDP 62.9%, 총외채잔액/수출 204%, 단기외채/외환보유액 191% 등으로 총체적인 경제위기 상황이었다. 경제위기의 형태로 관찰하면, 러시아에서는 유동성위기, 외환위기, 물가위기, 재정위기와 채무위기가 복합적으로 나타난 경제위기였으며, 재정위기와 채무위기가 가장 심각했기 때문에 그리스 경제위기(2010)와 마찬가지로 재정·채무위기로 재분류하는 것이 적합하다. 재정위기 발생 직후인 1999년에도 GDP(2,826억 달러→1,936억 달러), 1인당 GDP(1,928달러→1,330달러), 총투자/GDP(15.4%→14.7%), 소비자물가상승률(87.7%→209.6%), 수출규모(873억 달러→847억 달러), 자본수지/GDP(-4.6%→-10.0%), 루블·달러 (연평균)환율(9.71루블→24.62루블), 단기외채 비중(8.4%→9.0%), DSR(12.4%→14.1%) 등으로 경제위기에서 회복되지 않은 상태였다. 특히 루블·달러 환율 급등으로 200%를 상회하는 인플레이션과 외자유출 등에 기인한 자본수지 적자 확대로 대외거래 변동성이 지속되었다. 1998년의 러시아 재정위기는 1992년부터 시작된 IMF의 경제개혁 프로그램이 실패하면서 재정수지 악화, 외자유출 지속, 재산권 보호체계 미흡 등의 문제점이 혼재되면서 나타난 것이다. 1998년 이후 외자유출이 지속되어 (순)민간자본유입규모가 1997년 370억 달러에서 2000년에는 20억 달러 미만에 불과해 1998~2000년 중 연간 200억~250억 달러규모의 외자유출이 지속된 것으로 추정된다. 그루지야와의 전쟁, 글로벌 금융위기 등의 영향으로 2008년에 러시아 경제는 또 다시 타격을 받았는데, 외자유출과 통화가치의 하락으로 외환보유액은 급격히 감소했다. 러시아 통화당국은 루블의 가치하락을 억제하기 위해 2009년 1월에는 환율변동밴드 확대(±26→±41루블/달러) 조치를 취했다. 러시아에서 경제위기가 재연되는 가장 중요한 요인은 경제위기진단 거시경제지표의 위기징후 임계수준에서도 언급되었지만, 근본적으로 경제기초여건이 취약한 데 기인한다.

3절 중남미지역의 외채위기

북미·중남미지역에서는 유럽지역에 비해서도 경제위기가 더 많이 자주 발생했으며, 지역별 기준으로 1980년대 이후 채무위기를 가장 많이 경험했다. <표 6>의 북미·중남미지역의 경제위기 발생현황(1790~2009)을 살펴보면, 총 25개국에 걸쳐 경제위기 발생기간(국가별 누적합계)은 총 938년에 달한다. 지난 220년 중 북미·중남미지역에서 경제위기 발생기간이 긴 국가는 에콰도르(120년), 멕시코(90년), 페루(81년), 베네수엘라와 콜롬비아(79년), 아르헨티나(77년), 미국과 칠레(67년), 브라질(63년), 도미니카공화국(35년), 우루과이(33년) 등의 순이다. <표 6>의 북미·중남미지역의 경제위기 발생현황(1790~2009)과 <부록 2>의 북미·중남미지역에 대한 IMF 차관(SBA·EFF·RFI·SLL) 지원현황(2025년 3월 31일 기준)을 반영(중복 제외)하면, 과테말라 7년(2002~2004, 2009~2010, 2020~2021), 니카라과 1년(2020), 도미니카 3년(2002~2004), 도미니카공화국 10년(2004, 2006~2013, 2020), 미국 3년(1963~1965), 바베이도스 8년(2018~2025), 바하마 1년(2020), 베네수엘라 6년(1960~1961, 1989~1992), 벨리즈 3년(1984~1986), 볼리비아 5년(2003~2006, 2020), 브라질 6년(2000~2005), 세인트키츠네비스 4년(2011~2014), 수리남 7년(2016~2017, 2021~2025), 아르헨티나 7년(2006, 2018~2020, 2022~2024), 앤티가바부다 4년(2010~2013), 에콰도르 7년(2016, 2019~2022, 2024~2025), 엘살바도르 7년(2009~2013, 2020, 2025), 온두라스 3년(2023~2025), 우루과이 4년(2000~2001, 2005~2006), 자메이카 5년(2016~2019, 2020), 칠레 1년(2022), 코스타리카 7년(2009~2010, 2020~2024), 파나마 7년(1997~2002, 2020), 파라과이 6년(2004~2008, 2020), 페루 3년(2007~2009)의 경제위기 기간을 추가해야 한다. 그러면, 북미·중남미지역에서 과거 236년(1790~2025) 중 경제위기 발생기간이 긴 국가는 에콰도르(127년), 멕시코(90년), 베네수엘라(85년), 아르헨티나와 페루(84년), 콜롬비아(79년), 미국(70년), 브라질(69년), 칠레(68년), 도미니카공화국(45년), 우루과이(37년), 엘살바도르(30년) 등의 순이다. 지역별로 비교적 최장의 경제위기를 경험한 북미·중남미지역에서 최다 경제위기 기간을 기록한 에콰도르는 1822년 독립 이후 204년 중 127년(62.3%) 간 경제위기 상태에 있었던 것으로 추정된다.

<표 6> 북미·중남미지역의 경제위기 발생현황(1790~2009)

국가(독립연도)	경제위기 발생연도(위기기간)
과테말라(1821 스페인)	1828, 1876, 1894, 1899, 1933, 1986, 1989, 1991, 2001, 2006 (10)
그레나다(1974 영국)	2004~2005 (2)
니카라과(1821 스페인)	1828, 1894, 1911, 1915, 1932, 1979, 1987~1996, 2000~2002 (19)
도미니카공화국(1844 아이티)	1871, 1892, 1894, 1897, 1899, 1931, 1975~2001, 2003, 2005 (35)
멕시코(1810 스페인)	1828~1830, 1833~1841, 1844~1850, 1854~1864, 1866~1885, 1883, 1893, 1898, 1907~1908, 1913~1922, 1928~1942, 1976, 1981~1992, 1994~1997 (90)
미국(1776 영국)	1790~1792, 1814, 1818~1819, 1825~1826, 1836~1838, 1841~1842, 1857, 1861, 1864, 1873~1884, 1890~1891, 1893~1896, 1907~1908, 1914, 1920~1921, 1929~1938, 1974~1975, 1979~1991, 2007~2009 (67)
베네수엘라(1811 스페인)	1826~1842, 1848~1862, 1865~1881, 1892, 1898~1905, 1978~1990, 1993~1998, 2004~2005 (79)
볼리비아(1825 스페인)	1875, 1927, 1931, 1980, 1982~1983, 1985~1988, 1989, 1994~1995, 1999 (14)

국가(독립연도)	경제위기 발생연도(위기기간)
브라질(1822 포르투갈)	1828~1834, 1890~1892, 1897~1910, 1914~1919, 1923, 1926, 1929~1933, 1937~1943, 1961, 1963~1964, 1983~1992, 1994~1999 (63)
수리남(1975 네덜란드)	2001~2002 (2)
아르헨티나(1816 스페인)	1827~1857, 1885, 1890~1893, 1914, 1929~1934, 1951, 1956~1965, 1975, 1980~1995, 2000~2005 (77)
앤티가바부다(1981 영국)	(1890) 1998~2005 (8)
에콰도르(1822 스페인)	1825~1845, 1868~1890, 1894~1898, 1900~1904, 1906~1911, 1914~1924, 1929~1954, 1980~2000, 2008~2009 (120)
엘살바도르(1821 스페인)	1828, 1898, 1921, 1932, 1981~1999 (23)
온두라스(1821 스페인)	1828, 1873, 1981~1982, 1999, 2001~2002 (7)
우루과이(1825 브라질)	1876~1878, 1891, 1893, 1898, 1915~1921, 1932~1938, 1965, 1971, 1981~1985, 1987, 1990~1991, 2002~2004 (33)
자메이카(1962 영국)	1994~2000 (7)
칠레(1810 스페인)	1825~1842, 1880~1883, 1890~1891, 1898~1899, 1907~1908, 1915, 1926, 1931~1947, 1961, 1963, 1965, 1971~1976, 1980~1990 (67)
캐나다(1867 영국)	(1837, 1866), 1873, 1893, 1906, 1908, 1912, 1923, 1935, 1983~1985 (10)
코스타리카(1821 스페인)	1828, 1874, 1895, 1901, 1932, 1962, 1981~1984, 1987, 1994~1997 (15)
콜롬비아(1810 스페인)	1825~1845, 1850~1861, 1873, 1880~1896, 1900~1904, 1932~1944, 1981~1987, 1997~1999 (79)
트리니다드토바고(1962 영국)	1982~1993 (12)
파나마(1903 콜롬비아)	1932, 1983, 1988~1989 (4)
파라과이(1811 스페인)	1874, 1890, 1892, 1920, 1932, 1986, 1994~1999, 2002~2003 (14)

국가(독립연도)	경제위기 발생연도(위기기간)
페루(1821 스페인)	1826~1848, 1872~1873, 1876~1889, 1931~1951, 1969~1970, 1976, 1978, 1980, 1983~1997, 1999 (81)

자료: Reinhart, Carmen and Kenneth Rogoff(2009), 296-392.

중남미지역은 스페인과 포르투갈의 식민지쟁탈전에 따른 피해를 받았는데, 1492년 크리스토퍼 콜럼버스(Christopher Columbus)가 아메리카대륙(바하마제도)의 발견을 시작으로 1516년 스페인의 후안 디아스 데 솔리스(Juan Diaz de Solis), 1519년 에르난 코르테스(Hernan Cortes), 1534년 스페인의 프란시스코 피사로(Francisco Pizarro), 1536년 페드로 데 멘도사(Pedro de Mendoza), 1537년 후안 데 아욜라스(Juan de Ayols), 1569년 프란시시코 데 톨레도(Fransisco de Toledo) 등이 아즈텍문명, 잉카문명과 마야문명의 제국(멕시코, 페루, 아르헨티나, 파라과이, 볼리비아)에 진입했다. 중남미지역은 1800년대 초반 스페인과, 포르투갈의 식민지배에서 독립하기 시작했으나, 대다수의 국가가 스페인어와 포르투갈어를 사용하고 있어 스페인과 포르투갈 문화권에서 완전히 벗어나지 못하고 있다.

미국 금융위기(1857)는 세계 최초의 글로벌 연쇄위기이면서 동시에 최장기간 지속된 글로벌 경제공황으로 불린다. 미국에서는 멕시코전쟁(1946~1846) 이후 경제상황이 호전되기 시작했다. 특히 캘리포니아지역과 호주에 대한 금광투자가 활기를 띠면서 1856년에는 철도건설 등으로 인해 철도산업의 경기가 호황국면에 진입했다. 그러나 경기과열과 그에 따른 과도한 자금동원은 자금의 수급불균형 현상을 유발했다. 1857년에 들어서면서 금융시장에서 자금경색이 심화되었고 예금인출사태가 확산되었다. 특히 오하이오은행이 철도산업 관련 주식을 무분별하게 매입한 탓에 주가가 급락했으며, 오하이오보험회사는 파산했다. 1857년 8월에 발생한 미국 금융위기는 영국, 프랑스, 독일, 덴마크, 오스트리아, 스웨덴, 인도, 중남미, 남아프리카, 동아시아 등의 지역에도 확산되었다. 미국 금융위기(글로벌 경제공황)는 그 파급효과로 인해 크림전쟁이 종식된 이후 1857년 12월 10일에 독일(프로이센)과 오스트리아가 미국에 대한 긴급 금융지원으로 일단락되었다.[49] 1873년 9월에는 미국에서 퍼시픽철도 주식에 투자한 은행과 철도회사가 파산했다. 예를 들면, 남북전쟁(1861~1861) 이후 철도건설에 투자한 필라델피아의 제이쿡앤컴퍼니 등이 대표적이다. 더구나 실업률 급등과 임금 삭감으로 인해 폭동과 파업이 일어나면서 철도운행이 중단되었으며, 그해 11월에는 미국의 경제위기가 유럽지역(영국·프랑스·러시아)으로 환류되었고, 튀르키예(오스만제국), 중남미, 아프리카 등의 지역에도 상당한 영향을 미쳤다.

(1) 스태그플레이션과 채무불이행

2차 세계대전 이후 경기불황으로 20년 간 배럴당 평균 1.9달러이던 국제원유 가격이 1970년에 들어서면서 1.4달러 수준이었다. 1973년 10월의 4차 중동전쟁으로 인해 배럴당 국제유가가 1973년의 3달러에서 1974년에는 8.3달러(5배 상승)로 폭등하면서 1차 오일쇼크가 발생했다. 그 결과, 원유수입국의 채무불이행 사태가 번지면서 세계 경제는 경제위기에 직면했다. 석유수출국기구(OPEC)는 미국의 이스라엘 지원에 대한 보복으로 석유 수출을 금지함에 따라 유가, 연료비용 등이 급등했다. 1979년의 2차 오일쇼크

49 1869년 수에즈운하 개통 이후 보불전쟁(1870~1871)에서 승리한 독일과 오스트리아에서 부동산 붐이 나타나기 시작했고, 프랑스의 전쟁배상금(9천만 파운드) 지불에 따른 재정수입으로 금보유량이 증대되었으며, 오토 폰 비스마르크(Otto von Bismarck)의 독일(프러시아) 통합으로 독일 경제가 호황을 누렸다. 그러나 1873년 5월부터 투기 붐이 붕괴되면서 외자유출 현상이 나타났고, 독일의 경제위기는 이탈리아, 네덜란드 등지로 확산되었다.

도 이란의 이슬람혁명으로 유발된 정부채권의 가격폭락으로 발생했는데, 배럴당 원유가격이 13달러에서 30달러로 2.3배 급등하면서 초인플레이션(hyper-inflation) 현상을 유발했다. 초인플레이션은 일반적으로 소비자물가 상승률이 월간 40%(연중 1,000%) 이상 급등하는 경우를 일컫는다. 국민소득이 증가하더라도 초인플레이션이 지속되면, 실질국민소득의 감소뿐만 아니라 물가급등으로 인해 소비가 위축되고 경제사회의 불안이 가중된다. 1차 오일쇼크가 발생하기 직전에 배럴당 2.5달러에서 형성된 국제유가는 2차 오일쇼크가 발생한 이후에는 배럴당 36달러 수준으로 14배 이상 폭등한 것이다. 유효수요이론(존 케인즈)에 따르면, 물가와 실업은 역(-)의 상관관계를 나타난다는 "필립스곡선"이 시장에서는 오히려 그 반대로 나타나는 현상을 설명할 수 없었다. 말하자면, 물가가 급등하고 경기도 침체되는 이중의 경제위기, 즉 스태그플레이션(stagflation) 현상이 발생한 것이다. 스태그플레이션(stagnation+inflation)은 경기침체를 뜻하는 스태그네이션(stagnation)과 물가상승을 뜻하는 인플레이션(inflation)의 합성어로서 세계 경제는 치명적인 구조적 결함에 빠져들었다. 1970년대에는 세계 각국이 인플레이션을 억제하기 위해 고금리 정책을 취했으나, 물가는 잡히지 않고 오히려 극심한 불황만 초래되는 구조적인 문제점이 노출된 것이다. <그림 4>의 미달러의 실질환율지수(Real Dollar Indexes) 변동추이에 대한 실증분석(1973~2019년)에서 변동환율제도 채택 이후 1979~1984년에는 미달러에 대한 다른 국가들의 통화가치 하락으로 인한 인플레이션 수준의 국가 간 격차가 발생했다. 실효환율지수(effective exchange rate index)는 외환 바스켓(basket of foreign currencies) 기준으로 미달러 가격을 산출한 것이고, 실질실효환율지수(real effective exchange rate index)는 외국 산출물의 바스켓(basket of foreign outputs) 기준에 의한 미국 산출물의 가격수준을 의미한다. 실효환율지수의 상승은 미달러의 가치상승, 실효환율지수의 하락은 미달러의 가치하락을 의미한다. 통화의 가치하락과 물가수준의 상승은 비례(환율과 물가의 (+)관계)한다는 구매력평가설(the Purchasing Power Parity Hypothesis)이 정확하게 설명하지 않더라도, 실제로 고물가(고인플레이션) 국가들에서는 저물가(저인플레이션) 상태에 있는 국가들에 비해 통화의 가치하락 현상이 더 크게 나타났다.

<그림 4> 미달러의 실질환율지수(Real Dollar Indexes) 변동추이

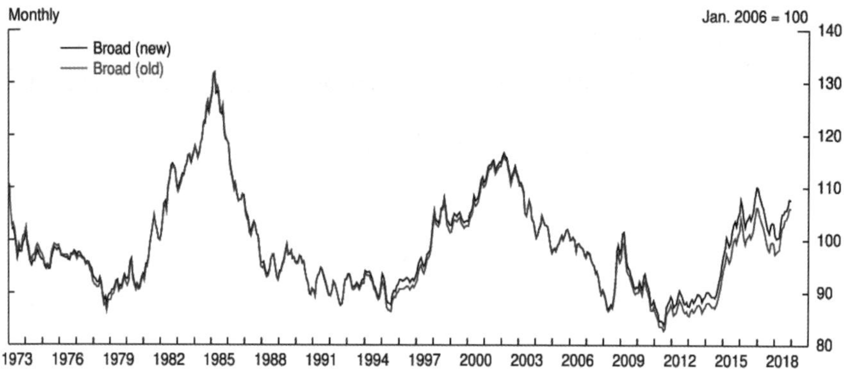

자료: US Federal Reserve.

중남미지역에서는 1980년대 이후 채무불이행 사태가 급증하기 시작했다. 중남미 경제권에서는 미국과 유럽으로부터의 고금리 차관을 도입하여 수입대체 성장전략을 추구했으나, 1973년 이후의 오일쇼크(원유가격파동)로 인해 경기침체가 지속되었다. 1970년대 오일쇼크로 인한 원유 수입가격 상승(수입대금 상환부담 가중)과 농산물 수출가격 하락으로 교역조건과 경상수지 적자가 악화되었으며, 국제금융시장에서 산유국의 유동성(petro-dollar liquidity) 지원(대출), 저금리로 인한 상업은행의 신용대출(syndicated lending)과 자금차입(채무)이 증대하면서 외채가 누적되었다.[50] 그런데 미

50 S&P가 분석한 채무불이행 사례를 살펴보면, 2차 세계대전 중에 채무불이행 비율이 급등했으

연준은 1979년에 긴축통화정책을 시행하면서 기준금리를 갑자기 인상했다. 1979년 10월, 폴 볼커(Paul Volcker) 미연준 총재(1979~1987)는 금융기관의 신용증가 및 인플레이션을 억제하기 위해 긴축통화정책으로 전환함에 따라 미국 정부채권수익률이 상승하면서 외환시장에서 미달러(매입증가)는 강세를 보였지만, 원유와 원자재 가격은 하락했다. 미연준은 기준금리를 1979년 11.2%에서 1981년 6월에는 20%로 급격히 인상한 이후 그해 12월에도 21.5% 수준으로 추가 인상했다. 중남미 경제권에서는 경상수지 적자를 보전하기 위해 외자도입을 확대했는데, 고금리로 외채이자 지급부담이 가중되면서 1980년대 외채위기가 발생했다. 또 투자자들은 미국의 인플레이션 진정과 미달러의 강세에 대한 기대심리로 외환시장에서 미달러 매입이 증가했다. 그 결과, 인플레이션 기대심리로 급등했던 금 가격은 1980년 1월을 고점으로 하락하기 시작하면서 1981~1983년 세계 경제는 심각한 경기침체에 직면했다. 이에 따라 멕시코페소, 브라질크루제이루, 아르헨티나페소 등의 통화가치가 급락했고 주식시장도 불안정한 상태에서 금융기관들의 대출손실이 확대되었다. 중남미지역의 경제상황이 미국 등 선진경제권의 경제정책에 의해 영향을 받는 취약한 경제구조가 고착된 것이다. 1982년 8월, 멕시코중앙은행은 외환보유액이 고갈됨에 따라 더 이상 외채를 상환할 수 없다고 선언하면서 중남미 외채위기가 시작되었다. 멕시코와 유사하게 아르헨티나, 브라질, 칠레 등 중남미 국가들에 대한 민간 채권단들의 신규 신용지원 축소와 기존 차입금의 조기상환 요구가 잇따르면서 채무상환이 사실상 불가능해지는 채무불이행 사태(the event of a generalized default)가 나타난 것이다. 중남미지역 이외에도 소비에트블록(폴란드)과 아프리카지역에서도 채무불이행 사태가 전이되어 1986년말 기준으로 40개국 이상의 국가들에서 심

며, 1980년대 중반 이후에는 IMF 차관에 대한 상환연체가 늘어나면서 1980년대 말에는 채무불이행 비율이 정점에 달했다.

각한 차입불능문제(financing problems)가 불거졌다. 특히 미국계 은행들은 중남미 등 신흥투자시장[51]에 대한 과다한 대출로 부실여신이 심각한 상태였다.[52] 그러나 중남미 외채위기는 1989년 말에도 해결되지 않았고, 1990년 멕시코에 대한 채권(채무)의 12% 삭감 이후 아르헨티나·브라질(1992)에 대한 채무리스케줄링 협상으로 일단락되었다. 빈번한 경제위기를 경험한 중남미 지역에서는 1982년 멕시코·브라질·아르헨티나의 외채위기 이후 1994년 멕시코 외환·외채위기, 1999년 브라질 외환·재정위기, 2001년 아르헨티나 외채위기 등이 재연되었다. 1982년 중남미지역의 외채위기에 대해, 스탠리 피셔(Stanley Fischer) 세계은행 총재는 거시경제 관리미흡, 자본유출 및 과다차입, 실질금리 상승, 국제 상품가격 하락, 선진경제권의 경기침체 등 복합적인 요인에 기인했다고 주장했다. 1990년대 들어서도 중남미 경제권에서는 인플레이션이 지속되고 경상수지 적자가 누적되는 등 거시경제여건이 좀처럼 개선되지 않았다. 중남미 국가들은 인플레이션을 억제하기 위해 고정환율제도를 채택함으로써 물가는 다소 진정되었으나, 통화 고평가(실질실효환율의 과대평가)로 인한 수출 가격경쟁력 약화로 경상수지는 적자기조, 외환보유액 부족 등 경제기초여건은 악화된 상태였다. 부연하면, 중남미지역의 경제구조는 대내불균형(물가)을 완화하기 위해 대외불균형(국제수지) 문제를 방치(희생)하는 패턴이라고 할 수 있다. 또한, 비능률적이고 방만한 재정운용으로 재정수지는 만성적인 적자기조를 벗어나지 못했고, 내수회복을 위한 재정지출로 재정수지 적자가 더욱더 악화되면서 물가도 상승압박을 받았으며, 재정수지 적자보전을 위한 정부채권 발행 증가 등으로 외채위기가 반복해서 발생하고 있는 것이다.

51 IMF는 국민소득 수준과 경제발전 단계를 기준으로 선진경제권(Advanced Economies)과 신흥투자시장(Emerging Markets and Developing Economies)으로 분류하고 있다.
52 대출/자본 비중: 264%, 부실여신 비중: 50% 수준(미국 8대 은행(평균), 1981년 기준)

(2) 환율제도와 외채위기

1980년대 초반 중남미 외채위기의 발단은 1970년대 고도성장의 기적을 일구어낸 멕시코[53]에서 비롯되었다. 1973년 40억 달러이던 외채가 오일쇼크, 미연준의 기준금리 인상 등으로 인해 1981년 430억 달러 수준으로 10배 이상 급증함에 따라 멕시코는 외채위기에 직면했다. 그런 가운데, 1976년 이후 로페스 포르티요(Lopez Portillo) 정부의 경상수지 적자를 보전하기 위한 자본유입 자유화 조치와 1978년의 유전개발로 원유를 담보로 한 외자도입이 추진되면서 자원의존적인 산업구조가 지속되었으나, 1982년 이후 국제유가가 폭락함에 따라 오히려 경상수지가 악화되고 외채가 누적되기 시작했다. 1982년 8월 22일에는 미국 상업은행의 외채에 대한 모라토리엄 선언으로 멕시코는 채무불이행(800억 달러의 외채) 상태였으며, 그해 12월에 집권한 미구엘 마드리드(Miguel de la Madrid) 정부가 외환통제, 페소의 평가절하(57.3%) 조치를 취했다. 그러나 1987년 2월에도 과중한 외채상환부담을 견디지 못해 멕시코 정부는 모라토리엄(지불유예)을 선언했다. 멕시코에서는 1987년의 경제안정개혁프로그램(재정적자와 공적채무 감축) 이후 1988년 12월에 집권한 카를로스 살리나스(Carlos Salinas) 정부(신자유주의 노선의 개혁정책)는 외국자본의 유입을 확대했다. 살리나스 정부는 1954년부터 채택한 고정환율제도(crawling peg system) 변경, 외국인투자법 개정(1989)으로 외국인 100% 단독투자 허용, 미국인과 캐나다인의 내국인 동등대우(1993) 등을 보장했다. 1987~1994년 기간의 인플레이션이 크게 진정

53 멕시코는 한반도의 8.9배에 달하는 영토에 1억 3천만 명의 인구를 보유하고 있으며, 2023년 기준 국내총생산(GDP)은 1조 7,889억 달러(세계 12위/207개국)로 1인당 국민소득(GNI)이 12,100달러(세계 78위/198개국)의 OECD 상위중소득국(UMIC)이다. 2022년 기준 세계 4위의 아연 매장량(1,900만 톤, 점유율 7.6%), 세계 5위의 동 매장량(5천 300만 톤, 점유율 6.0%), 세계 20위의 원유 매장량(61억 배럴, 점유율 0.4%) 등의 광물자원을 보유하고 있다.

(159%→7%)되었으나, 실질실효환율이 상승(통화가치 고평가)하면서 경상수지 적자(GNP의 8%, 1994)가 확대되었고, 외환보유액은 고갈되었으며, 금융기관의 부실여신(정부 신용지원의 확대)이 확대되었다. 그런데, 멕시코 정부는 적합한 규제기준을 수립하지 않은 상태에서 금융기관의 민영화와 자본계정 공개, 해외펀드에 대한 금융기관의 차입허용 등을 조치를 취했다. 그러나 멕시코 금융기관은 채무상환의 문제가 발생하면, 최종대부자로서 정부의 구제금융 지원을 기대하는 도덕적 해이 현상이 팽배한 상태였다. 1989년 3월, 미 정부가 지원한 브래디플랜(Brady Plan)[54]에 의한 채무탕감으로 멕시코 외채위기가 진정되었다. 멕시코 정부는 브래디플랜 참여국 중에서 최초로 1990년 2월에 16년(4년 유예기간) 채무재조정을 통한 채무감면프로그램(65% face value of discounted bonds[55])과 대출지원(4년 간 25% of exposure)에 국제금융기관들과 합의했다. 브래디플랜 이전에는 제임스 베이커(James Baker) 미국재무부장관이 1985년 10월부터 베이커플랜(Baker Plan)에 의해 중남미지역을 중심으로 과다채무국(15개국) 정부에 대한 거시경제관리의 개선을 조건으로 국제협력(금융기관)을 통해 3년 간 200억 달러 상당의 신규 기금조성으로 대출지원(the New Money Approach)을 추진했다. 그러나 1980년대 중반 이후 국제적인 금융기관들은 이윤 하락, 대출손실(상각)과 부실여신 증가 등으로 자산포트폴리오의 질적 수준이 크게 악화되면서 과다채무국을 포함한 신흥투자시장에 대한 대출지원을 축소했다.[56] 1992년에는 IMF 주도로 1,360억 달러에 달하는 외채리스케줄링이 시

54 브래디플랜은 미 정부가 1985년 신규 차관공여를 통한 외채상환능력 확충 목적으로 멕시코에 지원한 베이커플랜(Baker Plan)의 한계를 탈피하기 위해 1989년 3월, 니콜라스 브래디(Nicholas Brady) 미국재무부장관이 외채원리금 삭감과 브래디채권 발행(채무의 증권화) 등을 통한 긴급 구제금융 지원프로그램이었다.

55 market-based interest rate (LIBOR + 13/16%) or fixed interest rate (6.25%)

56 Bouchet, Michel, Ephraim Clark, and Bertrand Groslambert(2003), 178-179.

행되었으나, 단기외채가 지속적으로 누적되는 경제 구조적인 문제가 해결되지 않았다. 1994년 8월의 대통령선거(Ernesto Zedillo 정부) 이전에는 1월의 농민반란(남부지역 치아파스 무장반군), 3월의 제도혁명당(PRI) 대통령후보(콜로시오) 암살 등으로 정치사회적인 불안이 겹치면서 데킬라효과(Tequila Effect)로 인해 외환·외채위기(단기외채 300억 달러, 외환보유액 60억 달러)가 발생했다. 1994년의 멕시코 외환·외채위기는 1990년대 최초의 자본수지 계정에 근거한 경제위기로 "데킬라효과"로 불리며, 브라질과 아르헨티나 등 중남미지역 경제에도 상당한 충격을 주었다. 1994년 4월에는 아이러니하게도 멕시코가 OECD에 가입했으나, 1993년 11월에 체결(1994년 발효)된 북미자유무역협정(NAFTA)에 의해 미국과 캐나다가 멕시코에 긴급구제금융(미국 60억 달러, 캐나다 7억 달러의 신용공여한도 설정)을 지원했다. 그러나 멕시코 외환시장에서 외자유출로 멕시코의 외환보유액은 1993년 12월의 251억 달러에서 1994년 12월에는 20억 달러 수준으로 급감했으며, 페소의 통화가치는 1994년 연중 50% 이상 폭락했다. 그해 12월 20일에는 멕시코 중앙은행이 환율변동밴드를 ±6%에서 ±15%로 확대(페소의 15.3% 평가절하, 페소·달러 환율=3.98페소 고시)하고, 12월 22일에는 자유변동환율제도를 채택하면서 페소 가치는 더욱더 하락하기 시작했다. 페소·달러 환율은 외환위기 직전에 3페소(고정환율제도 시행)에서 5페소(변동환율제도 허용)로 급등했고, 1994년 12월말에는 6페소, 1995년 3월에는 7페소 수준으로 추가 급등했다. 멕시코 통화당국은 미달러와 연계된 단기 달러표시 국내채권(tesobonos)을 1990년대 초부터 발행하기 시작하여 국내채무가 누적된 상태였다. 정권교체 이후 통화가치의 15.3% 평가절하 조치로 인해 국제금융시장에서 페소에 대한 투기적인 공격(단기 투기자금의 유출)이 더해져 멕시코 통화당국은 변동환율제도를 채택하지 않을 수 없었다. 통화의 가치급락으로 통화위기와 은행위기가 발생하자, 미국 정부(재무성)와 IMF가 지원한 긴급 대출(416억 달러지원)[57]로 멕시코 정부는 채무불이행 사태를 모면할 수 있었다. 그렇지만 경제위기의 영향으로 1995년 역성장(-6%), 실업 증가, 고금리 지속, 은행위기(banking crisis) 등의 거시경제 불안정현상이 보편화되었다. 1994년 멕시코 외환·외채위기가 발생하기 직전인 1993년에는 경제성장률(3.6%→2.0%), 총투자/GDP(25.3%→21.0%), 재정수지/GDP(4.5%→0.5%), 페소·달러 (연평균)환율(3.09페소→3.12페소) 등의 거시경제지표가 악화되었다. 그러나 1994년 외환·외채위기 발생 직전에는 <표 17> 경제위기진단 거시경제지표의 위기징후 임계수준을 상회하는 거시경제지표가 없었다. 외환·외채위기가 발생한 1994년에는 재정수지/GDP(0.5%→-0.0%), 경상수지/GDP(-5.8%→-7.0%), 자본수지/GDP(8.4%→3.7%), 외환보유액(251억 달러→63억 달러), 페소·달러 (연평균)환율(3.12페소→3.38페소) 등의 거시경제지표가 악화되었다. 1994년 기준으로 외환보유액(63억 달러)이 월평균 수입의 0.8개월분에 불과하고 단기외채(393억 달러)에 비해 외환보유액은 턱 없이 부족해 단기외채 상환이 사실상 불가능한 상태였다. 경제위기의 형태로 관찰하면, 멕시코에서는 유동성위기가 가장 심각했기 때문에 외환·외채위기보다는 유동성위기로 재분류하는 것이 적합하다. 외환·외채위기 직후인 1995년에는 GDP(4,211억 달러→2,867억 달러), 1인당 GDP(4,659달러→3,116달러), 경제성장률(4.4%→-6.2%), 총투자/GDP(21.7%→19.8%), 소비자물가상승률(6.9%→35.0%), 재정수지/GDP(-0.0%→-0.5%), 자본수지/GDP(3.7%→-3.7%), 페소·달러 (연평균)환율(3.38페소→6.42페소), 총외채 잔액(1,402억 달러→1,669억 달러) 등으로 1994년보다 거시경제지표가 악화되었다.

57 미국 환율안정기금(ESF) 200억 달러, IMF 178억 달러, 세계은행 15억 달러, ADB 13억 달러 등

1982년 8월의 멕시코 모라토리엄으로 인해 중남미지역에서 외자유출이 급격히 증가하면서 브라질[58]도 그해 11월 26일에 단기외채를 상환하기 못하게 되자, IMF에 구제금융을 요청했다. 1982년 11월 15일에 브라질 정부는 IMF의 차관지원(47억 달러) 조건에 의해 크루제이루의 평가절하 등의 개혁 프로그램을 통한 차관지원협정을 체결하면서 1983년 2월 28일에 IMF는 차관지원을 승인했다. 주앙 피게레이루(Joao Figueiredo) 정부(1979~1985) 이후 조제 사르네이(Jose Sarney) 정부(1985~1990)는 1986년 3월 크루자두플랜(Cruzado Plan)으로 통화단위를 크루제이루(Cruzeiro)에서 크루자두(1크루자두=1,000크루제이루)로 변경했다. 1987년 2월에는 중장기채무가 1,200억 달러를 상회하고 외채원리금상환비율(DSR)이 80%에 달하는 등 과중한 외채 상환부담을 견디지 못해 브라질 정부는 모라토리엄을 선언했다. 1992년에 브라질 정부는 IMF와 채무협상을 통해 1,360억 달러에 달하는 외채를 리스케줄링했으나, 단기외채가 누적되는 등 취약한 외채구조로 인해 또 다른 경제위기의 배경이 되었다. 1994년 4월, 브라질 정부는 325억 달러의 외채를 15~30년 만기조건의 브래디채권으로 교환하는 채무재조정 협상을 타결하여 99억 달러 상당의 원리금 감면효과(원금 41억 달러, 연체이자 58억 달러)를 보았다. 브라질은 1993년 연중 2,489%에 달하는 초인플레이션을 억제하기 위해 1994년 7월, 화폐개혁(Real Plan)을 단행하면서 통화단위를 크루제이루헤알에서 헤알로 변경하고, 고정환율제도(1헤알=1미달러 기준)를 채택했다. 미달러와 신규화폐인 헤알의 환율을 1:1로 고정했기 때문에 헤알플랜(Real Plan)으로 불린다. 화폐개혁 이전에 브라질중앙

58 브라질은 한반도의 38.6배에 달하는 영토에 2억 1천만 명의 인구를 보유하고 있으며, 2023년 기준 국내총생산(GDP)은 2조 1,737억 달러(세계 9위/207개국)로 1인당 국민소득(GNI)이 9,070달러(세계 89위/198개국)의 상위중소득국(UMIC)이다. 2022년 기준 세계 2위의 철광석 매장량(340억 톤, 점유율 18.9%), 세계 3위의 희토류 매장량(2,100만 톤, 점유율 17.5%), 세계 3위의 니켈 매장량(1,600만 톤, 점유율 16.8%), 세계 16위의 원유 매장량(119억 배럴, 점유율 0.4%) 등의 광물자원을 보유하고 있다.

은행은 물가의 지속적인 상승과 외자유출을 억제하기 위해 긴축통화정책을 시행하고 있었다. 고금리와 환율고평가 정책이 물가상승과 외자유출을 억제했지만, 그 부작용으로 수출부진과 경기침체의 늪에서 벗어나지 못했다. 오히려 기업의 매출실적과 정부의 재정수지 악화와 정부차입 증가, 공적채무 누적과 외채이자상환 부담이 가중되는 결과를 초래했다. 브라질의 고금리 정책은 경제위기가 언제든지 재연될 수 있는 구조적인 악순환현상의 근본요인이 된 것이다. 1995년에는 통화의 가치하락을 억제하기 위한 고정환율제도 채택(fixed, upwardly crawling peg system)으로 1994~1997년에는 소비자물가상승률이 2,669%에서 10%로 크게 안정되었다. 그러나 외채상환부담(고금리) 누적과 통화 고평가(실질실효환율 상승)에 대한 시장의 압박(의구심)이 잠재된 상태에서 수출부진과 경기침체(기업 매출실적 악화), 재정수지 적자현상이 지속되었다. 특히 브라질 정부의 외채이자를 상환하기 위한 정부차입(ponzi finance) 증대로 인해 공적채무도 누적되는 악순환 구조에서 벗어나지 못했다. 브라질중앙은행의 외환보유액이 1998년 6월의 710억 달러에서 그해 9월말에는 460억 달러로 급감하고 1998년 기준으로 단기외채 비중이 60%에 달하면서 외환·외채위기가 현실화되었다. 1998년 8월 17일, 러시아 정부가 모라토리엄을 선언하자, 페르난두 카르도주(Fernando Cardoso) 정부(1995~2003)는 그해 10월에 IMF에 긴급 구제금융(420억 달러)[59]을 요청하고 11월에 IMF의 차관 이행조건에 합의했다. 1999년 1월, 통화가치의 8% 평가절하 이후 변동환율제도가 도입되면서 헤알의 통화가치는 미달러에 대해 40% 급락했다. 1991년 3월 남미공동시장(Mercosur) 결성 이후 중남미 지역에서는 역내 회원국 간 무역거래가 증가한데다 1995년 1월 WTO 출범으로 글로벌 경제위기의 전염효과는 지속되

59 IMF 180억 달러, 세계은행 90억 달러 등

는 양상을 보였다. 1997~1998년 동남아 외환위기, 1998년 러시아 재정위기가 브라질에도 전이된 것으로 추정된다.

아르헨티나[60] 경제는 1914년 이전에는 50년간의 고도성장으로 선진경제권에 속했지만, 2차 세계대전 이후 만성적인 인플레이션을 지속해 왔다. 1930~1945년의 군사정권 이후 1946년에 아르헨티나 최초의 민주적인 절차에 의해 선출된 후안 페론(Juan Peron) 대통령은 1955년의 쿠데타로 권좌에서 물러났다. 1976~1983년 군사독재 시절 이후 민주정권의 수립에도 경제상황은 여전히 악화된 상태였다. 1976년에 집권한 호르헤 비델라(Jorge Videla) 정부는 1977년 이후 자본자유화 조치를 시행하면서 외자도입이 급증(1977~1981년, 민간외채/단기외채 비중 21.2/21%에서 36.4/38%로 상승)함에 따라 국제수지의 불균형현상이 심화되었다. 1980년 이후 페소의 평가절하(1981) 등으로 아르헨티나 경제는 스태그플레이션에 직면하게 되었고, 영국과의 포클랜드전쟁(1982)으로 서방의 경제제재로 인해 외채위기(1982)가 발생했다. 아르헨티나 정부는 1983년 1월부터 IMF로부터 대기성차관(20억 달러)을 지원받았으나 상환연체가 나타나기 시작하면서 라울 알폰신(Raul Alfonsin) 정부(1983년 12월 집권)는 1984년에 채무상환정지(모라토리엄)를 일시적으로 선언하자, 1985년 8월 이후 런던클럽과 파리클럽을 통해 채무재조정(리스케줄링) 협정을 체결했다. 1990년에 집권한 페론당(Partido Justicialista)의 카를로스 메넴(Carlos Memem) 정부는 은행위기, 재정(상황) 불안정, 초인플레이션 등을 극복하기 위해 1991년 4월, 페소의 미달러에 대한 태환(동등교환) 조건의 고정환율제도를 도입한 태환법

60 아르헨티나는 한반도의 12.6배에 달하는 영토에 4,720만 명의 인구를 보유하고 있으며, 2023년 기준 국내총생산(GDP)은 6,406억 달러(세계 22위/207개국)로 1인당 국민소득(GNI)이 12,520달러(세계 76위/198개국)의 상위중소득국(UMIC)이다. 2022년 기준 세계 3위의 리튬 매장량(220만 톤, 점유율 10.0%) 등의 광물자원을 보유하고 있다.

(Convertibility Law)을 제정했다. 아르헨티나의 태환법은 인플레이션을 억제하기 위한 환율기반의 물가관리 정책이었으나, 결정적으로 통화위기를 초래한 요인이 되었다. 부연하면, 통화 기반의 100% 외환보유액이 요구되는 태환법이 시행된 상태에서는 통화위원회제도(Currency Board System: CBS)의 도입으로 아르헨티나중앙은행은 더 이상 국내자산을 보유할 필요가 없게 되었던 것이다. 일반적으로 통화위원회제도(CBS)에서는 외환보유액 한도 내에서 미달러 유입(유출)에 대하여 자국통화의 유출(유입)을 통해 통화량을 조절하는 방식이다.[61] 그러나 본원통화를 외환으로 지급보증하고 중앙은행은 자국통화를 발행하는 역할을 담당하지 못하기 때문에 통화정책의 독자적인 시행과 운용에는 현실적으로 제한받게 된다. 아르헨티나 태환법의 경제적인 효과를 분석하면, 1990~1995년 기간의 소비자물가상승률은 800%에서 5%로 크게 낮아졌으나, 아르헨티나페소의 실질환율이 30%나 상승하면서 경상수지 적자확대, 실업 증가(노동시장의 경직성) 등의 현상이 유발되었다. 그런데, 브라질 정부의 통화가치 조정(헤알의 평가절하 조치), 외국인투자 인센티브 확대 등으로 아르헨티나보다 브라질에 대한 외국인투자가 급증했다. 그 결과, 브라질헤알보다 상대적으로 고평가된 아르헨티나페소로 인해 아르헨티나의 수출 가격경쟁력은 약화되고 외국인투자도 더욱더 위축되었다. 더구나 아르헨티나 정부의 과다한 정부채권 발행으로 금리(정부채권수익률)가 상승함에 따라 기업투자가 감소하고 영업중단 사례가 빈번하게 나타났다. 설상가상으로 공기업의 민영화에 따른 전기료, 통신료 등 공공요금이 상승하면서 경기침체가 지속되었다. 결국 2001년 12월부터 외환시장에서 아르헨티나페소가 급락하기 시작했다. 아르헨티나 정부는 2002년 1월 3일, 역사상 최대 규모로 기록되는 950억(810억) 달러의 외채를 상환하

61 통화위원회제도와는 별도로, 외환시장의 투기적인 공격(위험)으로부터 회피하기 위해 달러연동환율제도(Dollarization)를 채택하는 국가들도 있다.

지 못하는 채무불이행 상태에 직면했다. 아르헨티나 정부의 모라토리엄 선언으로 아르헨티나 정부채권수익률은 급등하여 미국 재무부증권을 기준으로 아르헨티나 정부채권수익률은 최고 7,000bp에 달했다. 2001년 아르헨티나 외채위기가 발생하기 직전인 2000년에는 1인당 GDP(7,755달러→7,679달러), 총투자/GDP(17.9%→17.5%), 자본수지/GDP(5.2%→2,9%), 외환보유액(263억 달러→251억 달러), 총외채잔액(1,453억 달러→1,462억 달러) 등의 거시경제지표가 악화되었다. 그러나 2001년 외채위기 발생 직전에는 <표 17> 경제위기진단 거시경제지표의 위기징후 임계수준에서 총외채잔액/GDP 51.4%, 총외채잔액/수출 473%, 단기외채/외환보유액 113%, DSR 71.3% 등 외채상환부담이 가중된 상태였다. 외채위기가 발생한 2001년에는 GDP(2,843억 달러→2,688억 달러), 1인당 GDP(7,679달러→7,421달러), 경제성장률(-0.8%→-4.4%), 총투자/GDP(17.5%→15.6%), 소비자물가상승률(-0.9%→-1.0%), 재정수지/GDP(-2.4%→-6.6%), 자본수지/GDP(2.9%→-5.2%), 외환보유액(251억 달러→146억 달러), 총외채잔액(1,462억 달러→1,541억 달러) 등으로 거시경제지표가 더욱더 악화되었다. 외채위기가 발생한 2001년에는 <표 17> 경제위기진단 거시경제지표의 위기징후 임계수준에서 경제성장률 -4.4%, 재정수지/GDP -6.6%, 총외채잔액/GDP 57.3%, 총외채잔액/수출 494%, DSR 42.1% 등 거시경제지표의 위험수준이 평균적으로 더욱 심화되었다. 경제위기의 형태로 관찰하면, 아르헨티나에서는 채무위기(외채위기)가 가장 심각하게 나타났다. 외채위기 직후인 2002년에는 GDP(2,688억 달러→1,020억 달러), 1인당 GDP(7,421달러→2,710억 달러), 경제성장률(-4.4%→-10.9%), 총투자/GDP(15.6%→10.9%), 소비자물가상승률(-1.0%→25.8%), 재정수지/GDP(-6.6%→-17.3%), 수출규모(312억 달러→291억 달러), 자본수지/GDP(-5.2%→-19.9%), 외환보유액(146억 달러

→105억 달러), 페소·달러 (연평균)환율(0.99950페소→3.0633페소) 등으로 경제위기 상황은 더욱더 악화되었다. 세계적인 경기침체로 인해 경제 구조적인 취약성이 노출된 아르헨티나는 2012년 12월부터 페소 가치가 급락하면서 2002년 1월 3일, 810억 달러의 외채상환에 대한 모라토리엄(역사상 최대 규모의 채무불이행 사례)을 선언한 이후 통화위원회제도(페소·미달러 고정환율)를 폐기했다. 그 결과, 통화(페소) 가치급락과 초인플레이션 현상이 나타났으며, IMF와의 갈등, 채무불이행 재연(2019) 등으로 국제금융시장에서 아르헨티나 정부채권 평가등급은 채무불이행(투기등급) 수준으로 평가받고 있다. 아르헨티나 채무불이행 원인은 브라질헤알에 비해 상대적으로 고평가된 통화(페소)로 인해 수출경쟁력이 저하된 상태에서 아르헨티나 정부의 채권발행(채무누적)과 국내투자 위축 등으로 경기침체가 악화된 데 기인한다.

4절 동남아지역의 외환위기

아시아·오세아니아지역에서는 경제위기가 다른 지역보다 비교적 적게 나타났다. <표 7>의 아시아·오세아니아지역의 경제위기 발생현황(1872~2009)을 살펴보면, 총 26개국에 걸쳐 경제위기 발생기간(국가별 누적합계)은 총 191년에 불과했다. 지난 138년 중 아시아·오세아니아지역에서 경제위기 발생기간이 긴 국가는 일본(43년), 인도네시아와 필리핀(16년), 인도(14년), 태국(12년), 솔로몬군도(10년), 한국·대만·말레이시아·스리랑카(8년) 등의 순이다. <표 7>의 아시아·오세아니아지역의 경제위기 발생현황(1872~2009)과 <부록 3>의 아시아·오세아니아지역에 대한 IMF 차관(SBA·EFF·RFI·SLL) 지원현황(2025년 3월 31일 기준)을 반영(중복 제외)하면, 뉴질랜드 2년

(1967~1968), 몰디브 4년(2009~2012), 몽골 6년(2009~2012, 2017~2020), 미얀마 6년(1977~1979, 1981~1982, 2021), 바누아투 1년(2015), 방글라데시 4년(2020, 2023~2025), 베트남 2년(1993~1994), 사모아 5년(1979~1980, 1983~1985), 솔로몬군도 1년(2020), 스리랑카 12년(2009~2012, 2016~2020, 2023~2025), 우즈베키스탄 4년(1995~1997, 2020), 인도 6년(1981~1984, 1991~1992), 인도네시아 1년(2003), 일본 4년(1962~1965), 중국 3년(1981, 1986~1987), 카자흐스탄 8년(1995~2002), 키르기즈 1년(2020), 태국 2년(1982, 2000), 파푸아뉴기니 3년(2023~2025), 파키스탄 7년(2019~2025), 피지 2년(1974~1975), 필리핀 5년(1993~1996, 2000), 한국 4년(1984~1985, 1987, 2000), 호주 1년(1961)의 경제위기 기간을 추가해야 한다. 그러면, 아시아·오세아니아지역에서 과거 154년(1872~2025) 중 경제위기 발생기간이 긴 국가는 일본(47년), 필리핀(21년), 인도와 스리랑카(20년), 인도네시아(17년), 태국(14년), 한국(12년), 솔로몬군도(11년), 몽골·미얀마·파키스탄(10년) 등의 순이다. 비교적 경제위기 기간이 짧았던 아시아·오세아니아지역에서 최다 경제위기 기간을 기록한 일본은 1615년 국가수립 이후 411년 중 47년(11.4%) 간 경제위기 상태에 있었으며, 동남아지역에서 최장의 경제위기를 경험한 필리핀은 1946년 독립 이후 80년 중 21년(26.3%) 간 경제위기 상태였던 것으로 추정된다.

<표 7> 아시아·오세아니아지역의 경제위기 발생현황(1872~2009)

국가(독립연도)	경제위기 발생연도(위기기간)
네팔(1951 영국)	1988 (1)
뉴질랜드(1907 영국)	1987~1990 (4)
대만(1911 중국)	1923, 1927, 1983~1984, 1995, 1997~1999 (8)
라오스(1949 프랑스)	1990 (1)
말레이시아(1957 영국)	1975, 1985~1988, 1997~1999 (8)

국가(독립연도)	경제위기 발생연도(위기기간)
몽골(1921 중국)	1997~2000 (4)
미얀마(1948 영국)	1984, 1987, 1996, 2002 (4)
방글라데시(1971 파키스탄)	1987~1996 (10)
베트남(1945 프랑스)	1975, 1997~1999 (4)
브루나이(1984 영국)	1986 (1)
솔로몬군도(1978 영국)	1995~2004 (10)
스리랑카(1948 영국)	1980, 1982, 1989~1993, 1996 (8)
싱가포르(1965 말레이시아)	1982 (1)
인도(1947 영국)	(1863, 1908, 1913, 1921, 1929) 1947, 1958, 1969, 1972~1976, 1989~1990, 1993~1996 (14)
인도네시아(1945 네덜란드)	1966~1970, 1978, 1983, 1986, 1992, 1994, 1997~2002 (16)
일본(1615)	1872~1876, 1882~1885, 1901, 1907~1908, 1914, 1917, 1923, 1927, 1942~1952, 1985~1989, 1990~1997, 2007~2009 (43)
중국(1949)	(1883, 1923~1925, 1931, 1934~1937) 1949, 1992, 1997~1999 (5)
키르기즈(1991 소련)	1993 (1)
타지키스탄(1991 소련)	1996 (1)
태국(1782)	1978~1979, 1981, 1983~1987, 1996~1999 (12)
파키스탄(1947 영국)	1997~1999 (3)
파푸아뉴기니(1975 호주)	1989 (1)
필리핀(1946 미국)	1970, 1981~1992, 1997~1999 (16)
한국(1945 일본)	1971, 1974, 1980, 1983, 1986, 1997~1999 (8)
호주(1901 영국)	(1893) 1989~1992 (4)
홍콩(1997 영국)	(1982, 1983~1986) 1997~1999 (3)

자료: Reinhart, Carmen and Kenneth Rogoff(2009), 296-392.

아시아지역에서는 아편전쟁(1839~1842), 메이지유신 선포(1868), 중국 내전(1931~1949), 프롤레타리아 문화대혁명 선언(1966) 등으로 정치경제적 상황이 요동쳤다. 일본[62]은 2차 세계대전 기간에는 은행위기, 물가위기, 환율위기 등으로 채무불이행(외채) 상태였고, 1945년에는 소비자물가상승률이 568%를 기록하는 초인플레이션을 경험했다. 전후 경제재건을 통해 경제규모가 비약적으로 확대됨에 따라 일찌감치 투기조짐이 잠재해 있었다. 일본의 종합주가지수(니케이)는 1949년 5월(종합주가지수=100)부터 급격히 상승하기 시작하여 1980년대 초반 6,000, 1989년 말에는 40,000 수준으로 상승추세를 보였다. 그러나 거품경제가 붕괴되면서 일본 경제는 1990년대 초반부터 잃어버린 20년의 되돌릴 수 없는 역사가 시작되며, 은행위기(1992) 이후 잃어버린 20년("lost couple of decades")이라 불리는 경기부진 현상이 지속된 것이다. 특히 1985년 9월 22일의 플라자합의(Plaza Accord)[63]에 따른 엔의 평가절상으로 일본의 수출 가격경쟁력이 약화되면서 경상수지는 악화되었으며, 1986년 일본은행의 재할인율 인하로 외자 유출이 본격화되었다. 고대 황화문명의 발상지이며 아시아지역의 최대 경제대국인 중국은 국민당과의 전쟁에서 승리한 이후 1949년에 공산주의체제가 수립되었다. 중국은 공산화 이후 고인플레이션, 은행위기(화폐개혁) 등으로 채무불이행을 경험했으며, 동북아지역에서 한반도를 둘러싼 이념논쟁으로 경제성장이 정체되었다. 1970년대 초반에 미국과의 국교수립으로 자본시장체제를 수용하면서 대외적으로 시장개방을 확대하기 시작해 2001년 11월에는 WTO 가입으로 중국의 국제무역이 증대되고 중국은 글로벌 생산기지로 부상했다. 2010년

62 일본은 한반도의 1.7배의 영토에 1억 2천만 명의 인구를 보유하고 있으며, 2023년 기준 국내총생산(GDP)은 4조 2,129억 달러(세계 4위/207개국)로 1인당 국민소득(GNI)이 39,030달러(세계 32위/198개국)의 OECD 고소득국(HIC)이다.

63 엔·달러 환율은 1985년 250엔에서 1988년 130엔으로 합의했으나, 실제로는 1985년 9월 218엔, 1986년 9월 153엔, 1987년말 123엔 수준에 형성되었다.

이후 중국 경제의 급격한 성장추세는 아시아지역에서 일본을 대체하기 시작했고, 2020년 이후 중국은 미국 다음의 최대 경제권(GDP 기준)의 지위를 유지하고 있다. 자본주의(경제사)에서 경제패권이 서유럽지역(영국)에서 미국으로 이전된 가운데, 아시아지역의 중국이 부상함으로써 미국과 일본의 중국에 대한 견제가 본격화되었다. 특히 미국은 2010년대 중반 이후 수입관세 인상과 지식재산권 특허소송 등을 통해 중국과의 무역분쟁(trade tension)이 지속되고 있다. 그러나 중국에서는 2010년 이후 자산가격 상승에 따른 부동산 버블이 진행되면서 그림자금융(shadow banking)으로 인한 금융기관의 부실채권이 증가추세를 보였다. 그런데, 1990년대에는 중국 경제가 수출시장에서 동남아 국가들과 가격경쟁을 펼치면서 중국 정부가 1994년에 통화가치의 조정(위안의 평가절하 조치)으로 동남아지역에서 외환위기가 발생할 여건이 조성되었다. 실제로 1992~1996년에 일본의 중국에 대한 해외직접투자(FDI)는 증가추세를 보였지만, 일본의 동남아국가연합(ASEAN)에 대한 해외직접투자는 정체된 것으로 나타났다.[64]

(1) 동남아 외환위기의 파급효과

1997년 3월과 5월의 태국[65] 외환시장에서는 환투기 세력에 의해 환율 변동성이 커지면서 그해 7월에는 바트 가치가 급락하면서 동남아 외환위기가 시작되었다. 바트·달러 환율은 25바트로 고정되어 있었으나 수출 가격 경쟁력 약화로 인해 경상수지/GDP 적자비중이 1990년대 초 -4% 수준에

64 Goldstein, Morris, *The Asian Financial Crisis: Causes, Cures, and Systemic Implications* (1998), Washington DC: Institute for International Economics, 16.

65 태국은 한반도의 2.3배의 영토에 7,030만 명의 인구를 보유하고 있으며, 2023년 기준 국내총생산(GDP)은 5,149억 달러(세계 27위/207개국)로 1인당 국민소득(GNI)이 7,180달러(세계 102위/198개국)의 상위중소득국(UMIC)이다.

서 1996년에는 -7.9%로 확대되었다. 태국의 경상수지 적자 확대는 외환시장에서 바트에 대한 지속적인 매도 요인으로 작용했고, 외환위기가 더욱더 심화되면서 바트·달러 환율은 1997년말 45.3바트, 1998년 1월 6일에는 56바트 수준에 달했다. 바트의 급락 이후 주변국가의 통화(필리핀페소, 말레이시아링기트, 인도네시아루피아) 가치도 연쇄적으로 폭락하면서 동남아지역에 투자한 외화자산이 갑자기 부실채권으로 전락했다. 태국 외환위기 발생 이전에 말레이시아의 경상수지 적자 심화로 인해 외환시장에서는 말레이시아에 대한 경제위기 우려가 가장 먼저 감지되었다. 말레이시아의 경상수지/GDP는 1995년에 이미 -10% 수준으로 악화된 상태였기 때문인데, 바트의 가치급락 직후 7월 14일에 말레이시아중앙은행의 환율방어 포기선언으로 링키트 가치도 폭락했다. 1997년 7월 2일, 태국 정부가 1984년부터 채택한 복수통화바스켓제도 대신에 관리변동환율제도(1998년 9월 2일, 말레이시아의 링기트·달러 환율의 3.8링키트 고정환율제도로 선회)를 시행하고, 외채상환이 불가능하다고 발표하면서 통화가치는 외환위기 이전에 비해 그해 9월 말에는 24~33% 하락했다. 태국 정부는 그해 8월 13일에 외환위기를 극복하기 위해 긴급 구제금융 지원을 요청했고, 8월 20일에는 IMF 39억 달러, ADB 22억 달러, 세계은행 19억 달러 등 210억 달러를 지원하기로 합의했다. 1997년 7월 11일, 필리핀중앙은행은 페소에 대한 환율변동밴드를 폐지했고, 인도네시아는 루피아의 환율변동밴드를 확대했다. 그해 10월에 대만과 홍콩 외환시장에서도 투기적인 공격으로 대만달러와 홍콩달러의 가치도 급락했다. 동남아 외환위기는 1997년 7월 2일, 태국 정부가 외채상환이 불가능하다고 선언하면서 바트의 갑작스런 평가절하(15%)로 본격화되었다. 실제로는 1년 전부터 경상수지 적자(국제수지 불균형)가 누적된 데다 부동산과 주식 시장의 침체로 이어진 금융압박(financial strain)의 징후가 나타났다. 바트·달러 환율은 25바트로 고정되어 통화 고평가(실질실효환율 상승)에 따른 수출경쟁력 저하로 인해 1990년대 들어 경상수지 적자가 확대되고 있는 추세였다. 1994년 중국위안의 평가절하 조치로 동남아 국가들은 중국과의 경쟁 격화로 수출산업이 타격(기업수익성 악화)을 받은 상태에서 1997년 5월부터 외환시장에서는 바트에 대한 투기적인 공격으로 바트·달러 환율의 변동성이 커지면서 태국 통화당국의 외환시장 개입으로 외환보유액은 고갈되었다. 태국의 통화위기는 주변국가로 전이됨에 따라 통화가치의 급락에 대응하기 위해 1997년 7월 11일, 필리핀 정부(통화당국)는 페소에 대한 환율변동밴드를 폐지했고, 인도네시아도 통화(루피아)의 환율변동밴드를 확대했다. 1997년 9월말에는 말레이시아(링기트), 인도네시아(루피아), 필리핀(페소)의 통화가치가 외환위기 이전에 비해 24~33% 하락했다.

동남아 최대 경제권인 인도네시아[66]에서는 1986년부터 채택한 관리변동환율제도 대신에 1997년 8월 19일에는 자유변동환율제도를 채택하면서 루피아 가치가 폭락하기 시작했다. 8월 31일에는 외국인의 선물거래 제한 등의 조치에도 불구하고, 루피아·달러 환율은 1996년말 2,362루피아에서 1997년 10월말에는 3,579루피아로 상승했다. 1997년 10월, 인도네시아 정부가 채무불이행을 회피하기 위해 IMF 101억 달러, 일본·싱가포르 50억 달러, 세계은행 45억 달러, ADB 35억 달러, 미국 30억 달러 등 401억 달러에 달하는 긴급 구제금융을 지원받기로 합의했다. 그럼에도 불구하고, 1998년 이후에도

66 인도네시아는 한반도의 8.6배에 달하는 영토에 2억 8천만 명의 인구를 보유하고 있으며, 2023년 기준 국내총생산(GDP)은 1조 3,712억 달러(세계 16위/207개국)로 1인당 국민소득(GNI)이 4,870달러(세계 123위/198개국)의 상위중소득국(UMIC)이다. 2022년 기준 세계 1위의 니켈 매장량(2,100만 톤, 점유율 22.1%), 세계 3위의 코발트 매장량(60만 톤, 점유율 7.9%), 세계 5위의 금 매장량(2,600톤, 점유율 4.8%) 등의 광물자원을 보유하고 있다.

경제상황 악화, 금융시장 동요, 정치 불안정 등으로 인해 경제위기가 진정되지 않았다. 지루한 통화위원회제도(CBS) 도입 논란, 모라토리엄 선언 우려 등으로 루피아·달러 환율이 1998년 1월 8일에는 심리 지지선인 1만 루피아를 돌파하고, 1월 22일에는 17,000루피아 수준을 기록해 경제위기 직전의 2,434루피아에 비해 통화가치는 무려 85% 하락했다. 1997년 인도네시아 외환위기가 발생하기 직전인 1996년에는 경제성장률(8.2%→7.8%), 총투자/GDP(31.9%→30.7%), 재정수지/GDP(2.2%→1.2%), 경상수지/GDP(-3.2%→-3.4%), 자본수지/GDP(5.1%→4.8%), 루피아·달러 (연평균)환율(2,249루피아→2,342루피아), 총외채잔액(1,244억 달러→1,289억 달러), 단기외채 비중(20.9%→25.0%), 외채원리금상환비율(DSR)(29.9%→36.6%) 등의 거시경제지표가 전반적으로 악화되었다. 1997년 외환위기 발생 직전에는 <표 17> 경제위기진단 거시경제지표의 위기징후 임계수준에서 총외채잔액/GDP 57%, 총외채잔액/수출 227%, 단기외채/외환보유액 176%, DSR 36.6% 등으로 외채상환부담이 가중된 상태였다. 외환위기가 발생한 1997년에는 GDP(2,274억 달러→2,157억 달러), 1인당 GDP(1,155달러→1,079달러), 경제성장률(7.8%→4.7%), 재정수지/GDP(1.2%→-0.7%), 자본수지/GDP(4.8%→-0.3%), 외환보유액(183억 달러→166억 달러), 루피아·달러 (연평균)환율(2,342루피아→2,909루피아), 총외채잔액(1,289억 달러→1,362억 달러) 등 거시경제지표가 더욱더 악화되었다. 1997년 외환위기가 발생한 기간에도 <표 17> 경제위기진단 거시경제지표의 위기징후 임계수준에서 총외채잔액/GDP 63%, 총외채잔액/수출 216%, 단기외채/외환보유액 198% 등으로 외채 구조적 문제점이 경제위기 극복의 최대 딜레마였다. 경제위기의 형태로 관찰하면, 인도네시아에서는 유동성위기, 외환위기와 채무위기가 복합적으로 나타난 경제위기였다. 외환위기가 지속된 1998

년에는 GDP(2,157억 달러→954억 달러), 1인당 GDP(1,079달러→467달러), 경제성장률(4.7%→-13.1%), 총투자/GDP(31.8%→16.8%), 소비자물가 상승률(6.7%→57.7%), 재정수지/GDP(-0.7%→-2.9%), 수출규모(632억 달러→549억 달러), 자본수지/GDP(-0.3%→-10.1%), 루피아·달러 (연평균) 환율(2,909루피아→10,014루피아), 총외채잔액(1,362억 달러→1,512억 달러), DSR(30.0%→31.7%) 등으로 인도네시아 역사상 최악의 경제위기 상황에 직면했다. 1967년 3월 이후 30년(6선) 장기집권한 하지 수하르토(Haji Mohammad Soeharto) 대통령(1968~1998)이 1998년 3월에 재선(임기 5년)되었으나 퇴진시위의 확산으로 5월 21일에 공식 사임하고, 인도네시아 최초의 민선 대통령인 압둘라흐만 와히드(Abdurrahman Wahid) 과도정부가 수립되었다. 인도네시아 최대 투자국인 일본의 엔 가치도 1998년 6월 8일에는 미달러 대비 140엔 수준으로 하락했으며, 우리나라도 인도네시아 등 동남아 지역에 대한 부실채권으로 경제위기가 더욱더 심화되었다.

(2) 동남아 외환위기의 발생요인

동남아 외환위기의 발생요인에 대하여, 경제위기 연구의 대가인 배리 아이켄그린(Barry Eichengreen)[67]은 금융부문 취약성, 급격한 자본자유화 시행, 경제 구조적인 문제에서 경제위기가 비롯되었다고 주장했다. 즉, 외자 유치를 위한 고금리정책과 투기자본 대응미흡 등으로 인한 금융시스템 취약성 노출, 단기 해외차입 급증과 외채상환부담 누적으로 인한 외채구조의 불일치, 거시경제 불균형 현상 등에서 경제위기가 발생할 가능성이 내재되어 있었던 것이다. 그러나 국제경제학의 대가인 폴 크루그먼(Paul Krugman)은 경제기초여건이 악화된 상태에서 투기자본의 지속적인 유출과 고정환율제

67 Eichengreen, Barry, *Capital Flows and Crises* (2004), Cambridge: MIT Press, 251-276.

도 유지 곤란, 금융기관의 도덕적 해이, 과도한 자본투자에 따른 자산가격의 급등과 거품발생, 거품붕괴에 따른 금융기관의 부실화 등으로 동남아 외환위기가 발생했다고 주장했다.[68] 부연하면, 동남아 외환위기는 금융기관의 무분별한 투자, 정실 자본주의(crony capitalism), 정부·공공기관 종사자의 부패와 무능력 등으로 비대칭적 정보 형성(투명성 부족)에 따른 금융시장의 불안정성에 기인했다는 비판을 받고 있다.[69] 반면, 경제발전 연구의 전문가인 제프리 삭스(Jeffrey Sachs)는 실질실효환율이 고평가된 가운데, 자본자유화로 인해 자본유입이 급증함에 따라 비교역재, 서비스 및 부동산의 가격상승과 투자증가에 따른 금융기관의 무분별한 대출증가로 동남아 외환위기가 발생했다고 주장했다.[70] 1997~1998년의 동남아 지역의 외환위기는 중남미 경제권과는 다른 경제여건 속에서, 통화 고평가에 따른 수출경쟁력 약화와 경상수지 적자 확대 및 민간부문의 단기외채 누적 등의 경제구조적인 관점과, 금융시스템이 취약한 상태에서 국제금융시장의 투기자본에 의한 자본시장의 관점에서 발생했다는 분석이 지배적이다. 부연하면, 동남아 전역에 대한 투자동조화(synchronization of investment) 현상으로 부동산에 대한 투기 과열과 단기 외화차입 급증, 일본엔의 저금리 자본유입(yen carry trade), 미달러에 대한 고정환율제도 운용 등에 따른 통화가치의 고평가 등이 문제점으로 지적되었다. 그 결과, 1997년 외환위기 이전부터 경제기초여건은 취약해진 상태였다. 태국과 말레이시아 등 동남아 국가들이 1996년부터 수출을 통한 외화가득효과가 부진한데다 중국과의 경쟁격화로 수출산업이 전반적으로 타격을 받기 시작하면서 전자산업 등 수출산업에 대한 과다한 지원과 공급과잉으로 수출가격이 급락하기 시작했다. 인도네시아와 태국에서

68 한국경제연구원, 『아시아 외환위기 발생과정과 원인』 (1998), 91.

69 Arestis, Philip, Michelle Baddeley, and John McCombie, *What Global Economic Crisis?* (2001), New York: Palgrave Macmillan, 18-19.

70 한국경제연구원, 『아시아 외환위기 발생과정과 원인』 (1998), 98-99.

는 투자금융에 대한 수요 증대로 대내외 차입이 증가하여 금융기관과 기업의 부채비율이 급등하면서 금융시장의 불안정성이 내재되어 있었다. 특히 1990~1996년, 동남아 금융기관과 기업의 단기 해외차입이 급증했는데, 방콕국제금융시스템(Bangkok International Banking Facility) 설립 이후 태국의 순민간포트폴리오 자본유입의 단기차입 비중은 50%에 달했다. 태국의 총외채잔액/GDP 비중은 1991년 4.9%에서 1995년에는 28.4%로 급상승했으며, 1997년말 기준으로 인도네시아의 민간채무(private debt) 잔액은 830억 달러(기업 660억 달러, 금융기관 170억 달러)로 공적채무(public debt)를 상회하면서 국제금융시장(국제금리 급등)의 변동성 위험에 더 많이 노출되었다. 동남아 외환위기 4개국(말레이시아, 인도네시아, 태국, 필리핀)에서 1996년에는 외자가 유입되었지만 1997~1998년에는 외자(단기 포트폴리오 투자흐름)가 유출로 전환되었다. 동남아 외환위기가 증폭된 배경에는 금융시스템(외자 유치를 위한 고금리 정책 시행과 투기자본의 급격한 유출에 대응미흡)이 취약하고 자본자유화에 따른 단기차입 급증(외채상환부담 누적) 상태에서 금융기관의 무분별한 대출과 투자 증가(부실여신비율 급증) 등 경제기초여건의 문제가 근본요인이라고 할 수 있다. 예를 들면, 태국의 외화표시채무는 국내총생산의 28.4%(1995년말 기준), 단기해외차입/자본유입(민간포트폴리오) 비중은 50%(1996년말 기준), 인도네시아의 민간채무는 830억 달러(1997년말 기준)로 누적된 상태였다. 1997년 10월, 태국, 필리핀과 인도네시아 정부가 채무불이행을 모면하기 위해 국제금융기구 등에 긴급 구제금융을 요청했다.[71] 특히 인도네시아에서는 1998년 이후에도 경제위기와 정권교체[72]에 따른 정치사회의 불안이 겹쳤다. 요컨

71 인도네시아 401억 달러(IMF 101억 달러, 세계은행 45억 달러, ADB 35억 달러 등), 태국 201억 달러(IMF 39억 달러, ADB 22억 달러, 세계은행 19억 달러 등)

72 1968년부터 30년 간 장기집권한 하지 수하르토 대통령이 퇴진하고, 1998년 5월에는 압둘라흐만 와히드(인도네시아 최초의 민선대통령) 과도내각이 수립되었다.

대, 동남아 외환위기는 실물부문의 대외경쟁력 약화(기업 수익성 악화), 경상수지 악화, 자본자유화에 따른 해외차입 증가와 자본시장 변동성 확대, 경직적인 환율제도 운용과 통화 고평가, 채권·외환시장 취약성 증가와 금융기관 부실화에 기인한 것으로 분석된다. 동남아 외환위기국에 투자한 외화자산이 부실채권으로 전락하면서 동남아 외환위기의 전염효과가 우리나라와 일본에도 영향을 미쳤다. 인도네시아 최대 투자국이던 일본의 엔·달러 환율이 1997년 7월 이전의 85엔에서 1997년말에는 120엔으로 40% 상승했고, 1998년에는 최고 147엔 수준을 기록했다. 설상가상으로 일본의 경기침체가 겹쳐 동남아 외환위기는 동북아지역(한국, 대만, 홍콩, 싱가포르)뿐만 아니라 아시아지역이 아닌 신흥투자시장(러시아, 브라질, 칠레)에도 경제위기의 전염효과가 나타났다. 우리나라도 1997년 12월에 긴급 구제금융(570억 달러)[73]을 요청하면서 IMF 경제개혁 프로그램을 이행하면서 심각한 경기침체를 겪었다. 러시아에서는 1997년 이후 국제유가의 하락으로 수출과 재정수입이 급감한 가운데, 1998년부터 통화가치와 정부채권가격이 급락하면서 경기위기 상태였다. 외환시장에서 외자유출이 급증하고 외환보유액의 2배를 초과하는 단기외채(외화표시 재정증권 채무)를 상환할 수 없는 상황에서 1998년 7월, 러시아 정부는 IMF에 긴급 구제금융(170억 달러)을 요청했다. 그럼에도 불구하고, 러시아는 1998년 8월의 변동환율제도 채택과 루블의 평가절하 이후 모라토리엄을 선언했다. 브라질에서도 1999년 1월의 변동환율제도 채택 이후 재정수지 적자 심화, 외자 유출 등으로 경제위기가 재연되었다.

73 IMF 210억 달러, 세계은행 100억 달러, ADB 40억 달러 등

5절 중동지역의 경제위기

중동·아프리카지역에서는 국가별 경제수준의 격차로 인해 경제위기가 다양하게 나타났다. <표 8>의 중동·아프리카지역의 경제위기 발생현황(1876~2009)을 살펴보면, 총 53개국에 걸쳐 경제위기 발생기간(국가별 누적합계)은 총 297년으로 추정된다. 지난 134년 중 중동·아프리카지역에서 경제위기 발생기간이 긴 국가는 튀르키예(45년), 중앙아프리카공화국(20년), 가나(14년), 이집트·앙골라·카메룬(13년), 나이지리아와 케냐(11년), 모잠비크와 모리타니(10년) 등의 순이다. <표 8>의 중동·아프리카지역의 경제위기 발생현황(1872~2009)과 <부록 4>의 중동·아프리카지역에 대한 IMF 차관(SBA·EFF·RFI·SLL) 지원현황(2025년 3월 31일 기준)을 반영(중복 제외)하면, 가봉 12년(2007~2010, 2017~2024), 나미비아 1년(2021), 나이지리아 5년(1989~1991, 2000, 2020), 남아프리카공화국 4년(1976, 1982~1983, 2020), 레소토 3년(1996~1997, 2020), 모리셔스 6년(1981~1986), 모리타니 3년(2023~2025), 베냉 5년(2020, 2022~2025), 세네갈 4년(2020, 2023~2025), 세이셸 6년(2020~2025), 소말리아 1년(2020), 수단 3년(1983~1985), 시리아 3년(1960, 1962, 1964), 알제리 5년(1994~1998), 앙골라 8년(2009~2012, 2018~2021), 에스와티니 1년(2020), 에티오피아 4년(2019~2022), 요르단 10년(2016~2025), 이라크 12년(2007~2013, 2015~2019), 이란 4년(1956, 1960~1962), 이스라엘 2년(1975~1976), 이집트 6년(2020~2025), 적도기니 4년(2019~2022), 지부티 4년(1996~1999), 짐바브웨 5년(1992~1994, 1998~1999), 카메룬 5년(2021~2025), 케냐 5년(2021~2025), 코모로 1년(2020), 코트디부아르 4년(2020, 2023~2025), 탄자니아 1년(2021), 튀니지 11년(1988~1990, 2013~2020), 튀르키예 7년(202~2008)의 경제위기 기간을 추가해야 한다. 그러면, 중동·아프리카지역에서 과거 160년(1876~2025) 중 경제위기 발생기간이 긴 국가는 튀르키예(52년), 앙골라(21년), 가봉과 중앙아프리카공화국(20년), 이집트(19년), 카메룬(18년), 나이지리아·케냐·튀니지(16년), 가나(14년), 모리타니(13년), 남아프리카공화국·이라크·요르단(12년) 등의 순이다. 중동·아프리카지역에서 최다 경제위기국인 튀르키예는 1297년 국가수립 이후 729년 중 52년(7.1%) 간 경제위기 상태에 있었다.

<표 8> 중동·아프리카지역의 경제위기 발생현황(1876~2009)

국가(독립연도)	경제위기 발생연도(위기기간)
가나(1957 영국)	1979, 1981~1989, 1997~1999 (14)
가봉(1960 프랑스)	1995, 1999~2005 (8)
감비아(1965 영국)	1985~1992 (8)
기니(1958 프랑스)	1985, 1993~1994 (3)
기니비사우(1974 포르투갈)	1995 (1)
나이지리아(1960 영국)	1982, 1986, 1992~1995, 1997~1999, 2001, 2004 (11)
남아프리카공화국(1910 영국)	(1877, 1890) 1975, 1977~1978, 1980~1981, 1984~1985, 1989, 1993, 1996 (8)
니제르(1960 프랑스)	1983 (1)
라이베리아(1847 미국)	1989~2006 (8)
레바논(1943 프랑스)	1988~1990 (3)
레소토(1966 영국)	1988 (1)
르완다(1962 벨기에)	1991, 1995 (2)
마다카스카르(1960 프랑스)	1988, 2002 (2)
말리(1960 프랑스)	1987~1989 (3)
모로코(1956 프랑스)	1983, 1986 (2)
모리셔스(1968 영국)	1997~1999 (3)
모리타니(1960 프랑스)	1984~1993 (10)

국가(독립연도)	경제위기 발생연도(위기기간)
모잠비크(1975 포르투갈)	1980, 1987~1995 (10)
베냉(1960 프랑스)	1988~1990 (3)
보츠와나(1966 영국)	1994~1995 (2)
부룬디(1962 벨기에)	1994~1995 (2)
부르키나파소(1960 프랑스)	1988~1994 (7)
상투메프린시페(1975 포르투갈)	1991 (1)
세네갈(1960 프랑스)	1988~1991 (4)
수단(1956 영국)	1991 (1)
시에라리온(1961 영국)	1990, 1997~1998 (3)
알제리(1962 프랑스)	(1870) 1990~1992 (3)
앙골라(1975 포르투갈)	1976, 1985, 1992~2002 (13)
에리트리아(1993 에티오피아)	1993 (1)
에스와티니(1968 영국)	1994~1995 (2)
에티오피아(1941)	1994~1995 (2)
예멘(1918 튀르키예)	1996 (1)
요르단(1946 영국)	1989~1990 (2)
우간다(1962 영국)	1994~2002 (9)
이스라엘(1948 영국)	1974, 1977, 1983~1984 (4)
이집트(1922 영국)	(1907) 1931, 1979~1982, 1984, 1989~1995 (13)
잠비아(1964 영국)	1983, 1995 (2)
적도기니(1968 스페인)	1983~1985 (3)
중앙아프리카공화국(1960 프랑스)	1976~1983, 1988~1999 (20)
지부티(1977 프랑스)	1991~1993 (3)
짐바브웨(1980 영국)	1995, 2000, 2006 (3)
챠드(1960 프랑스)	1980, 1992 (2)
카메룬(1960 프랑스)	1987~1998, 2004 (13)
카보베르데(1975 포르투갈)	1993 (1)

국가(독립연도)	경제위기 발생연도(위기기간)
케냐(1963 영국)	1985~1989, 1992~1996, 2000 (11)
코트디부아르(1960 프랑스)	1983, 1988~1991, 2000 (6)
콩고공화국(1960 프랑스)	1992 (1)
콩고민주공화국(1960 벨기에)	1979, 1981~1982, 1991~1992, 1994 (6)
쿠웨이트(1961 영국)	1983 (1)
탄자니아(1961 영국)	1987 (1)
토고(1960 프랑스)	1993~1995 (3)
튀니지(19567 프랑스)	1991~1995 (5)
튀르키예(1297)	1876~1881, 1915~1928, 1931~1932, 1940~1943, 1959, 1965, 1970, 1978~1985, 1991~1992, 1994, 1997~2001 (45)

자료: Reinhart, Carmen and Kenneth Rogoff(2009), 296-392.

중동지역에서는 1979년 2월 이란[74]의 이슬람혁명(팔레비왕조 전복) 이후 미국재무부(OFAC)가 이란에 대한 경제제재(economic sanctions) 조치를 취했다. 미국 정부의 이란에 대한 경제제재(1979)는 이란의 원유수출을 금지하기 위해 이란의 무역거래를 통제하는 방식이다. 이슬람혁명으로 정권을 장악한 이란의 루홀라 호메이니(Ruhollah Khomeini) 정부는 외자도입을 억제하는 경제정책을 취했다. 그러나 1989년 루홀라 호메이니 사망 이후 집권한 하셰미 라프산자니(Hashemi Rafsanjani) 대통령은 이라크전쟁(1980~1988)으로 피폐화된 경제상황을 재건하기 위해 경제개발계획(5개년)을 추진하면서 외자도입을 허용하는 정책으로 선회했다. 특히 외자도입

74 이란은 한반도의 7.5배에 달하는 영토에 8,660만 명의 인구를 보유하고 있으며, 2023년 기준 국내총생산(GDP)은 4,015억 달러(세계 36위/207개국)로 1인당 국민소득(GNI)이 4,680달러(세계 125위/198개국)의 상위중소득국(UMIC)이다. 2022년 기준 세계 2위의 천연가스 매장량(32조 1천억 m^3, 점유율 17.1%), 세계 4위의 원유 매장량(1천 578억 배럴, 점유율 9.1%) 등의 광물자원을 보유하고 있다.

에 따른 외환수요 증대로 단기 무역금융(변동환율제도에 의한 수입신용장 개설)이 증가하면서 외채가 누적되었는데, 1992년 5월 이후에는 단기 수입자금에 대한 연체가 누증되면서 외환·외채위기(1992~1993)가 발생했다. 동남아, 중남미 및 러시아의 경제위기 이후 신흥투자시장에서 외자이탈이 지속된 가운데, 1998년에는 국제유가가 폭락하면서 이란의 경상수지와 재정수지는 악화되기 시작했다. 외환수입액의 80% 이상을 차지하고 있던 원유의 수출가격이 1998년 연중 40% 이상 급락하면서 이란(자원의존적인 경제구조)의 거시경제상황은 침체되었으며, 채무재조정 외채의 상환기일이 1998년 9월부터 집중되기 시작하면서 이란에서는 또 다시 외환·외채위기(1998~1999)가 재연되었다.

자스민혁명(2010)을 시작으로 튀니지(2011년 1월), 이집트(2011년 2월), 리비아(2011년 10월), 예멘(2012년 2월) 등 중동지역에서 특권계층의 장기 독재정권이 갑자기 무너지는 "아랍의 봄"이 휘몰아쳤다. 중동지역에서 1979년과 1982년의 금융위기(채무리스케줄링), 1994년 외환위기, 2000~2001년 외환·금융위기 등 가장 빈번한 경제위기를 경험한 튀르키예[75]는 외부충격에 취약한 경제구조가 문제점으로 제기되었다. 오스만제국(1299~1922)은 1차 세계대전에서 오스트리아·독일의 패배로 붕괴되었고, 프랑스·그리스·아르메니아와의 전쟁에서 독립한 튀르키예는 1923년 10월 29일에 터키공화국을 선포했다. 초대 대통령으로 선출된 무스타파 케말(Mustafa Kemal)(그리스 테살로니카 출신)은 대국민회의에서 아타튀르크(Ataturk)로 서훈되었다. 튀르키예는 키프로스 침공(1974)으로 키프로스는 1983년에 북키프로스(터키계)와 남키프로스(그리스계)로 분단되었다. 1987년 이후 튀르키예 정부(오

75 튀르키예는 한반도의 3.5배의 영토에 8,580만 명의 인구를 보유하고 있으며, 2023년 기준 국내총생산(GDP)은 1조 1,080억 달러(세계 18위/207개국)로 1인당 국민소득(GNI)이 11,650달러(세계 80위/198개국)의 OECD 상위중소득국(UMIC)이다.

잘 대통령)는 확대재정정책을 시행하면서 만성적인 재정수지 적자를 보전하기 위한 통화증발로 인해 고물가의 구조적인 악순환에 직면했다. 통화(리라)의 고평가에 따른 수출 가격경쟁력 약화로 경상수지는 만성적인 적자기조 상태였으며, 고금리 정책과 주식시장 활황 등에 따른 국제 투기자본의 유입과 금융기관의 무분별한 차입으로 단기외채가 급증하는 구조적인 딜레마를 투르키예 경제는 내재하고 있었다. 1994년 1월, 투르키예 정부채권 신용등급이 투자부적격 등급으로 하락하면서 국제금융시장에서 투기자금이 갑자기 이탈함에 따라 외환위기(1994)가 발생했다. 리라의 통화가치는 1993년말 14,472리라에서 1994년 4월말 33,400리라로 57% 하락했다. 튀르키예 정부는 1994년 4월의 비상경제대책 수립 이후 그해 7월에는 IMF와의 대기성차관(7.4억 달러) 체결로 경제위기를 수습했다. 그러나 1999년 8월의 지진으로 경제사회가 악화된 상태에서 2000년 11월부터 자본수지가 악화되면서 유동성위기가 발생했고, 2001년 2월에는 통화가치 급락, 생산 위축 등으로 거시경제상황의 불안정성이 고조되었다. 1990~2000년에는 금융기관의 자산부채포지션 악화와 연계된 공적부문의 차입수요가 GDP 대비 10%에서 20% 이상으로 증가했고, 2001년말 공적채무/GDP 비중도 86% 수준으로 급상승했다. 특히 80%에 달하는 소비자물가상승률, 20%에 근접하는 기준금리로 민간금융기관은 해외에서 저금리의 자금을 조달하면서 고수익의 리라표시 정부채권을 매입하는 구조적인 패턴을 보였다. 그런데, 통화당국의 공개시장 조작을 통해 민간금융기관의 채무차환을 보장하는 도덕적 해이 현상이 나타났고, 민간금융기관의 외화수급의 불일치 현상도 2000~2001년 외환·금융위기의 잠재적인 유발요인이었다. 2000년 외환·금융위기가 발생하기 직전인 1999년에는 GDP(2,003억 달러→1,849억 달러), 1인당 GDP(3,160달러→2,873달러), 경제성장률(2.7%→-4.7%), 총투자/GDP(24.2%→23.4%), 재정수지/GDP(-8.4%→-13.0%), 수출규모(545억 달러→457억 달러), 경상수지/GDP(1.0%→-0.7%), 리라·달러 (연평균)환율(260,724리라→418,783리라), 총외채잔액(972억 달러→1,021억 달러), 단기외채 비중(21.8%→23.0%), DSR(24.0%→35.3%) 등의 거시경제지표가 악화되었다. 2000년 외환·금융위기 발생 직전에는 <표 17> 경제위기진단 거시경제지표의 위기징후 임계수준에서 소비자물가상승률 64.9%, 재정수지/GDP -13.0%, 리라·달러 (연평균)환율 49.3% 상승(418,783→625,219리라), 총외채잔액/GDP 55.2%, 총외채잔액/수출 223%, 단기외채/외환보유액 101%, DSR 35.3% 등으로 거시경제지표가 전반적으로 위험수준에 진입했다. 경제위기의 형태로 관찰하면, 튀르키예에서는 유동성위기, 외환위기, 재정위기와 채무위기가 복합적으로 나타난 경제위기였다. 외환·금융위기가 발생한 2000년에는 총투자/GDP(23.4%→20.8%), 경상수지/GDP(-0.7%→-3.7%), 외환보유액(233억 달러→225억 달러), 리라·달러 (연평균)환율(418,783리라→625,219리라), 총외채잔액(1,021억 달러→1,162억 달러), 단기외채 비중(23.0%→24.9%), DSR(35.3%→36.1%) 등의 거시경제지표가 악화되었다. 2000년 외환·금융위기가 발생한 기간에는 <표 17> 경제위기진단 거시경제지표의 위기징후 임계수준에서 소비자물가상승률 54.9%, 재정수지/GDP -11.4%, 총외채잔액/GDP 43.6%, 총외채잔액/수출 231%, 단기외채/외환보유액 129% 등으로 리라·달러 환율 급등에 따른 인플레이션과 재정 및 외채 문제가 외환위기 상황을 더욱더 심화시킨 것으로 나타났다. 외환·금융위기 직후인 2001년에도 GDP(2,666억 달러→1,960억 달러), 1인당 GDP(4,189달러→3,036달러), 경제성장률(7.2%→-5.6%), 총투자/GDP(20.8%→15.1%), 재정수지/GDP(-11.4%→-16.1%), 수출규모(504억 달러→500억 달러), 자본수지/GDP(3.2%→-7.4%), 외환보유액(225억 달러→189억 달러), 리라·달러 (연평균)환율(625,219리라→1,225,588리라), DSR(36.1%→40.0%) 등으로 경제위기 상태가 더욱더 악화되었다. 2001년 2월에 외환·금융위기가 발생하자, 튀르키예 통화당국은 1999년 12월에 도입한 고정환율제도(복수통화바스켓시스템)를 자유변동환율제도(2월 22일)로 변경했으나, 리라 가치는 2개월 간 75% 폭락하며 환율의 변동성이 커지면서 정치불안과 겹쳐 외환·금융시장은 외부충격에 더욱더 취약한 구조적인 문제점에 노출되었다. 리라·달러 환율은 2001년 4월 10일 1,297,500리라, 그해 6월 25일에 1,306,000리라, 7월 17일에 1,450,100리라, 2003년 3월에는 미국·이라크전쟁 발발로 인해 1,715,488리라로 사상 최고치를 경신했다. 튀르키예 통화당국은 인플레이션을 억제하기 위해 2005년 1월 1일 기존통화(리라)를 100만분의 1의 신규통화(리라)로 대체하는 화폐개혁(리디노미네이션)을 단행했으나, 고금리 등에 따른 투자 위축으로 상당기간 경제상황은 활력을 찾지 못했다. 2006년 5~6월(유동성위기)에는 리라·달러 환율이 1.35리라(2005년 1월)에서 1.76리라로 30% 이상 급등하면서 금융시장의 불안으로 튀르키예 경제의 불안정성은 지속되었다. 2005~2008년의 IMF 차관 지원조건에 따라 튀르키예 정부는 금리인상 요구조건을 수용했고, 그 결과 고인플레이션에 따른 내수 부진으로 경기는 침체되었다. 글로벌 금융위기의 영향으로 튀르키예의 주요 수출시장인 서유럽지역의 경기침체, 서유럽 금융기관의 대출회수 등으로 경제성장은 하강국면에 진입했다. 튀르키예(중동지역의 중남미패턴)는 특히 해외자금의 차입의존도가 높은 편이므로 글로벌 경제위기가 발생할 때마다 외환·금융시장이 불안한 양상을 보이는 대표적인 신흥투자시장이다. 그러나 자본유출과 물가상승을 억제하기 위한 긴축통화정책(고금리) 시행으로 튀르키예 경제는 지속적인 성장이 제약받고 있는 경제 구조적인 딜레마에 빠져 있다. 2010년 이후 튀르키예 경제는 안정을 되찾으며 지속적인 경제성장 추세를 보였다. 이스탄불시장(1994~1998)과 총리(2003~2014)을 역임한 레제프 에르도안(Recep Erdogan) 대통령(2018~2023, 2023~2028)은 튀르키예중앙은행의 중립성을 침해하며 경제정책에 과도하게 개입하고 있다. 특히 2022년 2월의 지진 피해로 경제성장이 악화되면서 리라 가치는 급락하고 인플레이션이 급등하는 스태그플레이션이 발생했다. 리라·달러 환율은 2021년말에 10리라 수준에 불과했으나 2023년에는 30리라 수준을 상회했고, 소비자물가상승률(연평균)은 2022년 72.3%, 2023년 53.9%에 달했다. 2023년 기준으로도 튀르키예는 외환위기와 물가위기 상태에 직면한 상태로 분석된다. 중동지역에서 최장의 경제위기를 경험한 튀르키예의 경제위기 재연의 근본요인은 경제기초여건이 취약한 상태에서 외환·금융시장의 불안전성이 노출된 데 기인한다.

2부

국가리스크 평가

2부 국가리스크 평가

국가리스크(country risk)란 무엇인가?

ChatGPT에서 "국가리스크"를 검색하면, "국가리스크는 특정 국가에 투자하거나 사업을 추진하면서 연계되는 불확실성과 잠재 리스크를 의미한다"고 설명하고 있다. 그리고 국가리스크는 그 국가 특유의 경제적, 정치적, 사회적 및 제도적 여건에 의해 발생한다. 따라서 국가리스크는 그 국가에 대한 투자의 수익과 안전에 직접적으로 영향을 미치기 때문에 국가리스크를 이해하는 것은 사업가, 투자자, 정책담당자 등에게 결정적으로 중요하다. "국가리스크의 구성요소"는 정치리스크, 경제리스크, 금융리스크, 법·제도리스크, 사회리스크, 환경리스크, 안보리스크로 구분된다. 정치리스크는 정부의 안정성(정권교체, 쿠데타, 내란), 해외투자자산의 수용 및 몰수(국유화), 정책의 불확실성, 비일관성 및 변화(무역협정, 조세, 관세, 규제), 대외여건(경제제재, 무역금지조치, 외교갈등)을 반영한다. 경제리스크는 거시경제의 안정성(고물가, 통화가치의 하락, 경기침체), 채무불이행(외채상환 불가능성) 및 채무구조(공적채무부담, 외채수준), 경제성장 추이 및 전망(GDP, 1인당 국민소득), 무역성과(무역수지, 수출입의존도, 무역장벽)를 고려한다. 금융리스크는 금융시장의 접근성(차입 가능성, 조달비용), 금융시스템의 건전성(금융기관의 안정성), 자본통제(해외투자 송금제한)에 관한 것이다. 법·제도리스크는 법적 체계의 공평성 및 효율성(사법부의 독립성), 불투명하고 비우호적인 제도적 체계(기업경영여건의 행정적 장벽), 취약한 법률 실행제도(지식재산권), 부패 및 관료주의(비효율성)를 포괄하고 있다. 사회리스크는 인구구조(노동력규모, 인구증가율, 교육수준, 고실업 또는 소득 불평등), 파업 또는 폭력사태(시위) 및 긴장관계(종교)에 따른 사회 불안정성(대중의 불만족), 노동생산성에 영향을 미치는 보건 및 교육 시스템, 보건위기(전염병 확산)에 관한 것이다. 환경리스크는 자연재해, 기후위기 및 지리적 환경, 사업경영에 악영향을 미칠 수 있는 환경정책(규제)에 대한 것이며, 안보리스크는 테러, 전쟁, 지역갈등, 사업경영과 치안에 영향을 미치는 범죄수준 등이 국가리스크의 구성요소라는 것이다.

그러면, 국가리스크에 대한 평가를 어떻게 해야 하는가?

ChatGPT의 국가리스크 평가(country risk assessment)에 대한 설명에 따르면, "국가리스크의 평가방법"을 정성평가, 정량평가 및 시나리오별 평가방법으로 구분하고 있다. 정성평가방법은 정치, 경제 및 사회 여건에 대한 평가전문가의 분석 및 국제금융기구(OECD, IMF, World Bank)의 평가보고서에 의한 것이다. 정량평가방법은 거시경제지표를 기반으로 신용평가기관(S&P, Moody's, Fitch)의 평가등급, World Bank의 기업경영여건지수(Doing Business Index), 국제투명성기구(TI)의 부패인식지수(Corruption Perceptions Index), 세계경제포럼(WEF)의 글로벌경쟁력지수(Global Competitiveness Index) 등의 평가등급 또는 지수를 활용한다. 시나리오별 평가방법은 최선(best), 최악(worst) 및 실현가능성(most likely)의 시나리오에 의한 사례분석을 통해 평가하는 방식이다. 국가리스크에 대한 이해와 관리 측면에서 국가리스크 완화 대책도 필요하다. 국가리스크 완화 대책으로는 국가 간 투자의 다변화, 환율과 금리 리스크를 관리하기 위한 리스크 헤지

(전략), 현지 정부 또는 기업과의 제휴 및 협력관계 강화, 보험 가입(정치리스크) 등이 제시되었다.

그런데, ChatGPT의 국가리스크에 관한 설명을 충분히 이해할 수 있는가?

국가리스크의 정의와 분류에 관하여, ChatGPT의 설명으로 명확하게 이해하기 힘들다. 부연하면, 국가리스크의 정의가 기본적으로 추상적이고 그 범위가 제한적이므로 광범위하고 구체적인 내용으로 변경하면, 국가리스크에 관한 이해가 보다 쉬울 것이다. 또한, 국가리스크의 분류에 관한 설명이 다소 산만하고 복잡해서 국가리스크의 구성요소에 대한 구분이 모호하다. 예를 들면, 정치리스크와 안보리스크는 중복되는 구성요소가 많으므로 안보리스크를 더 넓은 범위의 정치리스크에 포함할 필요가 있으며, 금융리스크도 경제리스크에 속하는 하위분야로 포함할 수 있다. 따라서 국가리스크의 분류범위도 사회 전반의 정치리스크와 경제리스크로 구분하고, 환경리스크 등에 대해서는 별도로 고려할 수 있다. 한편, 국가리스크의 평가방법에 관하여, 정량평가방법의 지수 활용사례는 국가리스크 평가방법론으로 적절한 지에 대한 논란의 여지가 있다. 또한, 시나리오별 평가방법은 전통적인 국가리스크 평가방법론으로 분류하는 것은 적절하지 않고, 따라서 국가리스크 평가방법론은 정성평가방법과 정량평가방법으로 대부분 설명가능하다. ChatGPT의 국가리스크에 관한 설명으로 국가리스크에 대한 전반적인 이해가 충분하지 않으므로 국가리스크를 보다 쉽고 명확하게 이해하기 위해서는 국제경제(무역·금융)와 국제경영(해외투자)에 따른 리스크관리(risk management)가 필수 불가결하므로 ChatGPT보다 구체적이고 다양한 관점에서 국가리스크에 관하여 설명할 필요가 있다.

4장

국가리스크의 개념

국가리스크를 정의하기 위해서는 "국가"에 대한 정의가 우선적이다. 국가에 대한 정의에 관하여, 인문학이나 사회과학에서 제기된 담론을 모두 열거할 수 없을 정도로 다양하지만, 고대 그리스 철학자들도 "국가"에 대하여 거론했다. 소크라테스(Socrates)(BC 470~399) 제자였던 플라톤(Plato)(BC 427~347)의 『국가』(BC 375)에 따르면, 소크라테스의 언어를 인용하여 "다양한 욕망을 가진 인간들이 힘을 합친 사회집단을 국가다"라고 정의했다. 그러나 소크라테스는 민주체제를 잘못된 국가의 정치체제로 부정함으로써 자유와 민주의 개념을 명확하게 정립하지 못한 것으로 추정된다. 플라톤의 제자였으며 알렉산드로스 3세(Alexander Ⅲ Magnus)(BC 356~323)의 스승이었던 아리스토텔레스(Aristotle)(BC 384~322)는 『정치학』에서 "인간은 국가 공동체를 구성하는 사회적인 동물이며, 국가(polis)는 본질적으로 최고선을 추구하고 모든 공동체를 포괄하는 정치체제다"라고 정의했다. 그러나 프랑스 사회철학자인 장자크 루소(Jean-Jacques Rousseau)(1712~1778)는 『사회계약론』(1762)에서 "사회 구성원간의 합의에 의한 계약으로 국가(조직)가 성립되며, 국가(Etat)는 모든 인간의 결합에 의해 형성되는 정치제제다"라고 정의했다. 요약하면, "국가"란 인간을 구성하는 사회조직이라고 할 수 있다.

1절 국가리스크의 정의와 분류

국가리스크를 정의하기 위한 리스크(risk)에 대한 개념은 사전적 의미로 "불확실한 상황에 노출된 상태", "상해 또는 손실 등 부정적인 일이 발생할 불확실성", "금융투자에 따른 위험" 등으로 정의된다. 그러나 리스크의 직접적인 영어 표현은 "위험"으로 번역되는데, 일반적으로 사용되는 표현인 위험(danger)과는 그 의미상 구별된다. 리스크는 또한, 위기(crisis)와 혼용되어 표현되는 경우가 있는데, 위기는 사전적인 의미로 "위험한 고비 또는 시기"로 정의된다. 부연하면, 위기는 사회의 불안정하고 위험한 상황을 초래하는 정치경제적 사건이라고 할 수 있다.

그렇다면, 리스크와 위기는 공통적으로 위험한 상태를 의미하는데, 본질적으로 어떻게 다른가?

(1) 리스크의 정의

리스크는 어떤 사회에서나 존재하고, 존재하지 않더라도 잠재되어 있는데 비해, 위기는 계속 발생하지 않고 특정 시기에 노출되는 경향을 보인다. 부연하면, 위기는 발생하지 않을 수 있지만, 리스크는 어떤 사회에서도 정도의 차이가 있을지라도 최소한의 리스크는 존재한다. 국가의 경제위기를 예로 들자면, 최상의 신용수준에 있는 국가에서도 국가리스크는 존재하며 경제위기가 발생할 가능성이 잠재되어 있다. 만약 국가리스크를 0~100 범위로 측정할 수 있다면, 국가리스크가 없는 경우는 현실적으로 존재하지 않으며, 국가리스크에 대한 평가는 실질적으로 0(risk-free) 초과, 100(in default) 미만 범위내의 수준으로 산출될 수 있다. 어떤 국가라도 국가리스크가 존재하지만 그 국가리스크에 대해 적절하게 대응하고 관리한다면, 경제위기는 발생하지 않을 수 있다. 따라서 리스크는 만성적이고 구조적인 관점에서 지속적인 관리가 필요하며, 위기는 리스크관리가 작동되지 않을 때 나타나는 특정시점의 사회경제적인 현상이다. 위기에 따른 정치경제적인 파급효과가 부정적이기 때문에 위기에 대한 사전예측과 적절한 대응조치가 필요한 것이다. 부연하면, 국가리스크에서 "국가"와 또 다른 개념인 "리스크"는 본질적으로 미래 결과에 대한 불확실성에 의해 잠재되어 있는데, 적합한 의사결정권자에 의한 반응을 합리화하기 위해 충분히 유의적인, 그리고 전략적인 목적달성 또는 성과지표에 부정적인 영향을 미치는 예기치 않은 사건 또는 행위변화의 가능성'[1]과 연계된다. 전통적인 분석방법에 의한 기업성과에 대한 경험적인 통계자료 분석(longitudinal studies)[2]에서 리스크와 수익은 (+)관계보다는 (-)상충관계가 나타나며, 금융, 전략적인 또는 조직적인 투자 과정과 결정의 관점에서 투자오류를 최소화해야 한다. 예를 들면, 프로젝트투자에서 발생할 수 있는 대표적인 투자오류는 잠재적으로 좋은 프로젝트지만 채택되지 않은 1유형의 오류(Type I error), 나쁜 프로젝트이지만 채택된 2유형의 오류(Type II error) 등으로 구분된다. 1유형의 오류는 의사결정 과정에서 일반적으로 실패하지 않으려는 편견(anti-failure bias, obsessive bias)[3] 현상을 유발하면서 경쟁우위의 관점에서 기회비용(opportunity cost)이 나타나지만, 2유형의 오류는 부작용의 폐해나 부정적인 결과를 초래하는 경향이 있으므로 리스크관리(risk management)

---

1 White, Colin and Miao Fan, *Risk and Foreign Direct Investment* (2006), New York: Palgrave Macmillan, 31.
2 Bowman, Kirsty, "A Risk/Return Paradox for Strategic Management," (1980), *Sloan Management Review* (Spring), 17-31.
3 McGrath, Rita, "Falling Forward: Real Options Reasoning and Entrepreneurial Failure," (1999), *Academy of Management Review* 24(1), 27.

가 필요한 것이다. 불확실한 지식에 관하여, 존 케인즈(1937)[4]는 "확실한 것에 대해 알려진 것(what is known for certain)과 단지 가능성이 있는 것(what is only probable)과는 단순하게 구별되지 않는다. 그러나 가능성(probability)에 관한 측정(계산) 과정은 과학적인 방법에 근거하지 않기 때문에 단지 우리가 모르는 것일 뿐이다"라고 주장했다. 측정이 불가능한 불확실성(uncertainty)의 개념과 다른 "리스크"는 가능성(확률)으로 계산(평가)될 수 있다. 그런데, 리스크에 대하여 정확하게 분별 또는 인식할 수 없는 이유는 측정하기가 너무 복잡하고, 확률의 추론방법에 대한 한계가 존재하며, 리스크는 대내외 여건(환경변화)의 내재적인 본질에 의해 불안정하고 지속적으로 변동하는 요인에 기인하기 때문이다.

리스크 형태와 수준의 관점에서 국제경영(해외투자)에 따른 리스크는 글로벌리스크(global risk), 기업리스크(enterprise risk), 산업리스크(industry risk), 국가리스크(country risk) 등을 포괄하는 리스크의 조합(matrix)이다.[5] 글로벌리스크는 정치·경제·사회 리스크, 기술적인 리스크와 자연적인 리스크를 포함하며, 기업리스크는 경영과 금융 행위에 따른 리스크로 분류된다. 흔히 다보스포럼으로 알려진 세계경제포럼(WEF)에서는 글로벌리스크를 경제리스크(economic risk), 환경리스크(environmental risk), 지정학적리스크(geopolitical risk), 사회리스크(societal risk), 기술리스크(technological risk) 등으로 분류하고 있다.[6] 경영리스크는 노동, 투입(공급)과 생산에 따른 리스크를 의미하며, 금융리스크는 유동성위험과 신용위험을 포괄한다. 산

4 Keynes, John, "The General Theory of Employment" (1937), *Quarterly Journal of Economics* (51), 209-223.
5 Moosa, Imad, *Foreign Direct Investment: Theory, Evidence and Practice* (2002), Houndsmill, Basingstoke: Palgrave, 31-34.
6 World Economic Forum, *Global Risk Report* (2024), Geneva.

업리스크는 예기치 않은 산업여건의 변화로 인해 중요한 성과지표(또는 전략적 목표)에 대하여 잠재적으로 부정적인 영향을 미치는 요인으로 정의된다.[7] 산업리스크에는 품질, 투입·제품시장, 경쟁·기술·규제에 따른 리스크 등이 포함된다. 기업리스크와 국가리스크의 본질에 관하여 분석한 화이트·환(2006)[8]에 따르면, 기업리스크(프로젝트리스크 포함)는 기업에 대한 내부적이고 특수한 행위의 변화와 예기치 않은 사건으로부터 발생한 리스크를 의미하며, 기업의 중요한 성과지표에 대하여 잠재적으로 부정적인 영향(효과)을 미친다는 것이다. 따라서 리스크 관리와 통제가 기업리스크의 핵심적인 요체(be-and-end-all)이고, 기업의 결정적인 경쟁요인이다.[9] 실제로 합리적인 의사결정을 위해 리스크관리가 중요하며, 민감도테스트(sensitivity tests) 등으로 기업경영에 영향을 미치는 다양한 시나리오에 대한 영향분석이 필요하다. 리스크관리에 대한 일반적인 대응전략은 회피(avoidance), 보유(retention), 관리(management), 완화(mitigation) 등으로 나타나는데, 기업경영여건의 불확실성에 대한 자생적인 반응은 회피(avoidance), 통제(control), 협력(corporation), 모방(imitation), 유연성(flexibility) 등으로 나타난다.[10]

해외투자에 따른 리스크관리는 국제금융시장(외환시장)의 불안정성에 대비하기 위한 필요조건이다. 외환시장의 환율변동과 자본유출 등으로 국제금융시장의 불안정성(현상)은 국제경제와 해외투자의 실질적인 위협요인이 되고 있다. 따라서 국제금융시장의 불안정성에 따른 위협요인과 잠재

7 White, Colin and Miao Fan(2006), 139.
8 ibid, 169-186.
9 Rogers, Jamie, *Strategy, Value and Risk: The Real Options Approach* (2002), Houndsmill, Basingstoke, UK: Palgrave Macmillan, 51.
10 Miller, Kent, "A Framework for Integrated Risk Management in International Business," (1992), *Journal of International Business Studies* 23(2), 321.

된 경제위기에 대응하기 위해 리스크관리 체계의 구축이 필요하다. 예를 들면, 통화가치의 동요(등락)와 국제금융시장(독일의 Bankhaus Herstatt 파산 등)의 불안정성에 따른 리스크관리를 위해 선진경제권(the Central Bank Governors of the Group of Ten Countries)은 1974년 스위스(바젤)에서 바젤위원회(The Committee on Banking Regulations and Supervisory Practices: The Basel Committee)를 결성했다.[11] 바젤위원회는 국제결제은행(the Bank for International Settlements: BIS)이 위치한 지명(바젤)에서 유래한 국제금융기구로 금융 안정성을 위해 금융기관에 대한 규정, 감독과 통제 업무를 담당한다. 국제결제은행은 2차 세계대전 이후 독일의 전쟁배상금 지불문제를 관리하기 위해 1930년 헤이그협의회(Hague Conference)에 의해 설립되었다. 바젤위원회는 다국적금융기관(자회사)을 감독하기 위해 투자모국(home country)과 투자대상국(host country) 간 책임분담과 정보공유에 관한 협정(the Concordat)[12]을 1975년에 합의했으며, 1988년 7월에는 자본적합비율(leverage ratio of capital)[13]과 자본측정시스템(the Basel Capital Accord)에 대한 가이드라인(Basel I framework)이 채택되었다. 2004년 6월의 가이드라인 변경(Basel II framework) 이후 글로벌 금융위기(2008~2009)로 인해 바젤위원회는 IMF와 공동으로 규제표준의 최적관행(the Best Practice Regulatory Standards)을 기준으로 금융감독을 위한 핵심원칙(the Core Principles for Effective Banking Supervision)을 제정했다. 바젤위원회는 추가적인 가이드라인 변경(Basel III framework) 합의(2010년 12월)로 선물환거래(계약)을 포함한 외화자산(total risk exposure, including off-balance)에 대한 자본적합비율을 규정하고 있다. 글로벌 금융

11 Krugman, Paul, Maurice Obstfeld, and Marc Melitz(2023), 671-672.
12 Terms by W. Cooke of the Bank of England, then chair of the Basel Committee
13 Cooke Ratio (Peter Cooke, Chairman of the Committee for over a decade)

위기가 발생하면서 미국 의회는 도드·프랭크법(Dodd-Frank Act)을 2010년에 의결했는데, 도드·프랭크법은 금융시스템에서 중요한 비은행금융기관(증권회사, 보험회사)에 대한 정부의 통제권한 강화, 금융기관의 인수허용 등 금융시스템에 관한 개혁내용을 담고 있다. 도드·프랭크법 제정의 근본취지는 경제위기의 체계적인 대비와 해결을 위해 최종대부자[14] 역할을 하는 국제금융기구에 대한 의존도를 완화하고, 대마불사(too big to fail)에 따른 도덕적 해이 문제를 제거하는 데 있다. 우리나라에서도 1997년 외환·금융위기로 인해 금융시스템에 대한 관리감독의 기능과 체계(금융위원회·금융감독원 설립)가 강화되면서 국제금융시장의 불안정성 위협에 대비하고 있다. 그러나 제도와 법규의 채택과 도입은 국제금융시장의 불안정성을 완화하는 필요조건은 될 수 있어도 충분조건은 아니다. 국제경제와 해외투자에 관여하는 경제활동 참여자(기업)뿐만 아니라 거시경제정책을 담당하는 정책당국(정부)도 체계적인 리스크관리를 위한 종합적이고 지속적인 대책이 요구된다. 국제금융시장의 불안정성을 완화하고 대비하기 위한 충분조건은 경제기초여건과 기업경영여건 등에 관한 충분한 이해와 체계적인 리스크관리에 의해 결정된다.

(2) 국가리스크의 분류

그러면, 국가리스크를 어떻게 정의할 수 있는가?

화이트·환(2006)[15]에 따르면, 국가리스크는 정치리스크, 경제리스크, 금융

14 Fischer, Stanley, "On the Need for an International Lender of Last Resort," (1999), *Journal of Economic Perspectives* 13 (Fall), 85-104.

15 White, Colin and Miao Fan(2006), 147-167.

리스크 및 문화리스크를 포괄한다고 정의했다. 부연하면, 정치리스크는 정부 행위(정책)로 인한 투자가치 또는 자금포지션의 변화로 노출된 위험으로 정의된다.[16] 따라서 정치리스크는 국가리스크 특유의 요소이기 때문에 그 자체로서 국가리스크를 구성할 정도로 중요시되고 있다. 정치리스크는 전쟁·혁명, 정부정책, 조세·화폐개혁, 가격통제, 국유화, 무역제한 등에 따른 정치 불안정성과 소요, 폭동, 시위 등에 따른 사회 불안정성으로 구분된다. 경제리스크는 경제정책성과, 시장과 인프라스트럭처에 대한 리스크로서 경제정책성과의 관점에서는 생산·자본 가격과 송금 통제에 대한 리스크를 의미한다. 금융리스크(유동성위험, 신용위험)에서 신용리스크(credit risk)는 금융기관과 자금시장거래에서 정립된 리스크의 대표적인 유형이다. 문화리스크는 부정부패, 관료주의, 파벌주의 등에 따른 거래비용과 협상에 따른 리스크를 의미한다. 따라서 국제경제와 해외투자에 관한 국제경영(활동)에서 투자대상국의 경제여건은 국가리스크에 관한 분석을 그 출발점으로 하고 있다. 1970년대 이후 특정 국가의 해외비즈니스에 지원한 금융기관 등에서 정치리스크(political risk)보다는 국가리스크(country risk)를 중점적으로 관심을 두기 시작했다. 정치리스크 또는 국가리스크에 대한 리스크의 개념(notion of risk)은 성과변동(performance variance) 또는 기대수익에 대한 부정적인 효과(negative outcome)의 가능성에 그 의미를 두고 있다. 던컨 멜드럼(Duncan Meldrum)은 "국제적인 비즈니스거래에서 경제구조, 정책, 사회정치의 제도, 지리, 통화 등 국내와는 다른 추가적인 리스크를 국가리스크로 분류했다.[17] 정치사회자인 버나드-헨리 레비(Bernard-Henri Levi)(1990)는 "국가리스크를 전쟁, 혁명 등의 정치사회의 사건으로 기업이 수출대금

16 Buckley, Adrian, *International Capital Budgeting* (1996), Prentice Hall: Hemel Hempstead, 321.

17 Meldrum, Duncan, "Country Risk and Foreign Direct Investment," (2000), *Business Economics* 35(1), 33-40.

을 회수할 수 없는 위험"으로 정의했고, 데이비드 사피로(David Shapiro)(1999)는 "국가리스크는 투자 또는 융자 가치에 영향을 미치는 국가의 정치경제적인 불확실성 수준"이라고 정의했으며, 토마스 크래옌부엘(Thomas Krayenbuehl)(1985)은 "국가리스크를 특정 국가의 차입자가 해외 대출자 또는 투자자에 대해 채무를 상환할 수 있는 능력 및 태도"라고 정의했다. 요컨대, 국가리스크를 정의하면, "사회를 구성하는 개인이 통제하기 어려운 국가 전반적인 위험수준"이라고 할 수 있다. 부연하면, 어떤 국가의 채무자(차입자), 수입자 또는 제휴회사(corporate partner)가 외국의 채권자(대출자), 수출자 또는 투자자에 대해 계약의무를 충족하지 못할 가능성(능력·태도)이 발생하면, 국가리스크는 존재하는 것이다.[18] 그러므로 국가리스크는 개인이나 기업이 통제하기 어렵기 때문에 국가를 대리하는 정부의 통제여부가 중요하므로 정부가 관여하게 된다. 그런데, 국가리스크는 정부의 외환보유액(또는 자원의 배분할당) 부족으로 외채를 상환할 수 없는 리스크(외환·외채위기)를 포함하며,[19] 투자리스크(investment risk) 또는 금융리스크(financial risk)를 수반한다. 투자리스크는 전쟁(wars), 송금위험(transfer risk), 몰수위험(expropriation) 등에 기인하며, 금융리스크는 채무불이행(debt default), 지불유예(moratorium), 채무재조정(rescheduling) 등의 형태로 나타난다. 투자리스크에서 전쟁은 내란, 폭동, 혁명 등을 포함하는 위험으로서 국가 전반적으로 엄청난 파장으로 일으키며 정치리스크의 최대 위협요인이다. 송금위험은 해외투자에 따른 상환원리금, 배당금 등의 채권자에 대한 송금이 제한되는 위험으로서 국제수지의 불균형으로 인해 외환거래 제한 및 금지, 국유화(nationalization) 등에 의한 송금대금 및 자산의 압류, 전쟁 발생에 따

18 Bouchet, Michel, Ephraim Clark, and Bertrand Groslambert(2003), 50.

19 Olsson, Rolf, *Risk Management in Emerging Markets* (2002), London: Financial Times and Prentice Hall, 24.

른 환거래 중단 등의 형태로 나타난다. 몰수위험은 직접적인 수단(정부 포고령) 및 간접적인 수단(우회형태)으로 구분되는데, 공권력의 개입 또는 압력에 의한 자본 및 경영지배권의 탈취, 광업권과 채벌권의 제한 등의 (우회)형태가 대표적인 사례라고 할 수 있다. 금융리스크에서 채무불이행은 채무국이 채무의 상환기일 이내에 외채상환을 중단하는 사태를 의미한다. 지불유예는 공적채무에 대하여 채무국 정부(공공기관 포함)가 일정기간 지급을 일방적으로 중단하는 조치를 의미한다. 채무재조정은 채무국이 외환부족 등의 사유로 채무국에 대한 채무상환부담 완화(원리금 감면 또는 상환기일 연장) 등의 조치를 의미한다.

그렇다면, 국가리스크를 어떻게 분류할 것인가?

국가리스크의 분류에 대하여, 크리스토퍼 코스(Christopher Korth)(1985)는 투자자 또는 대출자의 자산에 부정적인 영향을 미치는 정치, 정부, 법, 사회문화, 경제, 자연재해 등의 변화가 특정 국가에서 발생할 가능성을 "국가리스크 분류"를 통해 측정할 수 있다고 주장했다. 요컨대, 국가리스크는 어떤 사회조직(국가)의 "정치리스크"와 "경제리스크"로 구분할 수 있다. 따라서 <함수 3>에서 "국가리스크"는 정치리스크(political risk)[20]와 경제리스크(economic risk)를 합산한 값이다. 정치리스크는 전쟁(내란 포함), 정치체제의 변동, 사회불안 및 국가 간의 긴장관계 등에 따른 정치사회의 위험수준이며, 경제리스크는 채무불이행(debt default), 경제기초여건(economic fundamentals) 악화, 경제 구조적 취약성(structural weakness), 경제정책의 변화 등에 따른 경제사회의 위험수준을 의미한다. 정치리스크는 1970년대부터 국제적인 관심을 받기 시작한 국가리스크보다는 학술연구에서 더 일

20 국가리스크의 대용기념으로 정의되었으나, 1970년대 이후 국가리스크에 대한 개념과 인식이 확대되었다(Bouchet, Michel, Ephraim Clark, and Bertrand Groslambert(2003), 10).

찍 인용된 개념이다.[21] 정치리스크 또는 경제리스크와는 별도로, 국가리스크에 포함될 수 있는 불가항력(force majeure)은 자연재해(natural disasters), 기후변화 등에 따른 환경리스크로 구분할 수 있다. 그러나 국가리스크는 정치리스크와 경제리스크 이외에도 정부리스크(sovereign risk)도 고려하고 있다. 정부리스크는 국가를 대리하는 정부가 발행하는 외화표시 장기채권(foreign currency long-term government bond)에 대한 신용수준을 의미한다. 따라서 정부리스크는 국가리스크와 동일한 개념이 아니며, 정부리스크는 국가리스크에 속하는 하위개념이다. 스탠더드앤드푸어스(S&P)에 따르면, 주권(sovereign)은 정부에 의해 통제되고 다른 모든 특권에 대해 종속되거나 의존하지 않으며, 정치재정적인 관리체계뿐만 아니라 화폐발행권을 가진다고 설명하고 있다.[22] 무디스(Moody's)는 주권의 개념이 국가 전반을 의미하는지, 아니면 채권발행자(정부)를 의미하는지 애매모호하기 때문에 1997년부터 정부한도(sovereign ceiling)의 개념을 국가한도(country ceiling)로 변경했다.[23] 부연하면, 정부리스크는 본질적으로 정치리스크로 제한되기 때문에 특정 국가에 대한 모든 리스크를 포함하는 광범위의 개념인 국가리스크에 대한 관심이 증가한 것이다. 피치(Fitch)에 따르면, 정부채권발행자에 대한 주권의 개념은 사실상 관할권의 주된 역할을 하는 재정당국(fiscal authority)이며, 중앙은행(central bank)은 정부(주권)과 유사한 수준이지만 정부의 대리인 역할을 하는 공적정책기관(public-policy institutions)이라

21 Bouchet, Michel, Ephraim Clark, and Bertrand Groslambert(2003), 10.

22 A Sovereign is a state that administers its own government and is not subject to or dependent on another sovereign for all or most prerogatives. In particular, one of the most important prerogatives of a sovereign, in our view, is the right to determine the currency it uses, as well as the political and fiscal frameworks in which it operates.

23 Moody's, *Sovereign Rating History: Special Comment* (2002), New York: Moody's Investors Service, 73505.

고 구분하면서 중앙은행의 부채는 정부채무에 포함되지 않는다는 것이다.[24] 따라서 정부리스크는 정부 또는 주권에 국한되는 리스크이지만 특정 국가에 대해 정부가 보증한 금융지원에 대해서는 그 국가의 국가리스크는 정부리스크에 해당한다고 할 수 있다. 왜냐하면, 국민이 국가를 구성하고 또 국가를 대표하지만, 대외적으로는 국민을 대리하여 국가를 대표하는 기관은 정부이기 때문이다. "누가 최고의 신용수준인가?(who is the best buyer?)"에 관한 문제도 OECD 국가리스크 평가전문가회의에서 논쟁대상이 되었으나, OECD의 국가리스크 평가모델에서는 정부를 그 국가 최고의 신용수준(benchmark)으로 가정하고 있다. 그러나 국가리스크의 관점에서, 최고의 신용수준을 정부라고 단정하기는 현실적으로 비판받을 여지가 많다. 예를 들면, 후진국에서 경영활동을 하고 있는 다국적기업(MNEs) 또는 국제금융기관(투자은행) 등도 후진국 정부에 비해 더 높은 신용수준으로 평가받은 사례가 빈번하기 때문이다.

Country Risk = Political Risk + Economic Risk ....<함수 3>

그런데, 국제경제(국제무역·금융)와 국제경영(해외투자)에서 발생하는 위험을 보전하기 위해 실무적으로는 상거래리스크(commercial risk)와 비상리스크(non-commercial/political risk)를 구분하여 운용되고 있다. 예를 들면, 국제무역거래의 보증·보험에서는 정치리스크를 개별 기업에 귀속한 상거래리스크가 아닌 비상리스크로 분류하여 리스크를 평가하고 위험 발생에 대하여 손실을 보상하고 있다. 상거래리스크는 국제무역에서 발생한 기업리스크로 인식하고, 비상리스크는 기업이 감당하기 어려운 국가리스크 관점에서 분류되고 있는 것이다. 비상리스크는 특정 국가의 정치적인 힘이 사회불

24 Fitch Ratings. "Sovereign Rating Criteria," October 24, 2024.

안과 경영악화 등에 의해 부정적인 변화를 초래할 가능성이 크다.[25] 예를 들면, 비상리스크에는 전쟁, 투자몰수, 송금통제 등이 대표적인 사례인데, 따라서 해외투자에 따른 비상리스크를 보전하기 위해 투자위험 보험 또는 보증이 필요하다. 대표적인 국가리스크 평가기관인 경제력개발기구(OECD)의 분류기준에 따르면[26], 국가리스크를 공적수출신용(official export credit)의 관점에서 수입자(buyer) 또는 차입자(borrower)를 기준으로 정부(sovereign), 공공기관(public entity), 기업(corporate) 및 금융기관(banking sector)으로 위험부담의 주체(risk taker)를 분류하고 있다. 따라서 <함수 4>에서 국가리스크는 정부리스크, 공공기관리스크, 기업리스크와 금융기관리스크를 합산한 값이다. 이중 국가리스크 신용수준에서는 정부를 최고 신용수준으로 설정하고 있는데, 왜냐하면, 국가를 대리하는 대외적인 주체를 정부로 간주하여 정부채권을 발행하는 재무부(Ministry of Finance) 또는 중앙은행(Central Bank)을 국가별 최고등급 수준으로 설정하고 있기 때문이다.[27]

Country Risk = Sovereign Risk + Public Entity Risk + Corporate Risk + Banking Sector Risk ....<함수 4>

OECD(수출신용과)는 수출신용시장(export credit markets)에 적용되는 수출신용의 가이드라인(the Arrangement on Officially Supported Export Credits)을 설정하기 위해 국가리스크를 평가하고 있다. 그러므로 OECD는 각국 정부를 대리(대표)하는 수출신용기관(Export Credit Agency: ECA)이 국가리스크 평가전문가회의를 통해 결정된 국가리스크 평가등급을 발

---

25 Hill, Charles, *International Business* (2023), New York: McGraw Hill, 87.

26 Arrangement on Officially Supported Export Credit, Aticle 24 a)

27 정부리스크(sovereign risk)에 대한 신용수준(credit-worthiness)은 발행·유통 채권(debt instruments)에 대한 기준금리에 가산금리(스프레드)를 추가한 값으로 나타난다.

표함으로써 불공정 수출관행을 억제하고 ECA의 리스크관리에 중요한 역할을 담당하고 있다. 각국 정부의 무역정책(수단)으로 시행되는 수출보조금(export subsidy)을 통해 ECA의 공적수출신용이 공정무역(fair trade)에 위배될 수 있는 우려가 있기 때문에 세계무역기구(WTO)에서는 수출보조금을 원칙적으로 금지하고 있다. 따라서 불공정 무역행위에 대해서는 무역분쟁의 피해당사자국이 WTO 분쟁해결기구(Dispute Settlement Body)에 제소할 수 있다. 그러나 WTO는 보조금상계규정을 통해 OECD에서 규정한 "수출신용협약"(the Export Credit Arrangement)을 예외적으로 허용하고 있다. OECD의 수출신용협약(1978)에서는 국가리스크와 정부리스크를 구분하고 있으며, OECD에서 분류한 국가리스크는 채무자 또는 수입자를 기준으로 정부, 공공기관, 기업 및 금융기관에 대한 리스크를 포괄하고 있다. 반복해서 설명하자면, 국가리스크는 정부리스크(재무부·중앙은행), 공공기관과 기업의 리스크 및 금융기관의 리스크를 합산한 값이며, OECD에서는 정부리스크를 국가리스크 평가등급에서 최고의 신용수준으로 설정하고 있다. OECD 수출신용협약에서는 국가리스크의 주요 구성요소(key elements)를 ▲지불유예(moratorium), ▲송금의 중단 또는 지연(prevention or delay the transfer of funds), ▲환율의 급격한 변동(depreciation), ▲외채지급의 중지(prevention repayment), ▲불가항력(force majeure)에 따른 위험으로 분류하고 있다. 지불유예(general moratorium on repayments)는 채무국이 대출금 만기 이전에 채권국에 상환하지 않고 일방적으로 지급을 지연(선언)하는 조치를 의미하고, 불가항력은 채무국의 상환의지와 관계없이 자연재해(natural disaster) 등의 재난이 발생하여 외채상환이 사실상 불가능한 상태를 의미한다. 부연하면, 지불유예는 선택적인 채무불이행(selective default) 등 외채상환태도(external debt willingness), 송금의 중단 또는 지연에 따른 송금위험(transfer risk)은 정부의 외환·자본 통제 또는 정책변화(political events), 환율의 급격한 변동(자국통화·달러환율 상승)은 외환위기(financial crisis) 또는 환전(현지통화의 외화 교환) 방지로 채무상환기일에 원리금상환이 불가능한 태환·환전 위험(convertibility risk), 외채지급의 중지는 정부의 정책결정(legal provisions), 불가항력은 전쟁(내란 포함) 및 자연재해 등에 기인한 것으로 해석된다. 일반적으로 채무자가 외화표시로 채권을 발행하면 외국(발행지)의 국가리스크에 노출되며, 채무자가 정부(sovereign)라면 국가리스크는 정부리스크와 유사한 수준이 된다. 특히 송금위험은 채무자(채권발행자)가 국제수지(경상수지) 위기 또는 외환통제로 인해 외환시장에 대한 접근이 불가능한 경우에 발생한다. OECD 국가리스크의 구성요소(평가분야)는 외채상환가능성(likelihood to service external debts)을 측정하기 위함이며, 채무불이행에 대한 확률 추정치(통계분포)를 기준으로 통계적으로 유의적인 설명변수(평가요소)를 선정하고 있다. 따라서 OECD 국가리스크의 구성요소를 통해 국가리스크에 관하여 전반적으로 이해하기가 쉽지 않기 때문에 국가리스크 평가분야에 대한 충분한 설명이 필요하다. <표 9>에서 분류한 국가리스크의 구성요소(평가분야)는 OECD의 국가리스크 평가분야의 범위를 확장하여 정치리스크와 경제리스크, 그리고 불가항력에 관한 리스크를 종합적으로 반영하고 있다. 부연하면, 정치리스크는 전쟁(내란 포함), 정치체제의 변동(혁명, 정권교체), 사회불안(치안, 폭동, 소요사태), 국가간 긴장관계(외교분쟁) 등에 관하여, 경제리스크는 채무불이행(자산몰수 포함), 경제기초여건(거시경제지표), 구조적 취약성, 경제정책의 변화(무역분쟁) 등에 관하여, 불가항력은 자연재해(태풍, 지진, 홍수, 화산폭발, 해일, 핵유출 사고) 및 기후변화(전염병 확산) 등에 관한 리스크가 포함된다.

<표 9> 국가리스크의 구성요소(평가분야)

정치리스크	경제리스크
□ 전쟁(내란 포함) □ 정치체제의 변동(혁명, 정권교체) □ 사회불안(치안, 폭동 및 소요사태) □ 국가간의 긴장관계(외교분쟁)	□ 채무불이행(자산몰수 포함) □ 경제기초여건(거시경제지표) □ 구조적 취약성 □ 경제정책의 변화(무역분쟁)
불가항력	□ 자연재해(태풍, 지진, 홍수, 화산폭발, 해일, 핵유출 사고) □ 기후변화(전염병 확산)

2절 국가리스크의 평가목적

그러면, 왜 국가리스크를 평가해야 하는가?

국가리스크를 평가하는 이유는 평가의 목적 또는 필요성에 근거한다. 국가리스크 평가는 최종적으로 채무상환을 책임지는 국가(채무국)의 정부 또는 기업(금융기관 포함)이 차입원리금을 상환할 수 없어 채권국이 채권을 행사할 수 없을 때, 발생하는 손실을 측정하고 경제위기에 대응하기 위함이다. 부연하면, 국가리스크 평가는 채무불이행 가능성(probabilities)을 추정하고 국제무역·금융과 해외투자에 따른 리스크관리를 위한 필요조건이다. 국가리스크의 구성요소에서 최대의 정치리스크는 전쟁이며, 최대의 경제리스크는 채무불이행[28]이다. 1980년대에는 저개발 단계에 있는 국가들의 외채문제로 국가

28 A sovereign default is defined as the failure of a government to meet a principle or interest payments on the due of its external or domestic debt obligations or both (Reinhart, Carmen and Kenneth Rogoff(2009), 11).

리스크가 심화됨에 따라 채권국이 국가리스크를 억제하기 위해 대출, 보증, 보험 등의 금융지원을 회피하려는 경향이 나타났다. 예를 들면, 1980년대 초반 폴란드 등 공산주의체제 국가들의 채무상환불능 사태, 1982년 멕시코와 브라질 정부의 모라토리엄 선언 등으로 경제위기가 빈번하게 나타났다.[29] 특히 신흥투자시장의 외채문제가 국제금융시장에서 이슈가 되면서 국가리스크 평가에 대한 관심이 고조되었다. 미국의 주택담보대출 부실사태(2007~2008)에 의해 촉발된 글로벌 금융위기로 자본주의체제(구조)의 문제점에 대한 의구심과 더불어 국가리스크 평가에 대한 의미가 더욱더 중요해졌다. 2010년대 중반 이후 미·중 무역분쟁 격화, 2020년에 발생한 코로나위기 등으로 경기침체 현상이 빈번하게 나타나면서 국가리스크 평가를 고려하지 않을 수 없게 되었다. 국가리스크 평가가 필요한 존재이유는 리스크관리 측면에서 매우 중요하기 때문이다. 채권국의 금융기관이 해외채권을 회수하고 대외자산의 건전성을 제고하려는 목적에서 국가리스크 관리시스템이 더욱더 중요시되고 있는 추세다. 그런데, 채권국이 채무국에 대하여 채권행사를 할 수 없는 위험을 사전에 예방할 수 있다면, 국가리스크에 따른 손실을 최대한 억제할 수 있다. 예를 들면, 채권국의 기업이 채무국에 대한 수출 또는 해외투자 사업을 실행할 때, 채무국의 정부 또는 기업이 채무(차입원리금)를 상환할 수 있는지에 관한 문제를 고려해야 한다. 요컨대, 국제무역·금융과 해외투자가 경제 성장의 관점에서도 중요한 역할(기여)을 하기 때문에 채무국의 채무상환위험을 진단하고 국가리스크를 평가하는 것은 해외채권에 대한 리스크관리의 관점에서도 그 의미가 있다.

그런데, 국가리스크 평가의 목적 또는 필요성은 국가리스크 평가기관에

---

29 Hoti, Suhejla and Michael McAleer, *Modelling The Riskiness in Country Risk Ratings* (2005), Amsterdam: ELSEVIER, 1-2.

따라 다르다. 일반적으로 국가리스크 평가기관(country risk rating agency)은 경제협력개발기구(OECD), 수출신용기관(ECA), 신용평가기관(S&P, Moody's, Fitch) 등으로 분류되며, 국제금융기구(IMF, World Bank) 및 개별연구문헌 등의 국가리스크에 관한 연구조사도 모두 열거할 수 없을 정도로 많다. 국제금융기구 또는 개별연구문헌의 국가리스크에 관한 연구는 연구기관(또는 연구자)의 연구목적에 적합한 개별적인 연구자료(평가보고서 포함)이므로 국가리스크 평가의 목적 또는 필요성을 일반화하기 어렵다. 수출신용기관(ECA)은 각국 정부가 수출증진을 위해 설립한 정책금융기관으로서 수출거래에 수반되는 대출, 보증과 보험 업무를 지원하면서 발생하는 채무국의 외채상환능력을 평가하고 해외채권(exposure)의 리스크를 관리하기 위해 국가리스크 또는 정부리스크를 평가한다. 정부리스크는 대외경제통제(무역, 외환 및 통화의 통제), 수용 및 몰수, 전쟁 및 폭동, 외채상환 중지 등의 정부조치로 인해 기업 활동에 부정적인 영향을 미치는 위협으로 정의된다.[30] ECA는 독자적인 국가리스크 평가업무를 통해 국가별 여신인수한도(country credit line) 및 여신지원방침을 설정하고 있지만, OECD의 국가리스크 평가전문가회의에 참가하여 OECD의 국가리스크 평가등급을 ECA 자체의 국가리스크 평가등급에도 반영하고 있다. 부연하면, ECA는 자체적인 국가리스크 평가모델을 구축하기보다는 OECD의 국가리스크 평가모델과 평가전문가회의에서 결정한 평가내역을 기본적으로 준용하고 있다. 따라서 경제협력개발기구와 신용평가기관을 중심으로 국가리스크 평가의 목적 또는 필요성을 고려할 필요가 있는 것이다. 그러나 흔히 알려진 신용평가기관(S&P, Moody's, Fitch)은 국가리스크 평가기관이라기보다는 채권(정부채권·회사채권)평가기관이며, 국가리스크의 관점에서는 정부채권평가기관(government bond

30 Korth, Christopher, *International Business: Environment and Management* (1985), New Jersey: Prentice-Hall, 244.

rating agency)이다. 신용평가기관은 기본적으로 투자자의 알 권리를 충족하기 위해 채권발행의 주체(정부, 기업 등)에 대해 신용수준을 평가함으로써 자본시장(capital markets)에서의 차입비용(조달금리)에 직접적으로 영향을 미친다. 국가리스크의 관점에서, 신용평가기관은 국가를 대리하는 정부의 신용수준에 대하여 장기외화표시정부채권(long-term foreign currency denominated government bond) 신용등급을 결정하고 발표하고 있다. 신용평가기관은 국가리스크에 준용하는 국가한도(country ceiling)를 책정하고 있으나 엄밀히 해석하면, 국가리스크 평가등급과는 다른 개념이다. 그러므로 국가리스크 평가기관은 대표적인 국제기구(public sector)인 OECD가 사실상 유일하며, 신용평가기관은 자체적인 평가방법론에 의해 정부채권 신용등급을 결정하고 있으므로 공적평가기관이라고 할 수 없다.

국가리스크 평가의 목적 또는 필요성을 정립하기 위해서는 OECD와 ECA의 국가리스크 평가에 대한 이해가 필요하다. OECD는 국가리스크 평가를 통해 ECA에 대한 공적수출신용의 기준을 규정하고 있다. 따라서 OECD의 국가리스크 평가의 목적 또는 필요성은 ECA의 기능과 역할과 연계된다. 실제로 ECA가 지원하는 연불수출금융(deferred payment export finance) 또는 해외투자금융(overseas direct investment finance)에서 대출금의 상환재원이 기본적으로 해외에 존재하기 때문에, 수출 또는 해외투자의 거래상대국(채무국)에 대한 충분한 정보가 필요한 것이다. 연불수출금융은 OECD의 수출신용협약에 근거한 수출신용의 상환기간이 2년 이상의 중장기 수출프로젝트에 적용하는 금융기법이며, 해외투자금융은 기업의 해외투자에 필요한 사업자금(지분투자 포함)을 대출하는 금융기법이다. ECA의 기능과 역할은 OECD의 수출신용협약을 준용하며, 연불수출금융 또는 해외투자금융의 지원에 따른 해외채권(상환재원)에 대한 리스크관리가 필요하다. 수출신용의 수혜자가 거래상대국의 정부 또는 기업이고, 상환기간이 중장기인 경우가 많기 때문에 금융지원의 심사, 여신한도 관리 등을 위해 국가리스크에 대한 평가가 필수적이다. 더구나 수출신용 거래상대국 중에는 정치리스크가 크고, 외채상환능력이나 대규모 프로젝트 수용능력에 한계가 있는 국가도 있으므로 국가리스크 평가가 공적수출신용의 지원심사(신용대출)에서 기본적인 요건이 되고 있다. 국제무역의 실무차원에서도 국가리스크 평가가 국제무역의 필수적이고 기본적인 고려사항이다. 왜냐하면, 수출대금 결제가 국내가 아닌 해외에 소재한 수입자가 최종적으로 수입대금을 지급하고, 그 수입자가 속해 있는 국가의 종합적인 리스크가 국제무역의 계약체결과 대금결제의 관점에서 매우 중요하기 때문이다. 특히 은행감독기준의 국제적인 공조를 위해 1974년 스위스(바젤)에 설립된 국제결제은행(BIS)의 바젤은행감독위원회에서는 자기자본적합비율(Capital Adequacy Ratio: CAR)을 산정하고 있는데, 바젤가이드라인은 은행의 자산건성의 기준으로 신용리스크(credit risk), 시장리스크(market risk) 및 운영리스크(operation risk)를 규정하고 있다. 바젤가이드라인의 신용리스크 산출을 위해 도입된 위험가중자산(risk weighted assets)에는 OECD, S&P 및 Moody's의 평가등급이 반영되고 있다. 더구나 사업규모가 크고 상환기간이 중장기인 사업에 대하여 상업금융기관(commercial bank)에서 금융지원을 기피하는 경향이 있으므로 ECA가 연불수출금융 및 해외투자금융에 대한 금융지원을 수용하거나, 국가리스크 완화를 위해 다자개발금융기관 등과의 협조융자를 통해 지원하는 사례가 빈번하다. 정치 불안정성이 크고 외채상환능력이 의문시되는 국가에 대한 국가리스크 평가가 금융지원의 요건이며, 수출과 해외투자에 대한 리스크관리, 해외채권의 건전성 제고 등을 위해 국가리스크 평가가 중요한 필요조건이라고 할 수 있다.

5장

국가리스크 평가방법론

국가리스크 평가의 최적방법은 무엇인가?

국가리스크는 평가기관별 다양한 평가요소를 반영하기 때문에 국가리스크에 관한 포괄적인 이론(a compressive theory of country risk)은 없으며, 국가리스크 평가방법론도 다분히 경험적인 분석을 기반으로 한다. 또한, 국가리스크 평가기관별 국가리스크 평가의 목적(또는 필요성)이 다르더라도 국가리스크 평가는 등급 또는 순위 등을 결정하는 평가방법론이 일반적이다. 물론 국가리스크 평가기관은 "국가리스크 평가방법론"(country risk methodology)을 외부에 공개하지 않으며, 내부에서 제한적으로 운용하고 있다. 따라서 국가리스크 평가기관은 국가리스크 평가방법론을 대외비밀로 관리하고 있기 때문에 국가리스크 평가방법론에 대하여 지적 호기심과 평가에 대한 의문점이 존재한다. 그렇다고 하더라도, 공개되지 않는 국가리스크 평가방법론을 인용하는 것은 적절치 않으며, 공개된 내용을 중심으로 국가리스크 평가에 관하여 살펴볼 필요가 있다. 따라서 국가리스크 평가기관이 자체적으로 구축한 평가모델(평가요소의 가중치, 평가등급 결정함수 등)을 세부적으로 인용할 수 없기 때문에 국가리스크 평가 분야와 요소에 대하여 제한적으로 고려할 수밖에 없다. 또한, 국가리스크에 대한 최적의 평가방법론을 구축하는 것은 현실적으로 어려운 과제다. 왜냐하면, <표 9>에서 제시한 국가리스크의 구성요소(평가분야)를 모두 반영하여 적합한 평가모델을 구축하는 것은 사실상 불가능하기 때문이다. 그렇다고 하더라도, 국가리스크 평가의 목적 또는 필요성에 부합하는 평가방법론의 구축을 통해 경제위기 등에 따른 리스크관리에 기여할 수 있다면, 그 자체로도 상당한 의미가 있다고 할 수 있다. 신뢰할 만한 통계자료를 기반으로 국가리스크의 평가요소에 대한 평가방법론의 구축과 개선으로 경제위기를 예측할 수 있다면, 국가리스크 평가방법론의 존재이유가 있는 것이다. 국가리스크 평가방법론(5장)은 미셸 부쉐(Michel Bouchet), 에프램 클라크(Ephraim Clark)와 버트랜드 그로스램버트(Bertrand Groslambert)가 공저한 『국가리스크 평가』(2003)(11장, 271쪽)[1]를 기본적으로 반영했다. 『국가리스크 평가』는 도입(Introduction)(1장), 국가리스크 개념(An Overview of Country Risk)(2장), 국가리스크 평가이론(The Economic and Financial Foundations of Countrt Risk Assessment)(3장), 국가리스크 평가방법론(Country Risk Assessment Methodologies: The Qualitative, Structural Approach to Country Risk)(4장), 국가리스크 평가기관(Assessment Methodologies: Ratings)(5장), 계량평가기법(Econometric and Mathematical Methods)(6장), 리스크모델(Risk Models)(7장), 포트폴리오투자분석(International Portfolio Investment Analysis)(8장), 신흥투자시장의 경제위기(Financial Crises in Emerging Market Countries: A Historical Perspective)(9장), 국가리스크 완화기법(Country Risk and Risk Mitigation Instruments)(10장), 국가리스크 정보(Country Risk Assessment: A Matter of Information and Intelligence Gathering)(11장)에 관한 내용으로 구성되어 있다.

1 Bouchet, Michel, Ephraim Clark, and Bertrand Groslambert, *Country Risk Assessment* (2003), West Sussex: WILEY, 50.

국가리스크 평가를 위한 국가리스크 평가방법은 일반적으로 정성평가기법(qualitative rating system)과 정량평가기법(quantitative rating system)으로 구분된다. 정성평가기법은 형식에 구애받지 않는 자유서술기법과 표준화된 형식에 의한 정형적인 서술기법으로 세분되는데, 서술기법은 국가별 평가보고서(country rating report) 등 평가분야에 대한 평가내역을 기술하는 방식이다. 서술기법은 평가대상국에 대하여 비교적 자세한 평가내역을 기술하는 질적인 분석기법이기 때문에 경제보고서(economic report)와 유사하게 상당한 분량의 평가내용이 포함된다. 다만, 국가리스크 평가전문가의 주관적인 판단에 의해 자의적인 해석이 가능하므로 평가의 객관성이 결여되며, 평가대상국 간 평가요소를 비교하기 어렵다는 단점이 있다. 정량평가기법은 체크리스트기법(check list method)과 통계기법(statistical method)으로 세분되는데, 일반적으로 체크리스트기법이 널리 채택되고 있다. 체크리스트기법은 평가대상국에 대해 평가분야별 평가요소를 세분하고 그 평가요소에 대해서는 평가수준의 구간(rating intervals)을 설정해서 평가점수를 부여하는 방식이다. 체크리스트기법은 지수화 또는 지표화가 가능한 평가요소에 대하여 가중치를 설정하고 평점을 부여한 이후 최종적으로 종합평점이 산출되는 방식이므로 평가요소를 기준으로 국가 간 비교가 정성평가기법에 비해 명확하고 비교적 객관적인 평가방법이나, 평가대상국에 대한 자세한 평가내역을 기술하는 데는 한계가 있다. 통계기법은 계량화가 가능한 경제지표를 통해 분석하는 평가방법이므로 경제지표를 설명변수로 설정하여 최종적으로 종합평점을 산출하는 방식이므로 계량평가모델의 구축을 전제로 한다. 통계기법은 평가의 객관성을 제고할 수 있다는 장점에도 불구하고, 질적인 분석을 배제하고 있는 데다 신뢰할 만한 통계자료의 부족과 평가결과에 대한 정합성 등에 대하여 논란의 여지가 있다. 통계기법으로 가장 많이 활용되고 있는 분석에는 판별요인분석(discriminant analysis), 로짓분석(logit analysis), 패널분석(panel data/regression analysis) 등이다. 판별요인분석은 모집단의 국가군에서 임의로 추출한 표본군의 경제지표를 설정하여 집단 간 특성을 가장 잘 대변해주고 통계적으로 유의적인 경제지표(분류기준)를 추정하는 방식이다. 로짓분석은 종합평점을 택일적(yes or no)이라고 가정하고 확률함수를 통해 통계적으로 유의적인 경제지표를 추정하는 방식이다. 패널분석은 주요 설명변수의 시계열 통계자료를 다중회귀방정식 등을 ,통해 종속변수에 영향을 미치는 설명변수를 추정하는 방식이다.

그러면, 국가리스크 평가수준을 어떻게 측정하여 표시하고 있는가?

국가리스크 표시방법으로는 흔히 등급 또는 순위로 표시되고 있는데, 평가대상국을 순위로 분류하거나 수준별 등급으로 평가하는 것이 일반적이다. 1990년대 중반 이후에는 신용부도스왑(CDS)[2]의 스프레드 등으로 국가리스크 위험수준을 평가하는 사례도 있지만, 국제금융시장에서 스프레드의 변동성이 지나치고 과다 또는 과소 평가되는 경향이 많기 때문에 적합한 국가리스크 측정의 관점에서는 상당한 문제점을 내포하고 있다.

2 1990년대 중반에 JP모건의 Blythe Masters(케임브리지대학교 수학 전공)가 개발한 파생금융상품으로 AIG의 서브프라임모기지의 채권 판매를 위한 주력 보험상품으로 등장하기 시작했다.

1절 국가리스크 평가기관

그러면, 어떤 기관에서 국가리스크를 평가하는가?

국제적으로 국가리스크를 최초로 평가한 기관은 프랑스의 산업은행인 크레디트리요네(Credit Lyonnais)이며, 1871년부터 정부리스크를 평가한 것이 국가리스크 평가의 효시(시발점)로 알려져 있다. 국가리스크 평가기관은 경제협력개발기구(OECD), 수출신용기관(ECA), 정부채권평가기관(S&P, Moody's, Fitch) 등으로 분류된다. 국가리스크 평가는 전통적으로 미국(뉴욕)의 PRS[3](Political Risk Service Group)(1947), 스위스(제네바)의 기업여건리스크정보기관(Business Environment Risk Intelligence: BERI)(1966), 영국(런던)의 유로머니(Euromoney)(1982), 미국(뉴욕)의 기관투자기관(Institutional Investor: II)(1979) 등이 있으나, 경제전문가(패널)에 대한 설문조사 방식을 통해 국가리스크를 평가하고 있기 때문에 평가방법론의 정합성 측면에서 논란의 여지가 있다.

국제적으로 공신력을 인정받고 있는 국가리스크 평가기관은 경제협력개발구(OECD)가 사실상 유일하다. OECD 평가등급은 수출신용시장(export credit markets)의 공적수출신용(대출·보증·보험)의 최저프리미엄요율(Minimum Premium Rates: MPR)을 결정하는 기준이지만, S&P와 Moody's의 신용등급은 자본시장에서 조달금리(funding interest rates)의

3 국제 금융정보 서비스회사인 PRS는 1980년부터 ±140개국에 대하여 ICRG(International Country Risk Guide)를 통해 국가리스크를 평가하고 있다. PRS의 평가분야(27 variables)(가중치)는 정치리스크(50%), 경제리스크(25%) 및 금융리스크(25%)로 구분되며, 각 분야의 평점을 합산한 종합평점(composite risk)을 기준으로 국가리스크의 평가순위(1~140위)를 발표하고 있다. PRS는 종합평점(0~100)을 기준으로 5단계로 구분하여 초고위험국(0~49.9), 고위험국(50~59.9), 중위험국(60~69.9), 저위험국(70~79.9) 및 초저위험국(80~100)으로 분류하고 있다.

기준이 되는 정부채권수익률의 수준을 결정한다. S&P와 Moody's의 장기외화표시정부채권(long-term foreign-denominated government bond) 평가등급은 자본시장(capital markets)의 조달금리(funding costs)에 적용된다. 따라서 S&P와 Moody's의 신용등급은 채권(정부채권, 회사채권) 발행·유통시장의 차입비용 수준을 결정하는 기준이 되지만, 국가리스크 평가수준을 결정하는 기준은 아니다. 국가리스크의 정의와 분류(4장 1절)에서 평가기관은 자체적인 평가방법론에서 국가리스크 평가기관이 아닌 정부채권평가기관이라고 명시하고 있고, OECD 국가리스크 평가방법론에서도 신용평가기관은 정부채권리스크를 평가한다고 규정하고 있다. 그러나 OECD의 국가리스크 분류에서 정부채권평가기관은 최고의 평가수준에 속하는 정부(주권)리스크를 중점적으로 평가하고 있으므로 넓은 범위에서 국가리스크 평가기관에 포함할 수 있다. S&P와 Moody's가 평가하는 정부리스크는 대외경제(무역·외환) 통제, 수용과 몰수, 전쟁과 폭동, 외채상환 중지 등의 정부조치로 국제경영(활동)에 부정적인 영향을 미치는 위협으로 정의된다.[4] Fitch도 국가리스크와 정부리스크(sovereign credit risk)를 구분하고 있는데, 국가리스크는 특정 국가에서 해외영업(국제경영)에 따른 해외투자(cross-border investment) 또는 대출(lending)과 관련된 리스크[5]로 정의하고 있다. Fitch가 규정한 국가리스크는 현지통화를 외환으로 전환하거나 외채상환을 위한 자금이전(송금)에 대하여 그 국가(정부당국)에 의해 통제된 송금태환(Transfer and Convertibility: T&C) 리스크가 일반적이지만, 정부리스크는 정부의 채무불이행 리스크에 중점을 두기 때문에 국가리스크보다

4 Korth, Christopher, *International Business: Environment and Management* (1985), New Jersey: Prentice-Hall, 244.

5 Risks to doing business can include weak property rights, unpredictable tax and legal regimes, and a volatile operating environment.

는 협의의 개념이라고 설명하고 있다.[6] 반면, OECD는 수출신용협약(1978)에서 국가리스크 평가방법론(Country Risk Assessment Methodology)을 규정하여 국가리스크 평가등급을 발표하고 있다. OECD의 수출신용협약은 참가국 간 신사협정("gentlemen's agreement")으로 공적수출신용과 구속성원조(Tied Aid)를 지원할 때 적용하는 금융지원조건을 규정하고 있다. 그런데, OECD의 국가리스크 평가등급은 수출신용기관이 지원하는 금융지원조건(financial terms and conditions)에서 공적수출신용의 최저프리미엄요율(MPR) 수준을 결정하는 기준이 된다. 최저프리미엄요율(MPR)은 국가리스크와 기간리스크(time at risk)에 의해 결정되고, 금융지원조건의 최저이자율(CIRR 또는 LIBOR)과 별도로 최저프리미엄요율이 부가된다. OECD가 분류하고 있는 공적수출신용은 수출신용보증·보험(pure cover)과 공적금융지원(direct credit/financing and refinancing, or interest support)을 포함한다. 그런데, 각국 정부는 국제무역에 따른 이득을 보다 많이 창출하기 위해 다양한 형태의 수출보조금으로 자국 수출산업을 지원하는 정책을 시행하고 있다. 이에 따라 WTO의 무역규정(the Agreement on Subsidies and Countervailing Measures: ASCM)에 위배되거나 불공정 무역관행에 대하여 피해 당사자국이 소송을 제기하는 등 무역분쟁이 끊임없이 발생하고 있다. 그러나 WTO는 OECD가 다자합의를 통해 규정한 수출신용협약을 정부의 수출보조금 지원기준에 위배되지 않는다고 판단하고 예외적으로 인정하고 있다. WTO는 OECD의 수출신용협약 참가국(the Participants on the Arrangement of Officially Supported Export Credits)[7]에 대해서는 공적수출신용(상환기간 2년 이상)에 의한 수출보조금을 허용하며, OECD는

6 Fitch Ratings. "Sovereign Rating Criteria," October 24, 2024.
7 2025년 5월말 기준으로 OECD의 수출신용협약 참가국(the Participants to the Arrangement)(37개국)은 호주, 캐나다, EU(27개국), 일본, 한국, 뉴질랜드, 노르웨이, 스위스, 튀르키예, 영국과 미국이다.

최대상환기간과 최저가격수준(대출이자율, 프리미엄요율)을 설정하여 운용하고 있다.

그런데, 국가리스크 평가기관의 평가방법론은 세부적으로 공개되지 않기 때문에 평가기관별 연혁, 평가분야 및 평가방식에 관한 개괄적인 내용 위주로 요약할 수 있다. 부연하면, 국가리스크 평가기관은 평가등급의 결정과정, 평가요소의 합산방법(가중치 포함), 세부적인 평가내역 등에 관하여 공개하지 않고 대외비밀로 취급하고 있다. 또한, 국가리스크 평가기관별로 평가의 범위, 목적, 필요성 및 활용도 등의 측면에서 평가기관의 특성에 부합하는 국가리스크 평가방법론을 운용하고 있다.

(1) 경제협력개발기구와 수출신용기관

2차 세계대전 이후 유럽지역의 경제재건을 위해 수립된 마샬플랜(Marshall Plan)에 의해 유럽경제협력체(OEEC)가 1948년 프랑스(파리)에 설립되었고, 1961년에는 경제협력개발기구(OECD)로 재편되었다. 선진경제권의 경제수준 등에 관한 다양한 경제지표와 경제동향을 분석하는 OECD는 대표적인 국제기구로서 무역국 수출신용과(TD/EXD)가 주관하는 국가리스크 평가를 1998년부터 시작하여 ±150개국을 대상으로 국가리스크 평가등급을 8단계(0~7등급)로 분류하고 있다. OECD의 국가리스크 평가근거는 1978년에 제정된 수출신용협약(The Arrangement)에 근거하며, 공적수출신용의 지원조건인 최저프리미엄요율을 결정하기 위함이다. 반복하여 설명하자면, 공적수출신용은 수출신용보증·보험(pure cover), 직접대출(direct credit/(re)financing)과 이차보전(interest rate support) 등의 공적금융지원(official financing support)을 의미한다. 1997년에 합의된 "공적수출금융에 관한 프리미엄 적용지침"(Knaepen Package)에서 규정한 최저프리미엄요율은 각국 정부의 수출보조금 지원을 위한 과당경쟁과 덤핑수주를 방지하기 위해 공적수출신용 지원가격조건의 하한선을 규정한 기준이다. 최저프리미엄요율은 WTO에서 예외적으로 허용한 공정무역의 보조금 협정(부속서 포함)에 위배되지 않는 범위 내에서 공적수출신용의 가격기준을 최저수준으로 설정하는 데 필요하며, 수출신용의 프리미엄요율(대출위험수수요율, 보증요율 및 보험요율)에 적용된다. OECD의 국가리스크 평가등급에서 0등급은 국가리스크가 무의미한 수준(risk-free)으로 가정하고 최저 수준의 프리미엄요율이 적용되고, 7등급은 채무불이행(debt default) 상태로 사실상 공적수출금융을 지원할 수 없는 수준이다. 그런데, OECD는 자체 규정(매뉴얼)에 의해 OECD 고소득국(High Income OECD countries) 또는 유로존 국가(Euro Area countries)에 대해서는 국가리스크를 평가하지 않고 0등급(as market benchmark countries)을 부여하고 있다.[8] 고소득국(HIC) 분류기준은 World Bank가 매년 발표하는 1인당 국민소득(per capita GNI)에 따른다. 예를 들면, 그리스·슬로바키아·슬로베니아는 OECD 고소득국이면서 유로존 국가, 체코·폴란드·헝가리는 OECD 고소득국, 몰타·키프로스는 유로존 국가로 각각 분류되어 OECD 국가리스크 평가규정(Country Risk Classification)에 의해 평가대상국으로 분류되지 않으며, 평가대상에서 생략되어 국가리스크 평가등급은 0등급으로 분류된다. OECD는 최저프리미엄요율 산정에서 국가리스크 평가등급을 기본적으로 반영하고 있기 때문에 국가리스크 평가등급의 등락에 따라 최저프리미엄요율도 변동하게 되고 각국 정부의 공적수출신용 지원가격조건도 영향을 받는 것이다.

8 Countries are classified into one of eight Country Risk Categories (0-7). High Income OECD and Euro Area countries are classified in Category 0 (OECD, *Arrangement on Officially Supported Export Credits* (2012), Paris: OECD Export Credit, 14).

<표 10>의 OECD의 국가리스크 평가분야(요소)에 관하여 설명하면, 국가리스크 평가모델(Country Risk Assessment Model: CRAM)은 IMF와 World Bank의 통계자료를 기반으로 채무지불경험(payment experience of the Participants), 외채상황(financial situation)과 거시경제상황(economic situation), World Bank의 거버넌스지표(Worldwide Governance Indicators: WGI)를 반영한 제도상황(institutional situation)에 관하여 평가하고 있다. OECD의 특유한 평가요소인 채무지불경험은 ECA와 국제금융기구(IMF, World Bank)에 대한 연체(arrears), 손실보상(claims), 채무리스케줄링(debt rescheduling) 등의 거래실적[9]을 반영하고 있다. 거시경제상황은 성장잠재력(growth potentials), 경제정책성과(policy performance), 구조적 취약성(vulnerability)에 관한 분야(지표)로 구분된다. 부연하면, 거시경제상황에서 성장잠재력 평가는 저축률(총저축/GDP), 투자율(총투자/GDP), 1인당 (장기)경제성장률, 1인당 국민소득(GNP), 상품수출비중(제조업), 평균수명(년)에 관한 거시경제지표를 반영하고, 거시경제상황의 경제정책성과 평가에서는 소비자물가상승률, 재정수지/GDP, 공적채무이자지급/재정수입, 경상수지/총수출에 관한 변수가 반영되며, 거시경제상황의 구조적 취약성 평가에서는 최대(1~2위 비제조업) 상품의 수출의존도, 연료의 상품수입비중, 공적개발원조(ODA)/수입, 기후변화(Climate Change Vulnerability Score)에 관한 평가가 반영된다. 외채상황에 대한 평가는 총외채잔액/총수출, 총외채잔액/GDP, 외채원리금상환비율(DSR), 단기외채잔액(Short-Term Debt Overhang)/총수출, 외환보유액/수입(개월), 채무불이행 가능성(probability of default)에 관한 변수가 반영된다. 제도상황 평가에 반영되는 World

9 arrears/committment, claims/committment, rescheduling repayment

Bank의 거버넌스지표(WGI)[10]는 언론통제(Voice and Accountability), 정치사회의 안정성(Political Stability and Absence of Violence/Terrorism), 정책효과(Government Effectiveness), 규제의 질적 수준(Regulatory Quality), 법의 규준(Rule of Law)과 부패통제(Control of Corruption)에 관한 평가를 종합하고, 통계방법론(Unobserved Components Model: UCM)을 통해 지수화한 값이며[11], 단기보다는 중장기 관점에서 WGI의 종합평점(the composite WGI scores)(0~100)으로 국가(214개국, 1996~2023)간 비교가 가능하다. 그러나 OECD의 제도상황 평가는 World Bank의 거버넌스지표(WGI)에서 정책효과, 규제의 질적 수준, 법의 규준 및 부패통제에 대한 World Bank의 평점(percentile rank)의 평균값을 적용한다. 또한, OECD의 국가리스크 평가모델은 EU 가입여부(yes=1, no=0), 특별통화체계(Special Monetary Arrangement) 가입여부(yes=1, no=0), 국부펀드(Sovereign Wealth Fund) 운용여부(yes=1, no=0)에 대한 더미변수(dummy variables)를 추가적으로 반영하여 국가리스크 평가모델의 평점(0~7등급)을 산출한다. OECD의 평가모델은 국가리스크 평가전문가회의(Country Risk Experts' Meeting: CREM) 의장국인 벨기에수출신용공사(credendo ECA)에 의해 개발되었고, 국가리스크 평가전문가회의를 통해 평가방법론이 지속적으로 변경(관리)되고 있다. OECD 국가리스크 평가전문가회의가 개최되기 전에 평가모델(정량평가)에 의해 산출된 국가리스크평점(CRAM)을 기준으로 국가리스크 평가모델의 평가등급(0~7 category)이 산출된다. OECD 국가리스크 평가모델의 평가등급(평점)은 0등급(0~9%), 1등급(10~19%),

10 The WGI were developed by Daniel Kaufmann (President Emeritus, Natural Resource Governance Institute, and Brookings Institution) and Aart Kraay (World Bank) in 1999.

11 The six aggregate indicators are reported in two ways: (1) in their standard normal units, ranging from approximately -2.5 to 2.5, and (2) in percentile rank terms from 0 to 100, with higher values corresponding to better outcomes.

2등급(20~34%), 3등급(35~49%), 4등급(50~64%), 5등급(65~79%), 6등급(80~89%), 7등급(90~100%)으로 분류된다. 그러면, 수출신용협약 참가국 ECA(an independent technical sub-body of the Participants to the Arrangement)의 국가리스크전문가그룹(Country Risk Experts' Group: CRE Group)이 CRAM의 평가등급(starting point)을 기준으로 국가리스크의 최종평가등급(the Participants' Country Risk Classification)을 결정한다. 국가리스크 최종평가등급은 평가대상국별로 국가리스크의 적정수준을 논의하며, 만장일치가 원칙이지만 국가리스크전문가그룹의 의장이 회의를 주재하고, 통상 CRE Group의 합의(consensus building approach)를 통해 평가등급이 최종 결정되는 방식을 취한다. OECD의 국가리스크 평가전문가회의(정성평가)는 지역별(동유럽, 아시아 및 중남미의 지역별 구분, 중동아프리카의 지역별 배분) 평가대상국을 구분하여 정기평가(분기, 국가별 연1회 평가)를 원칙으로 OECD사무국(파리) 또는 벨기에수출신용공사(브뤼셀)에서 개최된다. 부연하면, 국가리스크 평가전문가회의에서는 국가리스크 평가모델(CRAM)에서 산출된 평가등급을 기준으로 외채리스크(financial risk), 정부정책(government policy), 정치리스크(political risk) 등 국가리스크에 영향을 미칠 수 있는 평가요소, 즉 국가리스크 평가모델에 반영되지 않은 위험요인(경제리스크)과 정치리스크 등에 대하여 토론하여 평가등급을 합의에 의해 최종결정한다. 국가리스크 평가전문가회의에서는 정치리스크(전쟁, 정권 교체, 치안상태 및 국제관계), 경제리스크(경제위기, 외환·금융시장의 변동, 경제정책의 변화, 정부채권 신용등급의 추이) 등에 관하여 집중적으로 토론한다. 외채리스크 및 정부정책에 대한 평가에서는 계량평가모델에 반영되지 않은 경제리스크를 추가적으로 고려하고, 정치리스크는 전쟁, 폭동 등의 소요사태를 반영하며, 추가적으로 국가리스크에 영향을 미칠 수 있는 특별하거나 중요한 평가요인에 관하여 평가전문가회의에서 논의된다. 요약하면, OECD의 국가리스크는 평가모델(CRAM)을 기준으로 ECA(정부대표단) 평가전문가회의(CREM)에 의해 평가모델의 등급에 대한 조정(토론)으로 최종적으로 결정되는 방식이다.

<표 10> OECD 국가리스크의 평가분야(요소)

평가모델(CRAM)		평가전문가회의(CREM)
□ 거시경제상황	성장잠재력 경제정책성과 구조적 취약성	□ 경제리스크(외채, 정책)
□ 외채상황	채무불이행 가능성	
□ 제도상황	거버넌스지표	
□ 채무지불경험	연체/리스케줄링	□ 정치리스크(소요사태)
더미변수	□ EU 가입(여부) □ 특별통화체계 가입(여부) □ 국부펀드 운용(여부)	

자료: OECD, Arrangement on Officially Supported Export Credit.

OECD의 수출신용협약을 준용하며 OECD의 국가리스크 평가에 참가하는 대표적인 수출신용기관(ECA)은 프랑스정책금융공사(Coface, Bpifrance Assurance Export: Bpifrance)(1946/2013), 미국수출입은행(Export-Import Bank of the United States: US EXIM)(1934), 벨기에수출신용공사(OND, Credendo Export Credit Agency: Credendo ECA)(1921), 독일무역보험회사(Euler Hermes Aktiengesellschaft)(1949), 영국수출금융청(ECGD, UK Export Finance: UKEF)(1919), 일본국제협력은행(Japan Bank for International Corporation: JBIC)(1950/1999), 일본수출투자보험공사(Nippon Export and Investment Insurance: NEXI)(1950/2001), 이탈

리아수출보험공사(Servizi Assicurativi del Commercio Estero: SACE)(1977), 캐나다수출개발공사(Export Development Canada: EDC)(1944), 스페인수출보험공사(Compania Espanola de Seguros de Credito a la Exportacion: CESCE)(1970), 네덜란드수출보험회사(Atradius Dutch State Business: Atradius DSB)(1925/2008), 스웨덴수출보증공사(Export Kredit Namnden: EKN)(1933), 한국수출입은행(Export-Import Bank of Korea: Korea EXIM)(1976) 등이다.

OECD 국가리스크 평가전문가회의에서 주도적인 역할을 담당하고 있는 프랑스수출보험공사(Coface)는 프랑스정책금융공사(Bpifrance)의 자회사이며, OECD(1998)보다 앞서 국가리스크 평가모델을 구축했기 때문에 OECD의 국가리스크 평가방법론에 상당한 영향을 미친 것으로 추정된다. 프랑스정책금융공사는 2013년에 정책금융기관(OSEO, CDC Entreprises, FSI)을 통합한 이후 2017년에는 프랑스수출보험공사(Compagnie Francaise d'assurance pour le Commerce Exterieur: Coface Garantie publique)를 인수하면서 프랑스를 대표하는 ECA(정부지분 50%)로 확대되었으며, 2018년에는 프랑스공적금융기관(CDC International Capital)을 통합함으로써 프랑스국부펀드(the French sovereign fund)의 역할도 담당하고 있다. 그러나 국가리스크(country risk assessment) 평가업무에 대해서는 프랑스정책금융공사 산하(자회사)의 프랑스수출보험공사(Coface)[12]가 전담하고 있다. 프랑스수출보험공사의 국가리스크 평가등급은 프랑스 정부(재정경제부)의 국가별 지원방침 및 인수한도를 설정하는 데 연계된다. 프랑스수

12 프랑스수출보험공사(파리근교 서북부 Bois-Colombes 소재)는 1946년 프랑스 정부(지분 68.98%)에 의해 설립된 이후 1994년 주주(SCOR)의 민영화(2000년 증권거래소 상장), 2004년 Natixis 지분인수(35.26%)(2014년 증권거래소 재상장), 2021년 Arch(Arch Capital Group)의 Natixis 지분인수(29.85%) 등의 지분조정이 이뤄졌다.

출보험공사는 보증·보험 계약기간이 6개월 미만인 단기 수출거래에 대해서는 독자적인 국가리스크 평가모델을 통해 ±160개국의 국가리스크 평가등급을 8단계(A1, A2, A3, A4 및 B, C, D, E)로 분류(분기 기준 발표)하고 있다. 부연하면, 무역신용위험(trade credit risk) 수준에 대해 국가리스크 평가등급을 A1(very low), A2(low), A3(satisfactory), A4(reasonable), B(quite high), C(high), D(very high), E(extreme)로 구분하고 있다. 다만, 보증·보험 계약기간이 3년 이상인 중장기 수출거래에 대해서는 국가리스크 평가등급을 자체적으로 결정하지 않고 OECD의 국가리스크 평가등급을 준용하고 있다. 프랑스수출보험공사와 OECD의 국가리스크 평가방법론은 유사한데, 경제위기(중남미 외채위기 등)에 관한 계량분석(시뮬레이션)을 기반으로 구축한 OECD의 국가리스크 계량평가모델이 오히려 프랑스수출보험공사의 국가리스크 평가방법론을 준용했다고 추론된다.[13] 프랑스수출보험공사의 국가리스크 평가분야는 거시경제상황(macroeconomic situation), 금융·외채상황(financial situation), 정치상황(political situation) 및 채무지불경험(payment experience)으로 구분되며, 국가리스크 평가요소는 정치요소(political factors), 외환부족리스크(risk of currency shortage), 정부리스크(sovereign risk), 통화가치의 급락리스크(risk of a sudden devaluation), 금융부문의 시스템위기(risk of a systemic crisis of banking sector), 경기순환리스크(cyclical risk), 거래경험(payment behavior)으로 세분된다.

OECD 국가리스크 평가전문가회의에서 실질적인 주도권을 장악하고 있는 미국수출입은행(US EXIM)은 국가리스크 평가등급 결정의 막후 실세다. 2025년 기준으로 OECD 전체 예산의 18.3%를 분담하는 미국은 일본(7.9%),

13 실제로 OECD 국가리스크 평가전문가회의 의장은 벨기에수출신용공사(OND) 국가리스크 평가 업무를 총괄하면서 프랑스수출보험공사(Coface)의 자문을 받은 것으로 알려졌다.

독일(7.6%), 영국(5.5%), 프랑스(5.1%)에 비해 OECD의 주요 의사결정에 압도적인 영향력을 행사하고 있다. 그러나 OECD 국가리스크 평가전문가회의에서는 미국수출입은행보다 프랑스수출보험공사의 발언권이 더욱 강력한데, 그 주된 이유는 OECD 국가리스크 평가방법론이 앞에서도 언급한 바와 같이, 프랑스수출보험공사에서 근거한 영향이 크기 때문이다. 프랑스수출보험공사보다 더 많은 예산지출을 하고 있는 일본국제협력은행(JBIC) 등은 OECD 국가리스크 평가전문가회의에서 그 존재감이 의문시될 정도로 발언권이 미약하다. 따라서 OECD 국가리스크 평가전문가회의에서의 발언권은 OECD에 대한 예산분담비율에 비례하지 않고 국가리스크 평가방법론(country risk assessment methodology)과 채무지불경험(payment experience)에 달려있다고 할 수 있다. 부연하면, OECD 국가리스크 평가에 정부대표단으로 참가하는 개별 수출신용기관(ECA)의 평가대상국에 대한 중장기 수출신용의 금융대출과 보증보험인수 규모(exposure), 대출·보증·보험 지원 이후의 연체, 보상 및 리스케줄링 실적, ECA 국가리스크 평가를 담당하고 있는 조직(부서)의 노하우·역량 등에 의해 OECD 국가리스크 평가등급은 영향을 받고 있는 실정이다. 미국수출입은행은 민간금융기관으로부터 금융지원이 불가능한 상태에 있는 미국 수출기업의 글로벌 경쟁에 필요한 금융지원을 위해 설립된 수출신용기관이다. 따라서 미국수출입은행은 미국수출입은행법에 의해 민간금융기관과의 경쟁이 금지되고, 민간금융기관이 수용하지 않는 수출거래에 대해 국가리스크와 수출신용에 대한 보증을 부담하는 위험인수자(risk taker)의 역할을 담당하고 있다. 미국수출입은행은 미국 정부(프랭클린 루스벨트 대통령)가 경제대공황으로 어려운 상태 있는 미국 기업을 지원하기 위해 1934년에 컬럼비아지구 특별법에 의해 워싱턴수출입은행으로 설립되었고, 미국수출입은행법(The Export-Import

Bank Act) 제정(1945)으로 미 의회의 감독과 존치여부(예산승인 포함)가 결정되는 정부부처(정부지분 100%)로 전환되었으며, 1968년에는 현재의 기관명칭으로 변경되었다. 1978년에 제정된 OECD 수출신용협약(Tide Aid 포함)이 미국수출입은행의 기본적인 중장기 금융(원조 포함) 지원조건으로 확립되었다. 1992년 수출확대법(The Export Enhancement Act) 제정으로 미국수출입은행은 환경·사회에 대한 영향평가를 기반으로 수출지원 프로젝트의 (잠재적)환경영향 평가업무를 도입한 이후 2004년에는 OECD의 환경가이드라인("Common Approaches" Environmental Guidelines)을 반영하여 금융지원절차(Environmental and Social Due Diligence Procedures and Guidelines)를 변경했다. 미국수출입은행은 1994년에 PF부서(Project Finance Division)와 항공기금융부서(Aircraft Finance Division)를 신설했고, 1998년에는 항공기금융조직을 운송금융부서(Transportation Division)[14]로 확대 개편했으며, 외환·금융위기에 직면한 우리나라에 대한 미국 수출기업의 단기수출보험(10억 달러)을 지원하기도 했다. 미국수출입은행은 2007년에 발효된 OECD의 항공기양해(Air Sector Understanding: ASU)[15]를 적용한 이후 ASU는 2011년에 개정되었다. 국가리스크 평가와 관련하여, 미국수출입은행은 1990년 연방신용개혁법 제정을 통해 정부부처(재무부, 상무부, 무역대표부 등) 간 협의체인 국가리스크평가체제(Inter-Agency Country Risk Assessment System: ICRAS)를 구축했다. 부연하면, 미국수출입은행은 OECD 평가모델과는 별도로 자체적인 평가모델(ICRAS)을 통해 ±150개국에 대한 국가리스크를 11단계(1~11등급)의 평가등급을 기준으로 미국 정부의 국가별 인수방침을 주도적으로 결정한다. 즉, 미국 정부

14 The Transportation Division is responsibility for financing all types of aircraft, helicopters, locomotives and other rolling stock, and ships.

15 establishing a new set of guidelines for export credits supporting commercial aircraft

의 국가별 인수방침은 국가별로 수출거래의 여신지원 가능여부가 결정되는 거래건별 여신관리 방식을 채택하고 있다. 특히 미국수출입은행은 국가별 여신지원방침(Country Limitation Schedule: CLS)을 통해 국가별 인수여부(“open for cover” or “off-cover” policy, not a guarantee), 지원조건, 기간제한 등의 공적수출신용 지원가능여부(1년 이하, 1~7년, 7년 초과 구분)를 공개하여 거래은행과 수출기업에 대한 수출지원의 가이드 역할을 담당하고 있다. 미국수출입은행의 CLS는 미국 수출기업의 공정경쟁(level the playing field), 채무불이행 위험완화(mitigation the risk of non-payment), 운용자본에 대한 금융지원(working capital financing)을 위한 수출금융솔루션(export finance solutions)이다. 국가리스크 평가방법론과 관련하여, 미국수출입은행은 국가별 요약보고서(Country Summary Report), 국제수지보고서(Balance of Payment Study), 국가별 경제분석모델(Economic Country Model)을 통해 국가리스크를 평가한다. 국가별 경제분석모델은 채무리스케줄링 가능성을 예측하기 위해 로짓분석으로 외채상환능력, 경제건전성 및 자원 분석에 관한 거시경제지표 등의 설명변수를 반영하고 있다. 미국수출입은행 등 수출신용기관(ECA)은 대체적으로 국가리스크 평가내용(평가방법론)을 공개(발표)하지 않고 있으므로 수출신용기관의 국가리스크 평가에 대한 자세한 평가내역을 파악하기 어렵다. 그러나 수출신용기관은 각국 정부를 대표해서 OECD 국가리스크 평가전문가회의에 참가해 OECD 국가리스크 평가등급(Participants's Country Risk Classification)을 결정하고, 또 수출신용기관은 리스크관리를 위해 OECD 평가등급을 수용 또는 적용하고 있기 때문에 개별적인 수출신용기관의 평가등급 또는 평가방법론에 관한 구체적인 내용(대외비밀 관리)을 파악하는 노작에 대하여 특별한 실익은 없다.

(2) 정부채권평가기관

국가리스크의 관점에서 정부채권을 중점적으로 평가하는 대표적인 정부채권평가기관은 스탠더드앤드푸어스(S&P), 무디스(Moody's), 피치(Fitch) 등이다. 정부채권평가기관의 역할은 채무자(채권발행자)의 신용수준에 관한 정보를 확보하고 채무불이행 가능성에 대한 신용등급(상대평가)을 부여하는 것이다. 부연하면, 정부채권평가기관의 경제적인 역할과 존재이유(raison d'être)는 가용한 비용(채무자·투자자 부담원칙) 수준에서 (잠재)투자자에 대한 정보공유다.[16] 일반적으로 정부채권평가기관은 자본조달시장에서 독립적인 정보원으로 보다 투명한 정보를 제공함으로써 채무자(채권발행자)의 요청에 의해 정부채권 신용등급(리스크 수준)을 평가한다. 반복해서 말하자면, OECD는 수출신용시장에서 적용되는 공적수출금융의 지원기준을 결정하기 위해 국가리스크를 평가하지만, 정부채권평가기관의 신용등급은 국제금융시장에서 자본조달 비용에 직접적으로 영향을 미친다고 할 수 있다.

스탠더드앤드푸어스(S&P Global)의 연혁을 살펴보면, 헨리 푸어(Henry Poor)가 『미국의 철도와 운하 역사』(1860)를 편찬하면서 투자자의 알 권리에 기초한 금융정보를 제공하기 위해 미국(뉴욕)에서 설립되었다. 헨리 푸어는 1862년에 퍼시픽철도연맹(the Union of Pacific Railroad)의 집행위원(Commissioner)으로 임명되었고, 푸어스출판사(Poor's Publishing)는 1868년에 "미국 철도산업에 대한 매뉴얼"을 편찬했다. 찰스 다우(Charles Dow)는 1884년 미국 최초로 주가지수를 고안해 1896년에 다우존스 산업평균지수(S&P Dow Jones Indices)를 개발했으며, 루터 블레이크(Luther Blake)는 1906년에 스탠더드통계회사(Standard Statistics Bureau)를 설립

16 Bouchet, Michel, Ephraim Clark, and Bertrand Groslambert(2003), 164.

했다. 푸어스출판사는 1916년부터 채권발행자(기업과 금융기관)의 신용수준(등급)을 평가하기 시작했고, 스탠더드통계회사는 1922년 신용평가 업무를 시작으로 1923년에 주식시장지수를 개발했으며, 1927년부터 정부채권에 대한 신용등급을 공식적으로 평가했다. 1941년에는 스탠더드통계회사와 푸어출판사가 합병하면서 신용평가와 기업정보에 관한 업무가 비약적으로 성장하는 계기가 되었는데, 1957년에는 S&P 500지수도 개발했다. 1966년에는 다국적 정보서비스 회사로서 비즈니스위크 등의 자회사를 운영하고 있는 맥그로힐[17](McGraw-Hill, 1888년 설립)에 의해 인수되었고, 2016년에 McGraw-Hill Financial은 S&P Global[18]로 변경되었으며, 미국 증권거래위원회(Securities and Exchange Commission: SEC)로부터 S&P(as a statistical rating organization)의 신용등급이 공식적으로 인정받았다. S&P의 정부채권 리스크평가방법론(Sovereign Rating Methodology)[19]에 따르면, S&P는 채권발행자의 상대적인 신용수준(relative rankings of creditworthiness)을 비교하기 위해 채권발행자(채무자)의 상업채권자(nonofficial/commercial creditors)에 대한 채무상환 가능성(the relative likelihood of whether an issuer may repay its debts on time and in full)을 평가한다. <그림 5>의 S&P의 정부채권 리스크 평가과정에서 평가담당자(analyst)의 분석 이후 자체 평가위원회(rating committee) 검토 등의 절차를 거쳐 최종 신용등급이 결정된다. 따라서 S&P의 정부채권 평가대상에는 파리

17 James McGraw가 1899년에 설립한 The McGraw Publishing Company와 John Hill이 1902년에 설립한 The Hill Publishing Company는 1909년에 The McGraw-Hill Book Company로 통합(1964년 The McGraw-Hill Publishing Company 합병으로 McGraw-Hill로 재통합)되었으며, 1929년에는 Business Week를 창간했으나 2009년에 Business Week를 Bloomberg에 매각했다.

18 S&P Global은 2020년에 IHS Markit analytics company를 인수한 이후 2023년에는 IHS engineering operations을 매각했다.

19 S&P Global, "Sovereign Rating Methodology," December 18, 2017.

클럽 또는 정부 간 채무, 초국가적 국제기구(IMF, World Bank 등), 공기업 또는 지방정부에 대한 채무를 제외한다. 부연하면, S&P는 외화표시 장기정부채권(dollar-denominated long-term government bond) 신용수준을 평가하기 위해 국가리스크가 아닌 정부의 상업채무(commercial financial obligations) 상환 능력(ability/capacity)과 태도(willingness)를 측정한다. S&P는 ±120개국의 정부채권(장기) 등급(notch)을 22단계(AAA, AA+, AA, AA-, A+, A, A-, BBB+, BBB, BBB- 및 BB+, BB, BB-, B+, B, B-, CCC+, CCC, CCC-, CC, C, SD/D)로 평가하고 있다.[20] S&P의 정부채권 신용등급이 CC인 정부의 채무불이행 발생비율은 1년 이내 40%, 3년 이내 59%에 달한 것으로 추정된다.[21] SD는 채무자(정부)가 특정 채무상환에 대해 선택적인 채무불이행(Selective Default) 상태이며, D는 실질적으로 채무상환을 할 수 없는 일반적인 채무불이행(general default) 상태를 의미한다.[22] S&P는 평가등급의 전망을 긍정적(Positive), 부정적(Negative), 안정적(Stable), 변동적(Developing)으로 구분하고 있다. S&P는 투자적격등급(investment grade)에 대해 2년 이내, 투기등급(speculative grade)에 대해서는 1년 이내에 신용등급 조정을 전제로 경제상황 또는 경제기초여건(fundamentals) 변화에 따라 긍정적은 등급의 상향조정, 부정적은 등급의 하향조정, 안정적은 등급유지, 변동적은 등급의 상향·하향조정 또는 유지를 관찰해서 변경가능하다는 것이다.

20 The mission of S&P Global Ratings is to provide high-quality, objective, independent, and rigorous analytical information to the marketplace. The quality, integrity, and transparency of our ratings are at the heart of what we do.

21 S&P Global, "Sovereign Defaults at 26-Year Low, to Show Little Change in 2007," September 18, 2006.

22 A 'D' rating is assigned when S&P Global Ratings believes that the default will be a general default and that the obligor will fail to pay all or substantially all of its obligations as they come due. An 'SD' rating is assigned when S&P Global Ratings believes that the obligor has selectively defaulted on a specific issue or class of obligations but it will continue to meet its payment obligations on other issues or classes of obligations in a timely manner.

<그림 5> S&P의 정부채권 리스크 평가과정

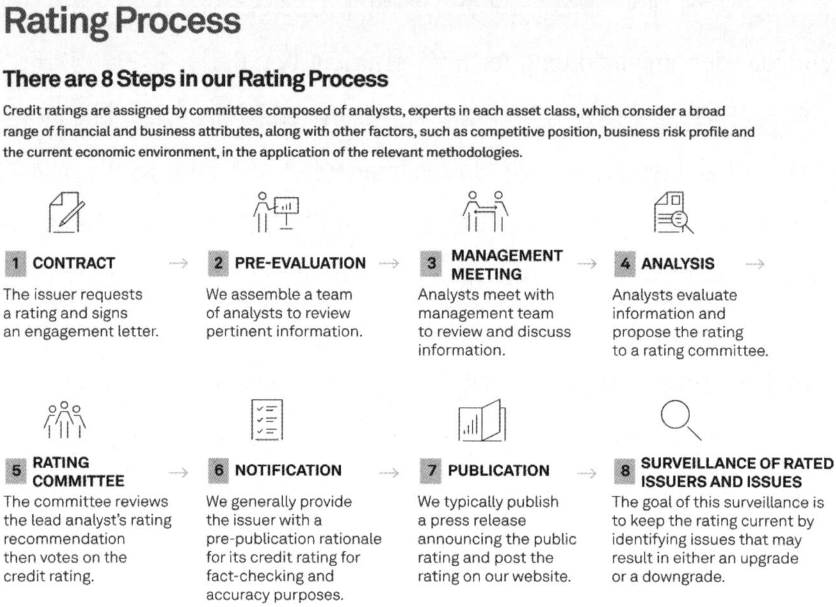

자료: S&P Global, Understanding Credit Ratings.

S&P의 정부채권 리스크평가방법론에 따르면, 정량평가분야는 성장·물가, 재정·채무, 국제수지에 관한 거시경제지표를 반영하고 있다. 반면, 정성평가분야는 정치리스크(지정학적 리스크), 소득수준 및 경제구조(경제 다양성·변동성, 제도(통계·과정)의 투명성·책무성), 경제성장(전망), 재정정책 성과 및 유연성(정책 효율성과 안정성·예측가능성), 채무상환부담(외채구조, 채무지불관행), 우발채무(기업·금융부분 건전성), 통화정책(환율체계) 신뢰도 및 유연성, 대외유동성(국제수지)에 관하여 평가한다.[23] S&P의 정부채권 리스크평가에서는 5대 평가분야(제도·경제·대외·재정·통화)

23 Analysts recommend scores on a six-point numerical scale from '1' (strongest/very low risk) to '6' (weakest/very high risk). Each assessment is based on a series of quantitative factors and qualitative considerations defined by the criteria.

를 제도와 경제 분야(institutional and economic profiles), 대외·재정·통화(정책평가)에 대한 유연성과 성과 분야(flexibility and performance profiles)로 구분하고 있다.[24] S&P는 분야별 평가에서 기본적인 평가(initial assessment)를 기준으로 (잠재)조정요소(potential adjustment factors)를 추가적으로 고려하여 최종적으로 평가(final assessment)하는 방식을 취한다. 제도평가(institutional assessment)는 정치경제적 충격에 대응하고 지속적인 재정관리와 경제성장을 통한 경제기초여건에 영향을 미치는 정부의 제도와 정책을 분석한다. 제도평가의 기본적인 평가(initial assessment)는 (1)정치제도와 정책결정의 효과, 안정성과 예측가능성(effectiveness, stability, and predictability of policymaking, political institutions, and civil society) (2)제도, 통계, 과정의 투명성과 책임, 통계자료의 범위와 신뢰성(transparency and accountability of its institutions, data, and process, and the coverage and reliability if statistical information)에 관하여 반영하고, 조정요소(adjustment factors)는 정부의 채무상환태도(debt payment culture), 안보리스크(external security risks)를 고려하고 있다. 제도평가의 (1)는 정치위기와 경제위기(금융위기 포함)에 대한 정부의 관리경험(의료·연금과 재정확보, 기후변화의 부작용 완화와 에너지 전환 등의 경제개혁), 신중한 정책결정의 유지, 대내외 경제균형과 지속가능한 경제성장, 정책체계와 경제개발의 예측가능성, 정치제도(개헌 등 정치갈등 포함)에 대한 실질적이고 잠재적인 도전, 시민사회의 결속력 등에 근거한다. 제도평가의 (2)는 제도 간 견제와 균형의 존재, 부정부패의 인식수준, 소유권 등에 대한 법적 기

24 Analysts use the model to record their recommended ratings and outlooks, based on their recommended scores, subscores, and adjustments for each of the five key sovereign ratings factors: the institutional assessment; the economic assessment; the external assessment; the fiscal assessment; and the monetary assessment.

준의 준수와 공평한 계약 실행가능성, 통계당국과 언론의 독립성, 통계자료의 수정, 예측과 차이 및 일관성에 관한 경험 등에 근거한다. 제도평가의 조정요소(1~6 scale)에서 정부의 채무상환태도는 양자 간 공공채무(official debt)에 대한 상당하고 지속적인 연체, 기존의 채무(odious debt) 적합성에 대해 의문시되는 대중의 담론, 상업채무(commercial debt)에 대한 채무불이행 이후의 실질적인 정책불변에 관하여 고려하며, 안보리스크는 주변국과의 긴장관계 또는 갈등으로 야기된 전쟁 또는 전쟁의 위협을 포함한 대외 또는 지정학적 리스크와 관계된다. 경제평가(economic assessment)는 평가대상국의 소득수준(income levels), 경제성장 전망(growth prospects), 경제의 다양성과 변동성(economic diversity and volatility)에 중점을 두고 있다. 소득수준은 1인당 국민소득(잠재적인 조세와 자금조달 기반)을 측정하고, 경제성장 전망은 10년 간 1인당 실질GDP 증가율(과거 6년(t-4~t-1), 현재(t) 및 3년(t+1~t+3)의 평균치)을 반영하며, 경제의 다양성과 변동성은 경제활동이 자연재해, 기후악화 및 또 다른 물리적 리스크에 노출되면서 취약하거나, 경기순환 산업(현재와 최소 2~3년 GDP의 20% 이상 차지하는 분야)에 상당히 노출되어 있는 경우에는 1등급(category) 하향한다. 경제평가의 조정요소는 경제성장, 잠재적인 집중도 또는 변동성, 잠재적인 통계자료의 불일치, 차이 또는 비지속성을 근거로 최대 ±2등급(categories) 조정한다. 대외평가(external assessment)는 해외거주자에 대한 채무상환에 필요한 자금(외환)을 해외에서 조달(창출)할 수 있는 능력을 측정하기 위해 통화의 위상(currency status in international transactions), 대외유동성(external liquidity)과 대외포지션(external indebtedness)에 관하여 중점을 두고 있다. 대외평가에서 통화의 위상은 지급준비통화(reserve currency) 또는 국제거래통화(actively traded currency)에 대한 정부의 통제능력을 평가한다. 지급준비통화는 세계 전체의 외환보유액 보유비중에서 3% 이상을 차지하는 통화[25]로서 그 국가의 정책과 제도의 신용수준, 금융시스템의 강점, 대규모의 개방된 자본시장(이자율과 환율에 의해 결정되는 시장), 글로벌 자본시장의 회계단위로서의 통화의 사용에 근거하며, 국제거래통화는 세계 전체의 외환시장에서 거래비중이 1% 이상인 통화[26]에 기반한다. 대외평가에서 대외유동성은 총대외차입수요[27]/(총수출[28]+대외지급준비자산[29]) 비중으로 측정하며, 국제수지의 자금조달구성과 추이에 관한 대외포지션(거주자의 자산부채상황)은 순외채[30]/총수출 비중으로 측정한다. 총차입수요는 현재의 추정치와 2~3년 간 예측치의 평균값이고, 대외지급준비자산은 중앙은행이 통제 가능한 비거주자에 대한 외환의 유동자산(liquid claims)과 금보유액(gold holdings)을 합산한 값이다. 총대외차입수요/(총수출+대외지급준비자산) 비중이 150%를 초과하거나 순외채/총수출 비중이 200%를 초과하면 6등급을 부여한다. 대외평가의 조정요소에서 적극적인 거래통화를 통제하고 경상수지 흑자기조에 있거나, 상당히 유동적인 대외자산(민간기업 기

25 a currency (which it controls) that accounts for more than 3% of the world's total allocated foreign exchange reserves based on the IMF report "Currency Composition of Official Foreign Exchange Reserves"

26 a currency that is bought or sold in more than 1% of global foreign exchange market turnover, based on the Bank for International Settlement (BIS) report "Triennial Central Bank Survey"

27 Gross external financing needs: CAP plus short-term external debt at the end of the prior year, including nonresident deposits at the end of the prior year plus long-term external debt maturing within the year

28 Current account receipts (CAR): Proceeds from exports of goods and services plus factor income earned by residents from nonresidents plus official and private transfers to residents from nonresidents, in which factor income = compensation of employees + investment income earned by residents from nonresidents

29 Usable reserves: Official reserves minus items not readily available for foreign exchange operations and repayment of external debt

30 Narrow net external debt: Stock of foreign- and local-currency public- and private-sector borrowings from nonresidents minus official reserves minus public-sector liquid claims on nonresidents minus financial sector loans to, deposits with, or investments in nonresident entities

준)을 보유하고 자본수지가 흑자기조에 있다면 1등급을 상향조정한다. 그러나 적극적인 거래통화를 통제하고 경상수지가 적자(CAR의 10%(20%) 이상), 순외채/CAR 비중이 100% 초과, 교역조건의 10% 이상 악화(대외부채/CAP 50% 이하 조건), 자본조달시장 접근 제한, 채무리스케줄링 발생, 외채통계의 비일관성 또는 순소득포지션 악화 등의 경우에는 기본적으로 1~2등급을 하향조정한다. 재정평가(fiscal assessment)는 재정성과와 유연성(fiscal performance and flexibility) 및 채무부담(debt burden)에 관하여 중점을 두고, 재정유연성(fiscal flexibility), 재정수지 추이(장기)와 취약성(long-term fiscal trends and vulnerabilities), 채무구조와 자본시장 접근가능성(debt structure and funding access), 잠재리스크(potential risks associated with contingent liabilities)에 대해 측정한다. 재정평가의 재정성과에서는 재정수지/GDP 비중의 변화(현재 추정치와 2~3년 간 예측치의 평균치)를 기준으로 재정수지/GDP 비중이 -6%를 초과하면 6등급을 부여하며, 재정유연성은 경기침체 등의 충격(효과)에 대한 완화와 재정수지의 균형(회복) 능력을 측정하고, 정부의 재정수입과 지출의 유연성, 취약성과 장기추세에 대한 질적 평가다. 재정평가의 정책성과와 유연성에서는 재정성과에 대한 경기순환의 효과를 완화하기 위해 상당한 유동금융자산(GDP의 25% 초과)을 보유하고 있거나, 재정수입 증대(세율 인상 또는 조세 범위 확대 및 자산매각) 증대 또는 재정지출 축소(공공부문 임금과 의료·연금 지출 축소, 경상·자본지출 관리) 능력과 태도를 고려하여 1등급을 상향조정할 수 있지만, 재정수입 기반의 잠재적 변동성[31], 조세수입 증가의 한계(지하경제,

31 A government's revenue base is potentially volatile, stemming, for example, from a high reliance on real estate turnover taxes or royalties on the extractive industries (generally above 25% of revenues). Potential volatility of the government's revenue base due to physical or climate transition risks (for example, loss of revenue from the tourism sector), if material, may also be a consideration in this assessment.

낮은 세수비율 또는 낙후된 조세체계), 인적, 물리적 또는 사회적 인프라스트럭처에 대한 기본서비스(UNDP human development index 반영) 부족, 고령화에 대한 미해결압박을 고려하여 1등급 하향조정될 수 있다. 재정평가의 채무부담에서는 채무/GDP, 정부채무이자지급/재정수입, 채무구조와 자금시장의 접근가능성, 우발채무의 가능성과 규모를 기준으로 정부의 채무수준(전망)과 채무상환비용을 측정하여 조정(상향 1등급, 하향 최대 3등급)한다. 정부의 채무부담 수준에 대한 기본적인 평가에서 순정부채무[32]/GDP 비중이 100%를 초과하거나 정부채무이자지급/재정수입 비중이 15%를 초과하면 6등급으로 평가한다. 재정평가의 조정요소는 ▲순정부채무/GDP 비중이 10%를 초과하고 환율변동과 리파이낸스(refinance) 리스크에 노출된 외화자산(unhedged exposure)[33]을 보유하거나, ▲정부 상업채무의 60% 이상을 비거주자가 지속적으로 보유하거나, ▲채무리스케줄링의 과다한 원금상환계획에 따른 채무상황의 취약성 상태에 있거나, ▲정부(기관)에 대한 거주자의 금융자산(banking sector's balance sheet) 비중이 20% 초과하는 경우(최소한 2개 이상 해당)에는 기본적인 평가에서 1등급을 하향조정한다. 그러나 양허적인 공적원조(concessional official financing)가 2~3년 이내 정부의 총차입수요(gross borrowing requirements)를 보전할 것으로 예상되면 기본평가에서 1등급을 상향조정한다. 우발채무(contingent liabilities)는 잠재적인 정부채무로서 채무발생이 현실화되면 정부의 재정수지에도 영향을 미치며, 일반적으로 금융기관, 비금융공기업과 보증·예산외의 우발채무로 구분된다. 통화평가(monetary assessment)는 대내균형을 지속하고 주요 경제(금융) 충격을 완화하면서 통화당국(중앙은행)의 통화정책 수행능

32 순정부채무는 일반적으로 정부채무에서 유동금융자산을 제외하지만, 대외지급준비자산(중앙은행), 국영기업에 대한 대출과 투자, 유동성에 문제가 있는 자산은 제외하지 않는다.

33 on average, more than 40% of gross government debt is denominated in foreign currency (after swaps) or the average debt maturity is typically less than three years

력에 중점을 두고, 환율체계(지속가능한 경제성장에 필요한 경제정책의 조정능력)와 통화정책의 신뢰성(인플레이션 관리)에 관하여 측정된다. 환율체계는 통화정책의 독립성(운영과 관리·법)에 대한 정부의 능력에 영향을 미치며, 통화정책의 신뢰성은 실물경제에서 시장주도의 통화메커니즘의 영향 또는 경기순환에서 인플레이션 추이 등으로 측정된다. 통화평가의 조정요소는 기본적인 평가에서 국내 자본시장의 지속적인 혼란 또는 금융시스템의 악화 등으로 통화의 이전메커니즘(transmission mechanism)이 상당히 취약하거나, 외환에서 거주자 예금 또는 대출 비중(dollarization)이 50%를 초과하거나, 광범위한 외환통제가 시행되는 경우에는 1등급(최대 2등급) 하향조정된다. 요컨대, S&P의 평가방법론은 정부채권 리스크에 관하여 중점적으로 평가하지만, 정부의 정책과 제도의 효과, 경제 구조와 성장전망, 외채상황, 재정·통화정책의 유연성 등을 평가하므로 거시경제의 전반적인 상황에 대한 국가리스크 평가기관과 사실상 큰 차이가 없다.[34] 그러나 S&P는 정부채권 리스크와 별도로 국가리스크(overall country risk assessment)를 1등급(very low risk), 2등급(low risk), 3등급(intermediate risk), 4등급(moderately high risk), 5등급(high risk), 6등급(very high risk)으로 평가하고 있다. S&P의 국가리스크 평가방법론(Country Risk Assessment Methodology)[35]에 따르면, 국가리스크(country-specific risk)는 정부를 제외한 기업(corporate)과 금융기관(financial institutions)의 신용수준(non-sovereign entity's credit quality)과 경영(doing business)에 영향을 미치는 특정 거래상대국의 경제, 제도, 금융시스템과 법적 리스크를 포괄한

34 S&P sovereign ratings reflect our analysis of institutional and governance effectiveness, economic structure and growth prospects, external finances, and fiscal and monetary flexibility.

35 S&P Global, "Country Risk Assessment Methodology and Assumptions," November 19, 2013.

다. 부연하면, 경제리스크(economic risk)는 정부채권 리스크의 경제평가(sovereign economic assessment)를 기반으로 거시경제의 불안정에 따른 기업의 채무불이행비율(상승)과 정부의 부도위기(sovereign crises)를 관찰한다. 경제리스크 평가요소는 소비지출(구매력), 가계부도의 빈도(consumer loan default frequency)와 기업매출에 영향을 미치는 상대소득수준의 변화(relative income levels and changes in income levels), 경기순환(business cycles)의 상대적 기간과 강도에 영향을 미치는 경제적 다양성과 변동성, 기업의 투자결정과 가계지출의 변동에 영향을 미치는 경제성장 전망에 관한 내용을 반영하고 있다. 제도리스크(institutional risk)는 거래상대국 정부의 정책결정, 정치제도와 시민사회의 효과, 안정성과 예측가능성, 지정학적 리스크 및 안보리스크(security risks) 등 정치리스크(political event risk)에 따른 기업(금융기관 포함)의 경영여건 변화에 중점을 두고 있다. 제도리스크의 평가요소에서는 정부의 정책결정과 정치제도의 효과, 안정성과 예측가능성(the primary factor)을 기반으로 통계정보의 범위와 신뢰성, 제도, 자료와 절차의 투명성과 책임부담(the secondary factor), 정부채무상환 문화와 안보리스크 등의 잠재적인 조정요소(potential adjustment factors)를 반영한다. 금융시스템 리스크(financial system risk)는 경기순환과 금융위기(은행위기)의 기업의 채무불이행(corporate defaults)의 관계를 반영하는데, 은행시스템과 자본시장, 신용접근(access to credit)의 상대적 변동성을 측정한다. 법적 리스크(payment culture/rule of law risk)는 거래상대국의 자산몰수(expropriation: without promptly compensating the owner), 국유화(nationalization: compensating the owner) 등 극단적인 조치를 포함한 사건, 법의 규준(법적 체계의 예측가능성), 소유권(채권자의 권리), 계약(권리) 실행가능성, 부정부패의 상대적 수준 등에 관한 리스크를 포괄한다.

무디스(Moody's Ratings)는 S&P보다 먼저 1841년에 미국(뉴욕)에서 설립되었으며, 1900년 통계학자인 존 무디(John Moody)가 존 무디회사(John Moody & Company)를 설립해 산업증권에 관한 정보(Mannual of Industrial and Miscellaneous Securities)를 제공하기 시작했고, 1909년에는 무디스분석출판사(Moody's Analyses Publishing Company)를 설립해 철도투자분석(Analysis of Railroad Investment)으로 철도채권 평가에 집중했다. Moody's는 1914년부터 미국 지방자치단체의 발행채권에 대한 신용등급을 평가하면서 무디스투자자서비스(Moody's Investors Service)로 출범했으며, 정부리스크(정부채권) 평가는 1909년부터 시작했다. Moody's는 1919년 미국 지방정부(주) 채권에 대한 평가를 본격화하였고, 1924년에는 미국 기업과 금융기관의 발행채권에 대한 신용평가(채무불이행 가능성)를 확대하면서 S&P와 경쟁관계를 형성했다.[36] 1962년에는 수입자 신용조사기관인 D&B(Dun & Bradstreet)에 의해 인수되었고, 2024년에는 무디스투자자서비스가 무디스평가사(Moody's Ratings)로 변경되었다. Moody's는 ±140개국의 정부채권(장기) 신용등급을 21단계(Aaa, Aa1, Aa2, Aa3, A1, A2, A3, Baa1, Baa2, Baa3 및 Ba1, Ba2, Ba3, B1, B2, B3, Caa1, Caa2, Caa3, Ca, D)로 평가하고 있다. Moody's는 장기정부채권 신용수준을 평가하기 위해 정부의 채무불이행 가능성(default probability)과 금융손실(financial loss)을 중점적으로 평가한다.[37] Moody's의 정부평가방법론(Overview of the Sovereign Methodology)[38]에 따르면, 정량평가분야는 경제 구조 및 성과(성장동력, 경제규모, 국민소득), 재정관

36 The Big Three credit ratings agencies were identified by the SEC as Nationally Recognized Statistical Ratings Organizations.

37 Moody's는 S&P와 다르게, 별도의 가입(registration) 또는 구독(subscription) 조건으로 정부채권 평가방법론 등을 검색할 수 있기 때문에 홈페이지에서 구체적인 정보파악이 어렵다.

38 https://ratings.moodys.io/sovereign-methodology/methodology

리능력(재정 유동성, 채무구조), 대외지급능력(환율, 경상수지), 대외 취약성, 유동성 및 리스크 민감성(금융부문 건전성, 외부충격 대응능력)에 관하여 평가하고 있다. 반면, 정성평가분야는 사회 상호작용의 구조(정책 신뢰도·효과성), 사회적 행위(제도 체계·효과성), 정치동력(정치구조, 정부의 부패정도와 효율성), 경제적 기반(자원현황), 외채구조에 관하여 평가한다. Moody's의 정부채권 리스크에 대한 4대 평가분야(weighted factors)는 (1)경제적 강점(economic strengths), (2)제도와 거버넌스(institutions and governance), (3)재정적 강점(fiscal strengths), (4)리스크 민감성(susceptibility to event risk)으로 구분하고 있다. 부연하면, 경제적 강점 평가는 구조적 변화(장기)의 충격에 대한 정부의 회복력, 그리고 지속적인 경제성장(전망)을 전제조건으로 채무상환(중기)에 필요한 충분한 재정수입 확보능력에 대한 중요한 지표이며, 경제적 약점에서는 정부의 채무불이행에 대하여 중점적으로 평가한다. 정부의 채무상환능력은 경제적 강점에 의해 보완되는데, 경제적 강점은 특정 분야의 충격에 덜 취약한 경제의 다변화(정도), 견고한 잠재성장률, 높은 소득수준 등으로부터 유발되며, 따라서 경제적 강점은 성장동력(growth dynamics), 경제규모(scale of economy)와 국민소득(national income)으로 세분된다. Moody's는 경제적 강점에 대한 평가요소를 점수화(factor score)하여 평점을 조정하는데, 경제적 강점 또는 약점에 관한 상대평점을 정확하게 반영하지 않는 대신에, 핵심평가지표(the core scorecard metrics)[39]를 산출한다. 제도와 거버넌스 평가는 정부의 채무상환태도를 평가하는 지표로서 경제성장, 사회경제의 안정과 재정 지속성을 지원하는 경제정책(재정·통화)을 수립하고 시행하는 정부의 능력과 태도, 그리고 국제적인 거버넌스지표를 반영하여 정부의 공공

39 a reference tool explaining the factors that are generally the most important in assigning ratings

행위와 정책에 대한 질적 평가(quality and track record)를 기반으로 한다. 제도와 거버넌스는 세부적으로 정부, 입법과 집행기관의 질적 수준, 시민사회의 강점, 거시경제정책의 효과성에 관하여 평점을 산출하고, 정부의 채무불이행(또는 심각한 연체 발생)에 대해서는 평점을 하향조정한다. 재정적 강점 평가는 정부 채무의 지속가능성에 관한 지표로서 정부의 부채증가와 채무누적은 금융충격에 취약성에 노출되면서 채무불이행 리스크를 증가시키기 때문에 중요하다. 따라서 재정적 강점은 정부의 채무상환능력을 평가할 수 있는 채무부담(debt burden)과 채무감당수준(debt affordability)으로 세분되고, 정부의 채무추이, 외화표시 정부채무(규모), 비금융공기업의 채무(규모), 금융자산(규모) 등에 관한 변수도 고려하고 있다. 극도의 돌발사건(sudden extreme events)은 경제, 제도 또는 재정 지속성에 심각한 영향을 미칠 수 있으므로 리스크 민감성 평가에서 고려되고 있다. 리스크 민감성은 정치리스크(political risk), 정부유동성리스크(government liquidity risk), 금융부문리스크(banking sector risk)와 대외취약성리스크(external vulnerability risk)로 세분하고 있다. 리스크 민감성에서 정치리스크는 국내 또는 지정학적 불확실성과 불안정성은 경제, 제도와 재정 안전성뿐만 아니라 정책결정의 안정성과 예측가능성 위협(또는 도전) 요인이 되기 때문에 중요한 질적 평가요소다. 정부유동성리스크에서는 자본조달의 용이성과 리파이낸스 수요를 통해 정부의 채무상환능력을 평가한다. 은행위기는 정부의 비용증가, 경제활동과 재정수입에 잠재적인 장애요인이 되기 때문에 은행위기에 대한 시스템리스크뿐만 아니라 정부의 경제적 강점과 약점(은행시스템, 대차대조표의 우발채무)에 대한 영향(파급효과)을 평가한다. 대외취약성리스크는 외화표시 외채상환과 자본조달 접근성에 대한 정부의 능력을 평가하기 위해 정부의 경상수지포지션과 금융구조, 외채의 지속부담수준, 외환보유액(규모), 경상외환에 대한 접근능력 등을 고려한다. Moody's는 4대 평가분야에서 산출된 개별적인 평점부여범위(scorecard individual outcome expressed as a range)를 기준으로 추가적인 요소를 고려하여 평가위원회(rating committee)의 심의를 거쳐 최종 신용등급(actual rating)을 부여한다.

피치(Fitch IBCA)는 1913년 존 피치(John Fitch)(1880-1943), 헨리 클랜시(Henry Clancy)와 파비언 레비(Fabian Levy)가 미국(뉴욕)에서 피치출판사(Fitch Publishing Company)를 설립하면서 채권과 증권 등에 관한 금융통계정보(the Fitch Bond Book)를 제공하기 시작했다. Fitch는 증권(채권) 분석에 대한 수요증가로 1924년부터 기업과 금융기관의 발행채권에 대한 신용등급을 평가하기 시작했고, S&P와 거의 동일한 ±120개국의 정부채권에 대한 (장기)평가등급(24단계, AAA, AA+, AA, AA-, A+, A, A-, BBB+, BBB, BBB- 및 BB+, BB, BB-, B+, B, B-, CCC+, CCC, CCC-, CC, C, DDD, DD, D)의 체계를 구축했다. <표 11>의 정부채권 신용등급의 분류체계는 대표적인 정부채권 평가기관(S&P, Moody's, Fitch)의 최종 신용등급의 의미를 비교한 것이다. Fitch는 1975년 미국 증권관리위원회(SEC)에 의해 국가공인평가회사(NRSRO)로 지정되면서 S&P·Moody's와 더불어 세계 3대 신용평가기관으로 인정받고 있다. 그러나 1992년 프랑스의 피말락(Fimalac)이 영국(런던)의 IBCA[40]를 인수한 이후 1997년에는 IBCA가 피치투자서비스(Fitch Investors Service)를 인수하고 Fitch IBCA로 합병되었으며, 피말락이 Fitch IBCA의 지주회사로 재편되었다. Fitch IBCA는 2000년 더프앤드펠프스

40 International Bank Credit Analysis Ltd, more commonly known as IBCA, was founded in London, 1978, to provide research, and ultimately credit ratings, to banks. IBCA gained limited NRSRO status in 1991 for banks and financial institutions.

(Duff & Phelps Credit Rating)[41]와 톰슨뱅그워치(Thomson BankWatch)[42], 2014년 BMI Research[43]를 각각 인수하면서 산업(금융기관) 리스크정보에 관한 분석을 강화했다.

Fitch의 정부채권 평가목적은 채무상환의무를 충족하기 위해 필요한 외환을 확보(통제)하는 정부의 능력과 태도를 평가하기 위함이다. Fitch는 정량평가기법(계량분석)보다는 정성평가기법(평가전문가의 경험론적인 판단)에 의존하며, Fitch의 평가분야는 인구의 구조적 요인, 노동시장, 생산 및 무역 구조, 기업의 역동성, 국민소득계정(투자, 저축 구조), 국제수지, 경제성장 제약요인, 재정 및 통화 정책, 무역 및 투자 정책, 금융시장, 해외자산(외환보유액), 외채구조, 정치상환 및 국제관계 등을 고려하고 있다. Fitch의 정부채권 평가방법론(Sovereign Rating Criteria)[44]에 따르면, 정부의 신용수준(sovereign creditworthiness)을 평가하기 위해 정부평가모델(Sovereign Rating Model: SRM)의 4대 분야(analytical pillars)별 평점을 합산한 산출등급(AAA~CCC+)을 기준으로 분야별 최대 ±2단계 범위(potential notching range)의 질적 평가에 대한 조정 후 최대 ±3단계(overall rating adjustment) 이내에서 종합 신용등급을 결정하는 정성평가기법(Qualitative Overlay: QO)을 병행하고 있다. 정부평가모델(가중치)은

41 Duff & Phelps was founded in Chicago, 1932 by William Duff and George Phelps, with a focus on providing investment research, particularly for public utilities. The company continued expanding over the years; it achieved Nationally Recognized Statistical Rating Organization (NRSRO) status in 1982, and eventually spun off the Duff & Phelps Credit Rating Co. in 1994.

42 Thomson BankWatch was founded in 1974 by the Thomson Corporation in Canada, with a focus on rating banks and other financial institutions. Thomson BankWatch achieved NRSRO status in 1992, and grew to become the world's largest bank rating business.

43 In 2018, BMI Research was reimagined as part of the Solutions business we know today - Fitch Solutions Country Risk & Industry Research.

44 Fitch Ratings. "Sovereign Rating Criteria," October 24, 2024.

(1)경제의 구조적 특징(Structural Features)(53.7%), (2)거시경제의 성과, 정책 및 전망(Macroeconomic Performance, Policies and Prospects)(9.9%), (3)재정상황(Public Finance)(18.8%), (4)외채상황(External Finance)(17.6%)의 4대 분야(18 variables)로 구분하여 평가한다. 경제의 구조적 특징(가중치)에서는 거버넌스지표(the World Bank Worldwide Governance Indicators)[45](22.0%), 1인당 GDP(11.8%), 세계 전체에서 차지하는 GDP 비중(14.3%), 채무불이행 또는 리스케줄링 기간(4.5%), 통화공급/GDP(1.1%)에 대한 SRM 평가등급을 기준으로 정치 안정성과 능력(지정학적 리스크), 금융리스크(은행시스템) 등의 구조적인 요인을 고려하여 조정한다. 거시경제 성과, 정책과 전망(가중치)에서는 경제성장률(1.8%), 경제성장률의 변동성(4.5%), 인플레이션(3.6%)에 대한 SRM 평가등급을 기준으로 거시경제정책 신뢰성과 유연성(환율제도, 국내자산의 외환수요, 외환예금 비중), 경제성장 전망(중기), 거시경제 안정성(실업률, 산업동향)에 관하여 조정한다. 재정상황(가중치)에서는 정부채무/GDP(9.0%), 정부채무이자지급/재정수입(4.6%), 재정수지/GDP(2.1%), 정부채무의 외환비중(3.0%)에 대한 SRM 평가등급을 기준으로 정부차입의 유연성(자본시장 조달능력, 유동금융자산, 공적채권단과의 관계), 공적채무의 지속상환가능성(우발채무), 재정구조를 고려하여 조정한다. 외채상황(가중치)에서는 보유외환의 유연성(7.2%), (정부)순외화자산/GDP(7.5%), 산업(상품과 서비스)의 수출의존도(1.1%), 외환보유액/수입(개월)(1.3%), 외채원리금상환비율(DSR)(0.2%), (경상수지+순FDI 유입)/GDP(0.3%) 비중에 대한 SRM 평가등급을 기준으로 해외차입의 유연성(자본시장 접근성, 외자도입 가능성, 외국정부의 지원, 외화자산/외화부채,

45 The composite governance indicator is the simple average of a sovereign's percentile ranks for the six World Bank Worldwide Governance Indicators: "Rule of Law"; "Control of Corruption"; "Government Effectiveness", "Voice and Accountability", "Regulatory Quality" and "Political Stability and Absence of Violence."

국부펀드), 외채상환의 지속가능성(외채상환능력), 외부충격에 대한 취약성(자산부채구조)을 고려하여 조정한다.

<표 11> 정부채권 신용등급의 분류체계

		S&P/Fitch	Moody's
AAA/Aaa		extremely strong payment capacity	lowest credit risk
AA/Aa	AA+/Aa1	very strong payment capacity	very low credit risk
	AA/Aa2		
	AA−/Aa3		
A	A+/A1	strong payment capacity	low credit risk
	A/A2		
	A−/A3		
BBB/Baa	BBB+/Baa1	adequate payment capacity	moderate credit risk
	BBB/Baa2		
	BBB−/Baa3		
BB/Baa	BB+/Ba1	less vulnerable to nonpayment	substantial credit risk
	BB/Ba2		
	BB−/Ba3		
B	B+/B1	more vulnerable to nonpayment	high credit risk
	B/B2		
	B−/B3		
CCC/Caa	CCC+/Caa1	currently vulnerable to nonpayment	very high credit risk
	CCC/Caa2		
	CCC−/Caa3		
CC/C/Ca		highly vulnerable to nonpayment	highly speculative
SD/D		in payment default	typically in default

2절 국가리스크 평가요소

국가리스크 평가를 위해 어떤 평가요소가 반영되어야 하는가?

각국의 정치상황이나 경제여건이 동일하지 않기 때문에 국가 개별적인 국가리스크 요인을 반영해야 하지만 현실적으로 모든 평가요소를 반영할 수 없다. 특히 정치사회적인 리스크 등 질적인 요인에 대해서는 리스크를 측정하는 평가방법론도 구축하기 쉽지 않고 평가요소의 국가 간 비교가 곤란하다는 점은 실질적인 제약이라고 할 수 있다. 또한, 경제리스크에 대한 평가요소에서 계량화 또는 지수 등으로 평가할 수 없는 질적인 요인도 정치사회적 리스크에 평가가 내재하고 있는 유사한 제약조건을 수반된다. 그러나 국가리스크 평가를 위해 경제 구조적인 관점에서 경제기초여건에 관한 거시경제 변수를 고려해야 하며, 따라서 경제기초여건에 영향을 미치는 유의적인 평가요소가 중점적으로 반영되어야 한다.

(1) 정치리스크와 경제리스크

국가리스크의 평가요소는 <표 9>의 국가리스크의 구성요소를 기준으로 살펴볼 필요가 있다. 그런데, 국가리스크의 평가요소를 인터넷(ChatGPT 포함) 검색을 통해 무한정 반영할 수 없으므로 국가리스크 평가기관, 국제금융기구 및 개별연구문헌에서 분석한 중점 평가요소를 기준으로 선정하는 것이 적합하다. 따라서 5장 1절의 국가리스크 및 정부채권 평가기관(OECD, Coface, US EXIM, S&P, Moody's, Fitch), 국제금융기구(IMF, World Bank) 및 개별연구문헌에서 분석한 국가리스크 평가요소를 발췌하여 평가분야별로 분류하면, <표 12>와 <표 13>으로 요약된다. <표 9>에서도 분류한 것처럼, 국가리스크의 평가분야는 국가리스크 평가기관별로 다르게 분류되고 있으므로 동일한 평가요소도 다른 평가분야의 하위분류에 속하거나 평가분야의 범위도 평가기관별로 다르게 구분되고 있다. 따라서 <표 12>의 국가리스크 평가기관의 주요 정치리스크 평가요소와 <표 13>의 국가리스크 평가기관의 주요 경제리스크 평가요소에서는 평가요소의 구분기준에 대한 논란을 억제하기 위해 국가리스크의 평가분야별 분류보다는 개별적이고 구체적인 평가요소를 기준으로 분류했다.

<표 12> 국가리스크 및 정부채권 평가기관의 주요 정치리스크 평가요소

평가요소	평가기관
정치구조, 정부의 형태, 정치기구의 적합성	S&P, Moody's
정권유지의 정통성(정권 지지율, 계승형태)	S&P, Moody's, Fitch
정권 안정성, 정책 지속성·일관성·독립성	Coface, Moody's
대중의 정치참여도, 군부·종교계의 정치개입	S&P
폭동, 소요사태	OECD, Coface
종교·인종 갈등, 사회적 구성요소·형태	Coface, Moody's
부정부패(법·질서 준수)	Coface, Moody's
인구구조(인구증가율, 고령화비율, 평균수명)	OECD, Moody's, Fitch
교육·보건·관료수준	Fitch
거버넌스지표(WGI)	OECD, Moody's, Fitch
전쟁, 안보위협	OECD, S&P, Fitch
지정학적 위험, 주변국과의 관계	S&P, Moody's, Fitch

그런데, 국가리스크 및 정부채권 평가기관의 정치리스크 평가는 국가리스크 평가방법론의 관점에서 경제리스크 평가에 비해 그 적정성을 논하기 어렵다. 왜냐하면, 정치리스크는 평가대상국의 과다변인(excessive variables)과 과소사례(rare cases)로 인해 평가결과를 일반화하기 어렵고, 정치리스크 평가요소에 대한 정량평가(quantitative assessment)도 평가수준의 측

정 및 평가대상국의 평가비교 등에서 실질적인 한계(또는 제약)가 우려되기 때문에 정치리스크에 대한 평가는 일반적으로 정량평가보다는 정성평가(qualitative assessment)에 집중하고 있다. 반면, 경제리스크 평가요소에 관하여, 대표적인 국가리스크 평가기관인 OECD의 경제리스크 평가요소는 1인당 GNP, 1인당 경제성장률(장기), 저축률, 투자율, 소비자물가상승률, 재정수지/GDP, 외환보유액/(월평균)수입, 경상수지/수출, 총외채잔액/GDP, 총외채잔액/수출, (단기외채-외환보유액)/수출, 공적채무이자지급/재정수입, 외채원리금상환비율(DSR), (ECA+IMF+World Bank) 연체실적(리스케줄링 포함), 연료 수입의존도, 수출/수입산업 비중, 제조업 수출비중, 공적개발원조(ODA) 비중, 기대수명 등을 반영하고 있다. 반면, 정부채권 평가기관인 S&P의 경제리스크 평가요소는 1인당 GDP, (1인당)경제성장률, 투자율, 저축률, 소비자물가지수, 거주자예금/GDP, 거주자외환예금 비중, 실업률, 재정수지/GDP, 수출의존도, 교역조건, 실질실효환율, 수출증가율, 경상수지/GDP, 경상수지/CAR(Current Account Receipts), 순FDI유입/GDP, 순포트폴리오유입/GDP, 총대외차입수요/(CAR+외환보유액), 순외채/CAR, 단기외채/CAR, 정부채무/GDP, 정부채무이자지급/재정수입 등이다. 또 다른 정부채권 신용평가기관인 Moody's의 경제리스크 평가요소는 GDP, 1인당 GDP(PPP기준), (장기)경제성장률, 인플레이션 수준, 물가변동성, 국내은행자산/GDP, 예대비율(금융시스템), 여신평가(BCA), (경상수지+FDI유입)/GDP, 순국제투자포지션/GDP, 외부충격지수(EVI), 총차입수요/GDP, 정부채무/GDP, 정부채무/재정수입, 정부채무이자지급/GDP, 정부채무이자지급/재정수입, 정부채무의 비거주자 비중, 국제시장평가, 글로벌경쟁력지수(WEF), 글로벌 정부효율성지수, 글로벌 법률기준지수, 글로벌 부패통제변수, 글로벌 언론·회계투명성지수 등에 관한 것이다.

<표 13> 국가리스크 및 정부채권 평가기관의 주요 경제리스크 평가요소

평가요소	평가기관
경제규모(GDP)	S&P, Moody's, Fitch
1인당 국민소득(GDP 또는 GNP)	OECD, US EXIM, S&P, Moody's, Fitch
(1인당)경제성장률	OECD, US EXIM, S&P, Moody's, Fitch
총저축/GDP, 총투자/GDP(투자증가율)	OECD, US EXIM, S&P, Moody's, Fitch
민간자본투자/GDP(민간자본수익률)	Fitch
소비자물가상승률	OECD, US EXIM, S&P, Moody's, Fitch
실업률(단위노동비용지수)	S&P, Moody's, Fitch
재정수지(재정수입)/GDP(재정지출)	OECD, US EXIM, S&P, Moody's, Fitch
통화(M2)/외환보유액(통화증가율)	S&P, Moody's, Fitch
여신/GDP(여신증가율)	S&P, Moody's
(실질)이자율(단기·장기)	Coface, Moody's, Fitch
(실질실효)환율(통화가치)	Coface, S&P, Moody's, Fitch
교역조건	S&P, Fitch
총수출/GDP(수출증가율), 총수입/GDP	OECD, US EXIM, S&P, Moody's
경상수지(외화자산)/GDP(또는 총수출)	OECD, US EXIM, S&P, Moody's, Fitch
외환보유액/월평균수입(개월)	OECD, US EXIM, S&P, Fitch
총차입요구액/(총수출+외환보유액)	S&P, Moody's
(순)FDI 유입(또는 자본수지)/GDP	Coface, S&P, Moody's
총외채잔액/GDP(또는 총수출)	OECD, US EXIM, S&P, Moody's, Fitch
단기외채/총외채잔액(또는 총수출)	OECD, Coface, S&P, Moody's
공적채무/GDP(총수출), 정부채무/GDP	OECD, S&P, Moody's, Fitch
공적채무이자지급/GDP(또는 재정수입)	OECD, S&P, Moody's, Fitch
총외채잔액(단기외채)/외환보유액	OECD, S&P, Moody's
외채원리금상환비율(DSR)	OECD, Moody's, Fitch
연체(손실보상)·리스케줄링 실적(기간)	OECD, Fitch
잠재성장률(성장패턴), 자원현황	US EXIM, S&P, Fitch
인프라·경제발전 단계(체제전환지수)	OECD, US EXIM, S&P
경제정책 관리능력, 경제시스템	US EXIM, S&P, Fitch
공공부문 효율성, 노동시장 유연성	S&P
소득 불평등	S&P
수출의 상품의존도(제조품 수출비중)	OECD, US EXIM, S&P, Fitch
무역의존도, 수입의 원조자금 의존도	OECD, S&P, Moody's, Fitch
공적원조(ODA) 유입비중	OECD
우발채무(공공·금융부문 건전성)	S&P
외채상환태도	OECD, US EXIM, S&P, Moody's

(2) 경제위기변수

국가리스크에 관한 국제금융기구의 평가요소를 살펴보면, IMF의 경제 구조적 취약성에 관한 거시경제변수(Potential Variables Representing Macrofinancial Vulnerabilities)에는 채무상환부담 및 외채(만기) 불일치 등의 지표가 중점적으로 반영되어 있다.[46] IMF의 글로벌 리스크평가매트릭스(Global Risk Assessment Matrix)에서는 대외취약성지표(External Vulnerability Indicators), 공적채무의 지속관리가능성지표(Public Debt Sustainability Indicators), 성장위축취약성지표(Growth Decline Vulnerability Index) 및 금융취약성지표(Financial Vulnerability Index)를 중점적으로 고려하고 있다. IMF의 대외취약성지표에는 교역조건, 경상수지/GDP, 총외채잔액/외환보유액, 총외채잔액/총수출, DSR, 외환보유액/총수출, 외환보유액/M2, 외환보유액/단기외채 및 실질실효환율이 반영되며, 공적채무의 지속관리가능성지표는 공적채무/GDP, 재정수지/GDP, 실효금리, 채무구조(만기·외환) 및 총차입수요에 관한 지표를 기본적으로 고려하고 있다. 성장위축취약성지수는 외부충격(해외수요·교역조건·FDI·원조·송금·기후변화) 등에 의한 (1인당)경제성장률 변동성을 반영하며, 금융취약성지수는 자기자본적합률, 자산수익률, 예대비율(대출/예금), (3년 누적)여신증가율/GDP, 외화부채(대출·예금)/국내여신에 관한 지표를 반영하고 있다.[47] IMF(2004)[48]는 국가리스크 평가의 유의적인 변수로 공적채무/재

46 IMF, "Growth at Risk: Concept and Application in IMF Country Surveilance," (2019), *IMF Working Paper* WP/19/36, 8-32.

47 IMF, "Assessing Country Risk-Selected Approaches-Reference Note," (2017), *IMF Technical Notes and Manuals*, TNM/17/08, 1-24.

48 IMF, "Debt-Related Vulnerabilities and Financial Crises - An Application of the Balance Sheet Approaches to Emerging Markets," http://www.imf.org/en/pubiications/policy-paper/issues/2004/07/01.

정수입(management risk), 공적채무상환액/총외채잔액(rollover risk), 총외채잔액/총수출(external debt capaciry risk), (단기채무+외화예금)/외환보유액(currency risk) 등을 선정했다. 1960~2017년, 신흥투자시장(52개국)을 대상으로 분석한 세계은행의 벡터자기회귀모델(Structural Vector Auto-Regression Model)에서는 재정지출(증가율), 무역수지/GDP(증가율), 자본수지(FDI 유입)/GDP, 실질금리, 실질실효환율(증가율), 교역조건, 기준금리(미연준)를 유의적인 변수로 선정했다.[49] 세계은행은 또한, 1970~2007년의 경제위기에서 채무불이행 결정요인으로 총외채잔액/GDP, DSR, 1인당 (실질)국민소득 및 소비자물가지수가 유의적이며, 신흥투자시장의 정부채권(스프레드) 결정요인으로는 경제성장률, 1인당 국민소득, 소비자물가상승률, 국가신용등급(지수), 미국 재무부증권(10년 만기 스프레드)을 유의적인 변수로 고려하고 있다.[50]

지속적으로 연구자료(리포트)를 쏟아내고 있는 국제금융기구와는 별도로 국가리스크 평가요소에 관한 개별연구문헌을 살펴보면, 제프리 삭스, 아론 토르넬과 안드레스 벨라스코(1996)[51]는 신흥투자시장(20개국)에서 경상수지 적자누적, 과도한 자본유입 및 확대재정정책보다는 통화 고평가(실질실효환율 기준), 대출 붐(여신/GDP), 외환보유액(외환보유액/M2)의 부족으로 경제기초여건위험(fundamental risk)이 취약한 국가에서 외환위기(financial crises)가 발생했다고 분석했다. 배리 아이켄그린과 아쇼카 모디

49 World Bank, "From Known Unknown to Black Swans," http://openknowledge.worldbank.org/handle/10986/30478.

50 World Bank, "Sovereign Debt and the Financial Crisis: Will This Time be Different?" http://openknowledge.worldbank.org/handle/10986/2534.

51 Sachs, Jeffrey, Aaron Tornell, and Andres Velasco, "Financial Crises in Emerging Markets: The Lessons from 1995," (1996), *NBER Working Paper* 5576, 1-28.

(1998)[52]는 1991~1996년 신흥투자시장(37개국 1,489건의 정부채권 분석)에서 채무재조정(debt restructuring) 협약체결(여부), 총외채잔액/GNP, DSR 등이 정부채권수익률(차입비용)에 유의적인 변수라고 분석했다. 특히 배리 아이켄그린은 통화가치 하락을 예상하는 투기행위로 인해 외환위기(외환보유액 급감)가 발생하면서 경제위기의 전염효과가 나타난다고 주장했다. 모리스 골드스타인, 그라시엘라 카민스키와 카르멘 라인하르트(2000)는 실질환율(월간)의 상승이 통화위기의 선행변수이고, 주가 하락과 수출 감소, 통화승수(M2/외환보유액), 실질금리 상승 및 경기침체(경제성장률 하락)는 은행위기의 선행변수라고 분석했다. 특히 경상수지 적자/GDP(또는 투자), 자본유입/GDP 비중은 금융위기 예측을 위한 최적지표로 선정했다.[53] 루디거 돈부시(2001)[54]는 1980~2000년 신흥투자시장의 경제위기 사례에서 재정수지 적자 악화, 실질실효환율 고평가(2~3년 간 25% 이상), 경상수지 적자(GDP의 4% 초과), 부실여신 증가(금융기관 기준), (단기)공적채무 증가, 민간채무 누적(채무/지분), 단기외채/외환보유액 등 대차대조표의 자금상환 불일치에 따른 경제 구조적 취약성에 대해 집중적으로 분석했다. 마틴 펠드스타인(2003)[55]은 신흥투자시장에서 통화정책(고정환율제도), 경상수지 적자, 누적외채, 자본수지, 금융 감독, 외환보유액, 외환정책(환율안정화), 금리 수준, 시장 개방도, 대출 규제 및 최종대부자의 역할에 관한 평가요소가 외환·금융위기(financial crisis)에 영향을 미칠 수 있다고 역설했다. 특히 마틴 펠드스타

52 Eichengreen, Barry and Ashoka Mody, "What Explains Changing Spreads on Emerging-Market Debt: Fundamentals of Market Sentiment?" (1998), *NBER Working Paper* 6408, 14-21.

53 Bouchet, Michel, Ephraim Clark, and Bertrand Groslambert(2003), 126-127.

54 Dornbush, Rudiger, "A Primer on Emerging Market Crises," (2001), *NBER Working Paper* 8326, 1-12.

55 Feldstein, Martin, *Economic and Financial Crises in Emerging Market Economies* (2003), London: The University of Chicago Press, 94-95.

인은 발생 가능한 리스크에 대비하기 위해 변동환율제도 채택에 따른 통화 고평가(실질실효환율) 통제, (월평균)수입의 3개월분 이상의 외환보유액 확보, 외환보유액 범위 내의 단기외채 관리(단기외채/외환보유액), 건전한 금융시스템 구축, 외화표시 민간채무 축소 등의 예방조치가 필요하다고 주장했다. 누리엘 루비니와 파올로 마나스(2005)[56]는 1970~2002년 신흥투자시장(47개국) 채무위기 사례분석에서 경제성장률(-5.5% 미만), 소비자물가상승률(10.5% 초과), 정부채권수익률(US Treasury Bill, 9.7% 초과), 환율 변동성(27.8% 초과), 실질실효환율 고평가(48% 초과), 해외차입수요/외환보유액(140% 초과), 총외채잔액/GDP(49.7% 초과), 단기외채/외환보유액(130% 초과), 공적외채/재정수입(215% 초과) 등의 변수가 정부채무위기(Sovereign debt crisis) 임계수준을 예측하는 유의적인 변수하고 분석했다. 대외거래 취약성 분석에서 총외채잔액/GDP는 외채추이를 통한 외채상환능력, 공적채무/재정수입은 공적채무의 관리가능성, 공적외채상환액/총외채잔액은 공적부문의 차환리스크(rollover risk), (단기외채+외화예금)/외환보유액은 차환·통화리스크를 측정하는 유의적인 변수라고 할 수 있다. 케네스 로고프와 카르멘 라인하르트(2009)[57]는 1800~2009년 정부의 채무불이행 사례(250건) 분석에서 연중 소비자물가상승률이 20%를 초과하면 물가위기(inflation crisis), 통화가치가 연간 15% 이상 하락하면 통화위기(currency crash), 공적채무가 GDP의 90%를 상회하면 채무위기(debt crisis)로 규정했다. 특히 그들은 과다한 채무상환부담으로 인해 경제성장이 둔화하면서 국가리스크 평가등급이 하락할 가능성이 크다고 분석했다. 모리스 옵스펠드(2012)[58]는 글로벌 금

56 Roubini, Nouriel and Paolo Manasse, "Rules of thumb" for Sovereign Debt Crises," (2005), *IMF Working Paper* WP/05/42.

57 Reinhart, Carmen and Kenneth Rogoff(2009)

58 Obstfeld, Maurice, "Does the Current Account Still Matter?" (2012), *NBER Working Paper* 17877.

융위기 당시에도 경상수지 불균형(적자)로 인해 자본유입에 관한 국제수지 포지션이 악화되었고, 국제수지 불균형 현상은 금융안전성에 관한 국가리스크 평가의 중요한 기준으로 작용했다며 과다한 경상수지 적자가 외환위기의 징후하고 추정했다. 폴 크루그먼(2014)[59]은 2008~2012년 글로벌 금융위기와 유로존 재정위기의 요인분석에서 정부채권수익률(10년 만기) 스프레드에 대해 소비자물가상승률, 통화가치 하락(negative balance sheet effects), 경상수지/GDP, 총외채잔액/GDP, 공적채무/GDP 비중이 유의적인 경제변수였으며, 정부채무가 급격히 증가하면 자본유입 중단 또는 금융위기가 유발될 수 있다고 분석했다. 특히 크루그먼(1988)[60]은 채무국이 외채상환을 충족하지 못하면, 채권국은 채무국에 대해 외채상환을 전제조건으로 예상손실에 해당하는 금융을 제공하거나, 아니면 원리금상환액을 감면해야 하는 선택적인 상황에 처하게 되는 딜레마에 빠지게 된다고 우려했다.

<표 14> 국제금융기구 및 개별연구문헌의 주요 경제리스크 평가요소

평가요소	출처
(1인당)경제성장률	IMF, World Bank, Roubini
소비자물가상승률	Roubini, Reinhart & Rogoff, Krugman, Dornbusch
재정수지/GDP	IMF, World Bank, Sachs, Dornbusch, Roubini
(실질실효)환율	Reinhart & Rogoff, Krugman
교역조건(변화율)	IMF, World Bank
경상수지/GDP	IMF, Dornbusch, Obstfeld, Krugman
무역수지/GDP	World Bank
자본수지(FDI 유입)/GDP	World Bank

59 Krugman, Paul, "Currency Regimes, Capital Flows, and Crises," (2014), *IMF Economic Review* 62(4).

60 Krugman, Paul, "Financing vs Forgiving a Debt Overhang," (1988), *NBER Working Paper* 2486, 1-31.

평가요소	출처
외환보유액/단기외채(M2)	IMF, World Bank, Sachs, Dornbusch, Roubini
총외채잔액/GDP(외환보유액)	IMF, World Bank, Eichengreen, Roubini, Krugman
공적채무/GDP(재정수입)	IMF, World Bank, Dornbusch, Roubini Reinhart & Rogoff, Krugman
외채원리금상환비율(DSR)	IMF, World Bank, Eichengreen

국가리스크 평가를 위해 고려되고 있는 거시경제지표를 기반으로 채무불이행(가능성) 또는 경제위기에 대한 통계분석(계량평가 모델구축 등)은 특정 평가대상국 및 평가시기 등의 관점에서 의미가 있다. 그러나 채무불이행 및 경제위기에 영향을 미치는 경제리스크 평가요소(거시경제지표)는 평가 시기, 대상 및 분석방법 등에 따라 다른 결과가 산출되므로 국가리스크 평가요소 선정에 유의해야 한다. 왜냐하면, 글로벌 금융위기, 유로존 재정위기, 코로나위기 등 경제위기에 영향을 미친 국가리스크 평가요소를 분석하고, 또 국가리스크 평가모델을 구축하더라도 시간이 지나거나, 평가대상국이 변경되거나, 국가리스크 평가방법론을 다르게 적용하면 그 결과도 다르게 나타날 가능성이 존재하기 때문이다. 부연하면, 국가리스크는 특정 평가요소에 의해 평가할 수 없을 뿐만 아니라, 현실적으로 모든 거시경제지표를 국가리스크 평가요소에 반영할 수 없다. 왜냐하면, 평가요소(독립변수)가 적을수록 평가모델에 대한 설명력이 낮아질 가능성이 크지만, 반대로 평가요소가 많을수록 통계적으로 독립변수의 대표성(representation), 다중공선성(multi-collinearity) 등의 문제가 나타날 수 있기 때문이다. 예를 들면, 제프리 프랜켈과 조지 사라벨로스(2010)[61]는 1950~2002년의 경제위기 사전진단

61 Frankel, Jeffrey and George Saravelos, "Are Leading Indicators of Financial Crises Useful for Assessing Country Vulnerability? Evidence from the 2008-09 Global Crisis," (2010), *NBER Working Paper* 16047, 1-48.

지표(pre-2008 Early Warning Indicators)에 관한 연구(83건)에서 외환보유액/GDP(또는 외환보유액/총외채잔액, 외환보유액/월평균수입액, M2/단기외채, 단기외채/외환보유액), 실질(실효)환율 증가율(수준), 국내총생산(GDP) 증가율(또는 규모/output gap), 국내금융(credit)/GDP(또는 실질증가율), 경상수지/GDP(또는 무역수지/GDP), 통화 공급(또는 M1 balances, M2/외환보유액), 수출 또는 수입/GDP(또는 증가율), 소비자물가상승률(CPI Inflation), 주식시장수익률(Equity Returns, benchmark stock market indices), 실질금리(차이), 외채구조(단기외채/총수출, 단기외채·공적채무 비중, 단기외채/외환보유액 등), 재정수지, 교역조건(terms of trade), 전염효과(contagion effects), 정치·법 규제(the strength of legal rights index and business extent of disclosure index), 자본유입/GDP(FDI 또는 단기자본유입), 외채부담(외채원리금상환액/GNI, 총외채잔액/총수출(또는 GNI) 등 모두 열거할 수 없을 정도로 많은 거시경제지표를 경제위기(crisis incidence)의 유의적인 선행변수(leading indicators)로 분류하고 있다. 따라서 모든 거시경제지표를 평가요소로 선정할 수 없기 때문에 국가리스크 평가의 효율성과 정합성 관점에서 국가리스크의 중점평가요소(principal component factors)로 압축할 필요가 있으며, <표 13>과 <표 14>의 주요 경제리스크 평가요소에서 중복적으로 반영되어 있는 경제성장률, 소비자물가상승률, 재정수지/GDP, 통화가치 하락(환율 상승), 경상수지/GDP, (단기)외채/외환보유액, 총외채잔액/GDP(또는 총수출), 공적채무/GDP, 외채원리금상환비율(DSR) 등 중점평가요소(거시경제지표)에 대한 분석이 기본적으로 중요하다.

경제위기를 사전에 예측하기 위해 현실적으로 모든 경제위기변수(거시경제지표)를 반영할 수 없다. 예를 들면, 경제전문지인 이코노미스트(EIU)

도 국가리스크 평가를 위해 상당히 많은 거시경제지표를 선정하고 있으나, 경제위기변수를 모두 반영하고 있다고 할 수 없으며 너무 많은 변수로 인해 과다변인과 과소사례(excessive variables and deficient cases)의 한계를 극복할 수 없다. 또한, 경제위기에 영향을 미친 유의적인 경제변수에 대한 신뢰할 만한 통계자료를 제대로 파악할 수 없다. 예를 들면, 신흥투자시장의 경제위기변수에서 국제투자포지션(외화자산)과 부신여신비율(Non-Performing Loans: NPLs)이 악화된 상태이지만, 경제위기 이전에 적합한 통계자료를 확보하기가 쉽지 않을뿐더러 통계자료의 신뢰성도 문제될 수 있다. 따라서 확보 가능한 통계자료를 기반으로 과거 경제위기 발생사례에서 유의적인 경제위기변수에 대한 적합한 분석(평가)이 필요하다. 예를 들면, 자본시장의 경제위기 발생사례에서 통계적으로 유의적인 중점평가요소에 대하여 정치리스크, 투자위험(자산몰수), 채무불이행(리스케줄링), 경제위기 발생가능성(여부)의 설명변수를 추정하는 판별분석, 로짓분석, 프로빗분석, 회귀분석, 주성분분석 등이 대안이 될 수 있다. 설명변수(선형조합)의 채무불이행 여부를 측정하는 로짓분석은 t-분포(flatter tails)의 로짓모델(지수함수), 프로빗분석은 정규분포의 프로빗모델에 기반한다. 국가리스크 평가를 위해 거시경제지표를 모두 반영할 수 없으며, 거시경제지표의 국가리스크 평가수준(경제위기의 발생가능성)에 대한 유의적인 평가요소를 선정할 필요가 있는 것이다. 따라서 국가리스크 평가수준에 직접적으로 영향을 미치는 중점평가요소에 대한 실증분석(principal component analysis)이 요구된다. 또한, 패널회귀분석(panel data regression analysis) 등으로 국가리스크 중점평가요소를 선정하여 특정국가에 대한 평가등급(또는 평가순위) 수준을 결정할 수 있다. 예를 들면, 거시경제지표에서 경제성장률, 수출증가율, 무역의존도 등에 관한 경제 구조적 취약성, 인플레이션(소비자물가지수), 재정수지/GDP, 경상수지/GDP 등에 관한 경제정책성과, 외채상환능력(총외채잔액/수출총액), 외채원리금상환비율, 외환보유수준(외환보유액/수입총액) 등에 관한 외채구조 및 외채상환능력·태도(external debt capability & willingness) 등의 관점(평가분야)에서 개별적인 평가지표의 통계적인 유의성을 추정할 수 있다. 정부채권의 리스크평가를 위해 S&P와 Moody's에서 공통적으로 중점평가요소(변수)로 선정하고 있는 1인당 국민소득, (1인당)경제성장률, 실업률, 소비자물가상승률, 재정수지(수입·지출)/GDP, 수출증가율, 경상수지/GDP, 실질실효환율, 자본수지/GDP, (순)FDI유입/GDP, 총외채잔액/GDP(수출총액), 공적채무/GDP, 공적채무이자지급/GDP, 단기외채/외환보유액, 국내여신증가율 등에 관한 거시경제지표도 고려할 수 있다. 따라서 국가리스크(정부채권 포함) 평가기관(OECD, Coface, US EXIM, S&P, Moody's, Fitch), 국제금융기구(IMF, World Bank) 및 개별연구문헌이 중복적으로 선정한 평가요소(<표 13>, <표 14>)는 1인당 국민소득, (1인당)경제성장률, 소비자물가상승률, 재정수지/GDP, 경상수지/GDP(수출총액), 총외채잔액/GDP(수출총액), 공적채무/GDP, 공적채무이자지급/GDP, 단기외채/외환보유액에 관한 거시경제지표로 압축된다. 따라서 국제적인 신용평가기관에서 중복적으로 선정하고 있는 거시경제지표에 대해서는 국가리스크의 중점평가요소 등에 대한 실증분석을 통해 경제리스크를 체계적으로 관리할 필요가 있다.

3절 국가리스크 평가모델의 정합성

"해외시장 정보에서 투자대상국에 대한 경제여건은 그 무엇보다도 중요한 필요조건인데, 어떻게 투자대상국의 경제여건을 분석할 수 있을 것인가?"

투자대상국을 선정하기 위해 그 국가의 경제기초여건을 세밀하게 점검할 필요가 있다. 경제기초여건(economic fundamentals)은 지속적인 경제성장을 가능하게 하는 기초적이고 근본적인 경제체력을 의미하는데, 경제위기 진단 또는 극복 여부를 판단할 수 있는 중요한 거시경제지표라고 할 수 있다. 경제기초여건이 개선되면 경제성장이 지속될 가능성이 크지만, 반면에 악화되면 경제위기가 발생할 가능성이 농후하다. 예를 들면, 2008~2017년 동유럽경제권을 주도하는 비세그라드(Visegrad) 4개국(폴란드, 헝가리, 체코, 슬로바키아)에 대한 외국인직접투자(FDI) 유입실적과 투자요인에 대한 패널분석에서 국가리스크 평가등급(OECD 기준)이 FDI 유입실적에 유의적인 변수로 선정되었다. 부연하면, 지속적인 FDI 유입에 따른 경제성장의 필요조건은 그 국가의 경제기초여건의 개선이라는 점을 입증한 것이다. 과거 경제위기의 발생요인은 국가별로 상이하지만, 근본적으로 경제기초여건이 취약한 국가에 대해 국제금융시장에서 투기자본의 공격 대상이 되어 왔다. <그림 6>의 미국 정부채권수익률(재무부증권 기준) 추이비교(1997~2024년 통계자료)에서 미국 정부채권수익률은 미연준의 기준금리 변동추이와 유사한 추세를 보였으나, 단기(2년 만기) 정부채권 수익률이 장기(10년 만기) 정부채권 수익률을 상회(역전)하는 비정상적인 기간 이후에는 경제위기가 발생할 가능성을 잠재하고 있었다. 정부채권수익률은 채권가격과는 (-)관계인데, 정부가 채권발행으로 채권시장에서 수요보다 공급이 많게 되면, 채권가격이 하락하지만 채권수익률은 상승하면서 정부의 차입비용이 증가하고 공적채무가 누적되는 현상으로 국가리스크의 하방위협으로 작용하게 된다.

<그림 6> 미국 정부채권수익률(재무부증권 기준) 추이비교

주: Federal Reserve Board, Statical Release H.15, "Selected Interest Rates."

자료: US Federal Reserve.

(1) 국가리스크 및 정부채권 평가기관의 한계

국가리스크 및 정부채권 평가기관의 평가를 신뢰할 수 있는가? 신뢰할 수 없다면, 국가리스크 및 정부채권 평가기관의 한계는 무엇인가?

S&P, Moody's 등 정부채권 평가기관은 과거 경제위기 국가들에 대한 국가리스크 평가수준을 사전에 적합하게 예측하지 못해 엄청난 비판을 받아왔다. 부연하면, 정부채권 평가기관은 채무불이행 가능성에 대해 중점적으로 평가하지만 경제위기 예측이 정부채권 평가의 목적이 아니며, 따라서 정부채권 평가기관의 평가등급은 경제위기 예측에는 적합한 평가지표(crisis indicators)가 아니다. 예를 들면, 1926~1929년 미국에서 발행된 정부채권의 70%가 경제대공황을 거치면서 1939년 말 이전에 채무불이행 상태였는

데, 1929년 Moody's가 평가한 정부채권 평가등급은 대부분 투자적격등급으로 분류되었다. 1994년 멕시코의 채무불이행 사태 이전에 S&P는 멕시코 정부채권을 BB+(Positive)로 평가하면서 상당한 비판을 받았다.[62] 1997년 우리나라에서 외환·금융위기가 발생하기 이전에 S&P, Moody's 등 정부채권 평가기관들은 우리나라의 경제위기를 예측하지 못하면서 경제위기가 현실화되자, 우리나라의 정부채권 신용등급을 갑자기 수차례에 걸쳐 하향조정한 까닭에 정부채권 평가기관에 대한 신뢰도가 저하되었다. 파드마 데사이(Padma Desai)는 정부채권 평가기관의 신뢰도에 대하여, ▲투자자보다는 채권발행자의 의뢰를 받고 정부채권 신용등급을 평가하는 절차를 취하고 있어 투자편익 분석보다는 채권발행자의 이해관계에 영향을 받고, ▲투자자는 소송 등의 이의제기가 사실상 어려우며, ▲S&P, Moody's 및 Fitch에 의해 과점되고 있는 신용평가시장의 구조적인 문제점 등을 지적했다.[63] <표 15>의 경제위기 국가들에 대한 S&P 및 Moody's의 정부채권 신용등급의 조정사례를 살펴보면, 1997년 7월에 인도네시아에서 외환위기가 발생했음에도 불구하고, 인도네시아 정부채권 신용등급에 대하여 S&P는 A+, Moody's는 Baa3의 높은 수준으로 유지했다. 이후 인도네시아에서 통화가치가 급락하는 등 외환위기가 발생했는데도 S&P는 A-(1997년 10월), Moody's는 Ba1(1997년 12월)로 여전히 양호한 수준으로 평가했다. 이후 인도네시아의 외환위기가 확산되면서 급기야 S&P는 BBB+(1997년 12월)로 조정하더니, 인도네시아 정부의 모라토리엄 가능성이 확산되던 1998년 1월에는 경제위기가 최고조에 달했는데도 BBB의 투자적격등급(investment grade)을 부여했다. 그러나 S&P와 Moody's는 이후 인도네시아의 정부채권 신용등급을 급격히 하향

62 Bouchet, Michel, Ephraim Clark, and Bertrand Groslambert(2003), 107.

63 Desai, Padma, *From Financial Crisis to Global Recovery* (2011), New York: Columbia University Press, 117-118.

조정하기 시작하여 1998년 같은 달에도 S&P는 BB-, Moody's는 B2의 투기등급(speculative grade)으로 4단계(notches) 하향조정했고, 계속해서 그해 3월에 S&P는 B+, Moody's는 B3로 조정한 데 이어, S&P는 B-(1998년 5월)로 추가 조정했다. 1998년 7월에 러시아 재정위기가 최고조에 달한 시점을 기준으로 S&P는 1998년 8월 이후 러시아의 정부채권 신용등급을 빈번하게 조정하여 1999년 1월에는 최하위 수준의 SD(채무불이행 수준)로 평가하면서 러시아 경제위기가 더욱더 심화되었다는 비판을 받았다. 2001년 아르헨티나 외채위기에 대해서는 경제위기가 최고조에 달했던 2001년 12월 이전부터 S&P와 Moody's가 아르헨티나의 정부채권 신용등급을 지속적으로 하향조정했는데, 2001년 3월부터 빈번한 등급조정으로 아르헨티나의 경제위기를 더욱 가속화시키면서 국제금융시장의 동요를 조장한 측면이 없지 않았다는 분석이다.

<표 15> S&P 및 Moody's의 정부채권 신용등급의 조정사례

인도네시아(1997)		러시아(1998)		아르헨티나(2001)	
S&P	Moody's	S&P	Moody's	S&P	Moody's
A+ (1996.5)	Baa3 (1994.3)	BB− (1996.10)	Ba2 (1996.10)	BB− (2000.11)	B1 (1999.10)
A− (1997.10)	Ba1 (1997.12)	B+ (1998.6)	Ba3 (1998.3)	B+ (2001.3)	B2 (2001.3)
BBB+ (1997.12)	B2 (1998.1)	B− (1998.8)	B1 (1998.5)	B (2001.5)	B3 (2001.7)
BBB (1998.1)	B3 (1998.3)	CCC (1998.8)	B2 (1998.8)	B− (2001.7)	Caa1 (2001.7)
BB− (1998.1)		CCC− (1998.9)	B3 (1998.8)	CCC+ (2001.10)	Caa3 (2001.10)
B+ (1998.3)		SD (1999.1)		CC (2001.10)	Ca (2001.12)
B− (1998.5)				SD (2001.11)	

비교적 객관적이고 공정한 국가리스크 평가기관으로 평가받고 있는 OECD의 국가리스크 평가방법론도 근본적인 한계를 내재하고 있다. OECD의 국가리스크 평가방법론에 의한 국가리스크 평가결과도 결국 평가등급으로 분류되는데, 평가등급(또는 평가순위)은 리스크관리의 관점에서는 유용하지만, 경제위기 발생가능성에 대한 평가 적정성의 관점에서는 한계가 있다. 왜냐하면, 국가리스크 평가방법론의 거시경제지표는 평가시점(t)을 기준으로 전망치가 아닌 실적치가 주로 반영되고 있고, 경제상황 변화에 시의 적절하게 대처할 수 있는 평가요소가 반영되지 않고 있기 때문에 국가리스크 평가수준(경제위기 발생가능성)에 대한 정합성 문제에서 논란의 여지가 있기 때문이다. OECD는 개별적인 수출신용기관(ECA)보다는 각국 정부대표단의 토론과 합의에 의해 국가리스크 평가등급을 결정하고 있지만, 수시평가 시스템이 결여된 상태에서 특정 국가의 발언권(bargaining power)에 의해 평가등급이 크게 영향을 받고 있다는 점에서 우려되는 상황이다. 예를 들면, 대출, 보증 및 보험 등 공적수출신용에 대한 지원실적과 리스케줄링 또는 연체 등이 거래경험이 상대적으로 많은 국가의 수출신용기관에서는 평가대상국의 국가리스크에 대한 노하우가 많은 것은 사실이지만, 수출신용의 거래지원(신규승인) 또는 부실여신관리(대손상각)와 관련된 국가 차원의 이해관계에 의해 국가리스크 평가등급을 과도하게 상향 또는 하향 조정하는 사례가 적지 않게 나타나고 있다. 1998~2024년 OECD가 평가한 국가리스크 평가등급에서 평가모델(CRAM)에 의해 산출된 정량평가등급(Model Outcome)을 기준으로 국가리스크 평가전문가회의(CREM)를 통해 정량평가등급이 조정된 사례가 평균 50% 수준에 달하는 것으로 추정된다. 부연하면, OECD 평가등급은 평가모델의 정량평가등급(0~7등급)을 기준으로 한 단계(등급)의 상향조정으로 제한되지만, 하향조정은 한 단계 이상도 가능해 최대 7등급으로도 결정될 수 있다. OECD의 국가리스크 평가모델이 국가리스크의 질적인 분야(정치리스크 등)를 반영하지 않고 있기 때문에 국가리스크 평가전문회의(정성평가)에 의해 보완될 여지가 있음에도 불구하고, OECD 국가리스크 평가전문가회의에서 평가모델에 의해 산출된 정량평가등급을 지나치게 조정한 사례가 빈번하게 발생하고 있다. 부연하면, 평가모델로 산출되는 평가등급과 평가전문가회의에서 결정되는 최종 평가등급 간의 괴리가 비교적 크게 나타나는 경향이 있으며, 따라서 OECD 계량평가모델의 최종 국가리스크 평가등급에 대한 적합도(fitness)는 평균 50%에 불과하다. OECD 평가모델의 한계는 글로벌 금융위기, 코로나위기 등에서 불거진 경제위기에 관한 변수보다는 1980년대 초반의 중남미 외채위기와 1990년대 후반의 동남아 외환위기를 중점적으로 통계검증한 데 기인한 것으로 추정된다. 2025년 기준으로 OECD 평가모델에서 제외되었지만, 체제전환경제(transition economies)의 체제전환지수와 EU 회원국 가입여부에 대한 더미변수를 정량평가등급에 반영한 점도 우려되었다. 체제전환지수(transition indicators)는 동유럽 등 체제전환경제의 공산주의체제에서 자본주의체제로의 이행수준(8개 분야, 4단계 평가)[64]을 평가한 유럽개발은행(EBRD)의 체제전환지수를 근거로 반영한 것이다. EU 가입여부에 대해서는 1999년 경제통화동맹(EMU) 체결로 EU 집행위원회와 유럽중앙은행(ECB)에 의해 금융지원이 가능하므로 EU 회원국의 유동성위기, 송금위험 등이 완화될 수 있는 점을 반영하고 있다. OECD CRAM 평가점수는 국가리스크가 클수록 높은 점수로 산출되는데, 체제전환경제 평가점수는 가점(리스크 증가)으로 반영되었지만, EU 가입여부는 감점(리스크 감소)으로 반영된다. 그러나 동유럽 체제전환경제에 대한 국가리스크 평가에서 체제전환단계를 적

64 ▲early beginning of transition, ▲transition in process, ▲well advanced in transition, ▲no longer in transition

용하는 것은 시대착오적인 평가방법론이었기 때문에 더 이상 국가리스크 평가모델에 반영되지 않고 있으며, EU 가입여부에 대한 더미변수는 EU 가입으로 국가리스크 평가등급이 평균적으로 한 단계 상향조정되고 있기 때문에 EU 가입여부가 사실상 배제되고 있는 유럽 이외의 아시아, 중남미 및 중동·아프리카 지역의 평가대상국은 국가리스크 평가의 형평성 측면에서도 문제가 있으므로 논리적 근거나 타당성이 의문시되고 있다.

(2) 국가리스크 평가등급의 추이

<표 16>의 OECD의 국가리스크 평가등급의 변동추이는 1998~2024년 OECD 무역국 수출신용과(OECD TD/EXD)가 주관한 주요 신흥투자시장(emerging markets)에 대한 국가리스크 평가내역을 요약한 것이다. 부연하면, OECD의 국가리스크 평가등급의 변동추이에서 고려한 지역별 평가등급에 관한 OECD 평가내역은 지역별 경제위기(3장)에서 서유럽, 동유럽, 북미·중남미, 아시아·오세아니아 및 중동·아프리카 지역의 구분과는 다르게, 동유럽, 중남미, 동남아, 중동 지역으로 압축했다. OECD의 국가리스크 평가에서 서유럽, 북미 및 오세아니아 지역의 국가들은 대부분 EU(또는 유로존) 및 OECD 고소득국(HIC)에 편입되어 OECD의 국가리스크 평가대상국에서 제외됨에 따라 국가리스크는 0등급으로 부여된다. 또한, 아프리카지역은 OECD 국가리스크 평가등급이 대부분 7등급 수준으로 평가되고, S&P 및 Moody's 등 정부채권평가기관도 아프리카지역의 국가(정부)들이 국제금융시장에서 정부채권 발행을 하는 경우가 드물기 때문에 정부채권 신용등급을 평가하지 않은 국가가 적지 않다. 과거 경제위기 또는 채무불이행 발생사례에서 경제기초여건이 취약한 그리스, 스페인, 오스트리아 등에 대한 국가리스크 평가가 OECD 국가리스크 평가대상국에서 제외했다는 점은 많은

의구심을 내포하고 있다. <표 16>의 OECD의 국가리스크 평가등급의 변동 추이는 OECD 국가리스크 평가에서 주요 신흥투자시장(major emerging markets)에 대한 국가리스크 변동내역을 중심으로 고찰한 것이다. 실제로 OECD 국가리스크 평가전문가회의의 지역별 평가에서 각 지역의 대표적인 평가대상국(5개국 내외)에 대해 평가등급을 우선적으로 논의한 이후 평가등급을 결정하고, 그 평가등급(benchmark)을 기준으로 다른 국가들에 대한 국가리스크 평가등급의 수준(peer review)을 결정하는 절차를 취한다.

동유럽지역에서 체코는 종전의 2등급에서 2006년 1등급, 2008년 0등급으로 상향조정되었고, 폴란드는 종전의 3등급에서 2000년 2등급, 2011년 0등급으로 상향조정되었으며, 헝가리는 종전의 3등급에서 2000년 2등급, 2007년 3등급, 2009년 4등급, 2010년 0등급, 2015년 4등급, 2016년 0등급으로 등급의 변동성(0~4등급)이 상대적으로 크게 나타났다. 러시아는 종전의 7등급에서 2001년 6등급, 2002년 5등급, 2003년 4등급, 2007년 3등급, 2010년 4등급, 2011년 3등급, 2015년 4등급, 2022년 7등급으로 헝가리보다도 등급의 변동성(3~7등급) 더욱더 크게 나타났으며, 우크라이나는 종전의 7등급에서 2004년 6등급, 2007년 5등급, 2009년 7등급, 2020년 6등급, 2023년 7등급으로 5~7등급의 매우 낮은 등급수준을 형성하고 있다. 중남미지역에서 멕시코는 종전의 4등급에서 2000년 3등급, 2005년 2등급으로 상향조정되었으나 2009년에는 3등급으로 하락했고, 브라질은 종전의 6등급에서 2005년에는 5등급, 2006년 4등급, 2007년 3등급으로 상향추세였으나, 2015년 4등급, 2016년 5등급으로 하락한 이후 2024년에는 4등급 수준을 형성하면서 중남미지역에서 등급의 변동성(3~6등급)이 비교적 크게 나타나고 있으며, 아르헨티나는 종전의 5등급에서 2000년 6등급, 2002년 7등급, 2017년 6등급, 2020년 7등급으로 5~7등급의 매우 낮은 등급

수준을 형성하고 있고, 칠레는 2014년 평가에서 고소득국 기준에 의해 종전의 2등급에서 0등급으로 상향조정되었다. 동남아지역에서는 2000년 4월 평가에서 말레이시아가 종전의 3등급에서 2등급으로, 태국은 종전의 4등급에서 3등급으로 각각 상향조정되었다. 베트남은 종전의 6등급에서 2002년 5등급, 2007년 4등급으로 상향조정되었다가 2009년 5등급, 2019년 4등급으로 4~5등급 수준을 유지하고 있고, 인도네시아는 종전의 6등급에서 2005년 평가에서 5등급, 2009년 4등급, 2012년 3등급으로 등급의 상향추세를 보였으며, 필리핀은 종전의 3등급에서 2001년 4등급, 2003년 5등급으로 하락하다가 2008년 4등급, 2013년 3등급의 상승추세로 전환되었다. 중동지역에서 사우디아라비아가 종전의 3등급에서 2006년 2등급으로 상향조정되었고, 이란은 종전의 6등급에서 2000년 5등급, 2001년 4등급, 2006년 5등급, 2007년 6등급, 2012년 7등급, 2016년 6등급, 2018년 5등급, 2018년 6등급, 2020년 7등급으로 동유럽지역의 러시아와 비견될 정도로 중동지역에서 등급의 변동성(5~7등급)이 가장 크게 나타난 국가이며, 이집트는 종전의 4등급에서 2012년 5등급, 2013년 6등급, 2019년 5등급, 2023년 6등급으로 5~6등급 수준을 형성하고 있고, 튀르키예는 종전의 5등급에서 2001년 6등급, 2004년 5등급, 2008년 4등급, 2018년 5등급으로 이란과 마찬가지로 등급의 변동성(4~6등급)이 비교적 크게 나타났다.

<표 16> OECD의 국가리스크 평가등급의 변동추이(1998~2024)

국가	국가리스크 평가등급(조정시기)
러시아	**7** → **6(2001)** → 5(2002) → 4(2003) → 3(2007) → 4(2009) → 3(2011) → 4(2015) → **7(2022)**
우크라이나	**7** → **6(2004)** → 5(2007) → **6(2009)** → **7(2009)** → **6(2020)** → **7(2023)**
체코	2 → 1(2006) → 0(2008)
폴란드	3 → 2(2000) → 0(2011)
헝가리	3 → 2(2000) → 3(2007) → 4(2009) → 0(2010) → 4(2015) → 0(2016)
멕시코	4 → 3(2000) → 2(2005) → 3(2009)
브라질	**6** → 5(2005) → 4(2006) → 3(2007) → 4(2015) → 5(2016) → 4(2023)
아르헨티나	5 → **6(2000)** → **7(2002)** → **6(2016)** → **7(2019)**
칠레	2 → 0(2014)
말레이시아	3 → 2(2000)
베트남	**6** → 5(2002) → 4(2007) → 5(2009) → 4(2019)
인도네시아	**6** → 5(2005) → 4(2010) → 3(2012)
태국	4 → 3(2000)
필리핀	3 → 4(2001) → 5(2003) → 4(2008) → 3(2013)
사우디아라비아	3 → 2(2006)
이란	**6** → 5(2000) → 4(2001) → 5(2006) → **6(2007)** → **7(2012)** → **6(2016)** → 5(2018) → **6(2018)** → **7(2020)**
이집트	4 → 5(2012) → **6(2013)** → 5(2019) → **6(2023)**
튀르키예	5 → **6(2001)** → 5(2004) → 4(2008) → 5(2018)

자료: OECD, Historical Country Risk Classification.

동유럽지역에서 체코에 대해, OECD는 2006년 기준 1인당 국민소득이 고소득국(세계은행 기준: 12,000달러 이상)으로 분류되었고 2008년 3월에 발표하는 2007년 기준의 1인당 국민소득이 2년 연속 고소득국 수준을 상회하면서 2006년 1월에 종전의 2등급에서 1등급으로 상향조정한 이후 2008년 3월에는 체코의 국가리스크 평가등급을 0등급으로 평가했다. 체코는 2009년 이후에도 1인당 국민소득이 고소득국을 유지하면서 OECD 국가리스크 평가대상국에서 제외(평가생략)되고 OECD 평가방법론에 의해 0등급을 유지하고 있다. 폴란드에 대해서는 S&P가 2008년 2월의 정권교체 이후 경제구조개혁, 투자와 고용증대에 따른 경제성장 지속 등으로 A-(Stable)에서 A-(Positive)로 평가했으나, 2008년 10월에는 국제금융시장 불안, 경기침체 전망에 따라 A-(Stable)로 평가했다. OECD는 폴란드에 대해 1998년 국가리스크 평가를 시작하면서 3등급을 부여했으나 2000년에는 2등급으로 평가하고 있으며, 글로벌 금융위기에도 불구하고 EU 회원국 전체에서 2008년 (-)역성장을 하지 않을 유일한 국가로서 2008년 1월 평가에서 2등급(CRAM 40.0%)으로 평가되었다. 글로벌 금융위기 기간이던 2009년 1월 평가에서 폴란드는 기업과 금융기관의 건전한 자산·시스템, ECB의 100억 유로 신용공여(Credit Line) 합의, 파리클럽의 공적채무 조기상환 등으로 모델등급(CRAM 36.3%)에서 한 단계 상향조정된 2등급으로 평가되었다. OECD는 2011년 10월 평가에서 폴란드가 고소득국으로 편입되자, 국가리스크 평가대상국에서 제외하고 종전의 2등급에서 0등급으로 상향조정한 이후 계속해서 0등급으로 평가하고 있다. 헝가리에 대해 S&P는 정부채권 신용등급을 2008년 11월 BBB+에서 BBB, 2009년 3월에 BBB-(Negative), 2011년 12월 BB+, 2012년 11월 BB로 추가 하향조정했으나 2016년에는 BBB-로 상향조정했고, Moody's도 2008년 11월 A2에서 A3, 2009년 3월 Baa1(Negative),

2010년 12월 Baa3, 2011년 11월 Ba1으로 각각 하향조정했으나 2016년에는 Baa3로 상향조정했다. OECD는 재정수지와 경상수지 적자기조, 채권·금융시장의 변동성, 외환·금융관리 불안정성(통화가치 하락전망), 단기유동성위험 증대(외환보유액의 월평균 수입의 2개월분에 불과한 부족상태), 실물경기 침체, 해외차입요구(투기수요) 증가, 경제개혁 프로그램 지연 등의 이유로 국가리스크 평가등급을 2009년 1월에 3등급에서 4등급으로 하향조정했다. 헝가리는 2008년 기준으로 총외채잔액/총수출 비중 134.7%, 외환보유액/(월평균)수입 1.9개월분, 단기외채/외환보유액 135.2%, DSR 26.7% 등 단기유동성위험 수준이 발트해 연안 3개국(라트비아·에스토니아·리투아니아)에 근접할 정도로 악화되었다. OECD는 체코·폴란드와 마찬가지로 헝가리가 고소득국으로 진입하자, 2010년 1월 평가에서 헝가리 국가리스크 평가등급을 0등급으로 부여했다. 그러나 2015년 1월의 OECD 평가에서는 ECA의 채무지불경험(거래연체)에 대한 평점 하락으로 인해 헝가리 평가등급이 4등급으로 다시 하락했다. 2014년 9월 기준으로 OECD 회원국의 ECA 인수승인잔액은 단기 3억 7천만 달러, 중장기 6억 달러인데, 이중 연체금액은 1억 7천만 달러로 연체비중이 18%에 달했다. 헝가리에 대한 IMF 차관 지원이 종료된 이후 헝가리의 거시경제상황이 호전되었는데, OECD는 2016년 1월 평가에서 헝가리가 고소득국으로 편입되면서 국가리스크 평가대상국에서 제외하고 종전의 4등급에서 0등급으로 상향조정했다. 동유럽지역의 국가리스크 평가등급(OECD, 2009년 1월 기준)은 슬로바키아 0등급, 폴란드 2등급, 리투아니아·에스토니아·루마니아 3등급, 헝가리·라트비아·불가리아 4등급, 크로아티아·마케도니아 5등급, 알바니아·몬테네그로 6등급, 세르비아·보스니아-헤르체고비나 7등급으로 분류된다. 그런데, 2021년 기준으로 EU-27 회원국(정부채권 리스크)에 대한 OECD 평가등급(평점)[65]과 S&P·Moody's[66]의 평가등급(평점)[67]을 비교하면, 그리스·라트비아·리투아니아·몰타·스페인·슬로바키아·슬로베니아·아일랜드·에스토니아·이탈리아·키프로스·포르투갈·폴란드·헝가리(14개국)에 대한 평가등급을 0~100점으로 환산한 평점으로도 상당한 괴리(discrepancy)가 발생하고 있다. 특히 OECD는 그리스·네덜란드·덴마크·독일·라트비아·룩셈부르크·리투아니아·몰타·벨기에·스웨덴·스페인·슬로바키아·슬로베니아·아일랜드·에스토니아·오스트리아·이탈리아·체코·키프로스·포르투갈·폴란드·프랑스·핀란드·헝가리(24개국)에 대하여 무차별적으로 0등급(country risk-free) 수준으로 결정(사실상 평가생략)하고 있어 국가리스크 평가등급(수준)이 의문시되고 있다. 왜냐하면, OECD 고소득국 또는 유로존 국가로 분류되었다고 하더라도 국가리스크가 일률적으로 0등급 수준이라는 점에 대하여 이의를 제기하지 않을 수 없기 때문이다. 그런데, EU-27 회원국에 대해 S&P와 Moody's의 평가등급은 국가별로 유사한 등급수준(OECD 평가등급의 8단계 구분을 기준으로 1단계(notches) 이내의 평가등급)으로 평가하고 있지만, OECD 평가등급과는 국가별로 매우 상이하게 나타나고 있다.

동유럽지역의 러시아에 대해서는 S&P가 2005년 12월의 BBB에서 2006년 9월에 BBB+로 상향조정했으나 2008년 11월에는 BBB, 2009년 3월 BBB-, 2015년 BB+로 하향조정했으나 2018년에는 BBB-로 다시 상향조정

---

65 0등급(91~100), 1등급(81~90), 2등급(66~80), 3등급(51~65), 4등급(36~50), 5등급(21~35), 6등급(11~20), 7등급(0~100)(Trading Economics의 Credit Ratings 환산점수 기준)

66 S&P와 Moody's는 정부(best buyer/borrower) 채권평가등급을 대표적인 국가리스크 평가수준의 대리변수(proxy variable)로 가정하고 있다.

67 AAA/Aaa(100), AA+/Aa1(95), AA/Aa2(90), AA-/Aa3(85), A+/A1(80), A/A2(75), A-/A3(70), BBB+/Baa1(65), BBB/Baa2(60), BBB-/Baa3(55), BB+/Ba1(50), BB/Ba2(45), BB-/Ba3(40), B+/B1(35), B/B2(30), B-/B3(25), CCC+/Caa1(20), CCC/Caa2(15), CCC~CC/Caa3~Ca(10), C/C(5), D(0)(Trading Economics의 Credit Ratings 환산점수기준)

했고, Moody's는 2005년 10월 Baa2에서 2008년 7월에는 Baa1, 그해 11월 A2로 상향조정했으나 2009년 3월에는 Baa1, 2015년에는 Ba1으로 하향조정했다. OECD는 2009년 1월 평가에서 자본유출 심화, 금융기관의 부실여신 문제, 국제유가 등락에 좌우되는 취약한 경제구조 등의 이유로 2008년의 3등급(CRAM 89.0%)에서 4등급(CRAM 87.6%)으로 한 단계 하향조정했다. 러시아는 1998년 재정위기로 모라토리엄을 선언하면서 국제금융시장에서 부정적인 평가를 받았으나, 블라디미르 푸틴(Vladimir Putin) 정부의 집권(2000) 이후 경제상황이 호전됨에 따라 OECD 국가리스크 평가등급은 2007년 1월에 4등급에서 3등급으로 상향조정되었지만 2009년에는 글로벌 금융위기의 영향으로 경기침체(경제성장률 -7.8%), 국제유가 등락에 취약한 경제구조, 금융기관의 부실문제, 외자 유출 등을 근거로 2009년 10월(수시평가)에 다시 4등급으로 강등했다. 2011년 1월에는 OECD 국가리스크 평가등급이 4등급에서 3등급으로 다시 상향조정되었는데, OECD의 상향조정 근거는 글로벌 금융위기 이후 거시경제지표 개선, 외국인투자 유입 증가, 양호한 외채현황, 국제유가 상승에 따른 수출 호조와 경상수지 흑자 확대, (월평균)수입액의 10개월분을 초과하는 외환보유액(세계 4위) 등에 기인한다. 러시아는 WTO 가입협상(1995년 7월 협상개시)의 타결(2001년 12월 16일) 이후 의회비준(2012년 7월)으로 2012년 8월부터 발효됨에 따라 러시아의 시장개방과 외국인투자 환경이 개선되면서 국제금융시장에서 러시아에 대한 평가가 더욱더 긍정적으로 작용하는 계기가 되었다. S&P는 글로벌 금융위기 이후 외환보유액 급감, 국제유가 하락, 외자 유출 등을 이유로 러시아의 정부채권 신용등급을 2008년 12월에 BBB+(Stable)에서 BBB(Negative)로 하향조정한 이후 2009년 12월에는 신용등급을 긍정적으로 전망하면서 BBB(Stable)로 평가했다. Moody's는 2008년 12월에 Baa1(Positive)에서 Baa1(Stable)로 신용등급 전망을 하향조정했다. OECD는 러시아의 국가리스크 평가등급을 2001년 7등급에서 6등급으로 상향조정한 이후 2002년 5등급, 2003년 4등급, 2007년 3등급으로 평가등급의 상향추세가 지속되었으나 글로벌 금융위기의 영향으로 2009년에는 하락하면서 2009~2015년에는 3~4등급 수준을 유지했다. 러시아는 2014년 3월에 크림반도를 점령하여 그해 9월부터 EU와 미국의 경제제재를 받으면서 OECD의 평가등급이 3등급에서 4등급으로 하락했다. 2015년의 경제 역성장 전망과 국제유가 하락에 따른 외환보유액 감소와 환율 상승(루블 가치하락)이 우려되면서 OECD는 2015년 1월 평가에서 종전의 3등급에서 4등급으로 하향조정했고, Moody's는 그해 1월에 Baa2에서 Baa3, 2월에 Baa3에서 Ba1, S&P는 그해 1월에 BBB-에서 BB+로 각각 하향조정했다. 그러나 2022년 2월 24일에 러시아가 우크라이나를 침공하면서 러시아·우크라이나전쟁이 발발하자, 국가리스크 평가등급은 급락했다. 2022년 2~3월에는 국제사회의 대러 경제제재 강화, 경제상황 및 외채상환능력 악화 등을 이유로 S&P는 종전의 BBB-(2018년 2월 23일 평가)에서 BB+(2월 25일), CCC-(3월 3일), Moody's는 Baa3(2019년 2월 8일)에서 B3(3월 3일), Ca(3월 6일), Fitch는 BBB(2019년 8월 9일)에서 B(3월 2일), C(3월 8일)로 각각 하향조정했다. 2022년 3월의 OECD 평가등급은 채무불이행 수준인 7등급으로 하향조정했는데, 러시아의 우크라이나 침공에 대한 서방의 경제제재(economic sanctions)로 러시아 경제와 산업은 엄청난 타격을 받았다. 2022년 3월부터 러시아산 원유, 가스 및 석탄 등 에너지 수입금지와 러시아에 대한 수출 통제를 시행했고, 그해 12월에는 EU가 러시아산 에너지 수입의 제한조치를 취했다. 그러나 러시아·우크라이나전쟁이 3년 6개월이 지나도 전쟁이 지속되면서 2025년 8월 기준으로 OECD 평가등급은 여전히 7등급 수준을 유지하고 있다. 러시아와 전쟁을 벌이고 있는 우크라이나는 2004년 오렌지혁명 이후 2008년 5월에는 WTO에 가입했고, 빅토르 야누코비치(Viktor Yanukovych) 정부가 EU 가입을 추진하면서 EU의 동진정책(확대과정)을 우려한 러시아가 2014년에 우크라이나를 침공했다. 우크라이나 경제는 글로벌 금융위기로 인해 스태그플레이션과 재정수지 적자악화 상태에서 정치 불안정(연립정부 갈등) 등으로 OECD 평가등급은 2007년의 5등급에서 2009년 1월에는 6등급으로 하락했고, 그해 4월에는 민간외채 급증, IMF 차관 지원조건 이행 불충분 등의 이유로 OECD 평가등급은 러시아·우크라이나전쟁 이전에 이미 7등급으로 전락했다. 우크라이나에 대해, 2008년 하반기 이후 S&P는 인플레이션과 경상수지 악화, IMF 구제금융 요청과 차관 지연, 정치 불안 등을 이유로 종전의 BB-(2005년 5월 평가)에서 B+(2008년 6월), B(2008년 10월), CCC+(2009년 2월)로 하향조정했고, Fitch는 IMF 구제금융 요청 직후 BB-(2005년 1월)에서 2008년 10월에 B+로 하향조정한 이후 2009년 2월에는 IMF 구제금융 집행지연과 정치 불안정을 근거로 다시 B등급으로 하향조정했다. OECD는 2009년 1월 평가에서 우크라이나에 대한 국가등급을 기존 5등급에서 6등급으로 1단계 하향조정했다. 2010년 OECD 평가에서도 우크라이나 정치 불안정과 자본유출 지속, 금융시스템 취약성(은행의 자산건전성 악화), IMF 재정정책의 권고사항 불이행 등으로 7등급 수준이 유지되었고, 2020년에는 일시적인 경기회복으로 우크라이나에 대한 OECD 평가등급이 6등급으로 상향조정되었으나 2022년 러시아·우크라이나전쟁이 발발하면서 OECD 평가등급은 2023년 1월에 7등급으로 다시 하락한 수준이다.

중남미지역에서 칠레에 대하여, OECD는 2014년 10월 평가에서 칠레가 고소득국으로 진입하자, 평가를 생략하고 평가등급을 종전의 2등급에서 0등급으로 상향조정했고, 멕시코에 대해서는 펠리페 칼데론(Felipe Calderon) 정부(2006~2012)의 안정적인 국정운영과 경제정책, 조세개혁 및 외채관리에 대한 국제금융시장의 호평으로 높은 신용등급 수준을 유지했으나 미국에 대한 무역의존도와 경기침체 및 재정수지 악화(세수 감소)로 인해 OECD는 2009년 7월 평가에서 종전의 2등급(2005년 6월 평가)에서 3등급으로 하향조정했고, Fitch는 2009년 11월에, S&P는 그해 12월에 BBB+에서 BBB로 하향조정했다. 브라질에 대해, OECD는 2007년 10월에 종전의 4등급에서 3등급으로 상향조정한 이후 2015년 10월에는 경기침체, 재정건전성 악화, 정치 불안정 등으로 4등급으로 하향조정했다. Moody's는 2015년 8월에 Baa2(2014년 9월)에서 Baa3, 2016년 2월에는 Ba2로 하향조정했고, Fitch가 BBB(2014년 7월), BBB-(2015년 10월)에서 2016년 5월에는 BB+(2015년 12월)에서 BB로 하락한 데 이어, OECD가 2016년 10월 평가에서 채무상환부담 증가에 따른 채무구조 악화 등을 이유로 종전의 4등급에서 5등급으로 추가 하향조정했다. 브라질에 대한 평가등급은 기대 이상의 강한 경제성장세, 재정준칙 수립과 조세개혁 추진에 따른 재정건전성 개선 등을 이유로 Fitch가 2023년 7월에 BB-에서 BB로 상향조정한 데 이어, OECD도 2023년 10월 평가에서 종전의 5등급에서 4등급으로 상향조정했으며, Moody's는 2024년 10월에 지속적인 경제성장(성장잠재력)과 경제개혁(조세) 추진을 긍정적으로 평가하며 종전의 Ba2에서 Ba1으로 상향조정했다. 아르헨티나는 2001년 1천억 달러 모라토리엄 선언(2004년의 채무불이행으로 파리클럽 리스케줄링) 등으로 2002년 OECD 평가에서 7등급으로 부여받았다. 아르헨티나에 대해 마우리시오 마크리(Mauricio Macri) 정부(2015~2019)의 경제개혁과 시장개방 정책으로 국제사회의 신뢰가 개선되고 있는 가운데, 2016년 2월에 채무재조정 합의 등으로 외채상환태도가 개선되고 ECA 채무지불경험(거래연체) 및 경제개혁 추진성과에 대한 긍정적인 평가 등으로 Moody's가 2016년 4월에 Caa1에서 B3, S&P는 그해 5월에 SD에서 B-로 각각 상향조정했고, 그해 10월의 OECD 평가에서는 종전의 7등급에서 6등급으로 상향조정되었다. 정권교체(2019년 8월)에 따른 정치 불확실성 증가와 채무재조정 협상 난항, 재정지출 확대 등을 근거로 Moody's는 2019년 8월에 종전의 B2에서 Caa2로 하향조정했고, OECD는 2019년 10월 평가에서 종전의 6등급에서 다시 7등급으로 하향조정했다. Fitch는 만기 연장된 단기채무의 일부가 재협상에 따른 상환스케줄에 따라 정상적으로 상환되자 2019년 9월 3일에 평가등급을 RD에서 CC로 상향조정했으나, 친러·친중 노선의 알베르토 페르난데스(Alberto Fernandaz) 정부(2019~2023)가 그해 12월 20일에 90억 달러의 채무상환 연기(2020년 9월)로 평가등급을 다시 RD로 강등했다가 정부채권을 상환하고 페소표시 정부채권을 성공적으로 발행하자, 그해 12월 23일에 평가등급을 다시 CC로 상향조정했다.

동남아지역에서 말레이시아에 대하여, Moody's는 2024년 7월 평가에서 천연자원과 저축률, 다변화된 산업구조를 고려하면 A3가 적정하다고 평가하면서도 재정건전성 악화(조세구조 취약), 정부채무 상환부담을 완화할 수 있는 지에 대한 모니터링이 필요하다고 분석했다. 그러나 OECD는 1998년 동남아 외환·금융위기 당시에도 말레이시아에 대해 3등급으로 비교적 높은 등급으로 평가한 이후 경제위기에서 회복되면서 2000년 4월 평가에서 2등급으로 상향조정한 이후 2등급 수준을 유지하고 있다. 말레이시아는 2024년 기준으로 GDP 4,397억 달러(인구 3,310만 명), 1인당 GDP 13,142달러 (UMIC)로 추정되며, 고소득국가에 근접하고 있다. 태국에 대하여, 정치 불안(군부통치)에도 불구하고 외채상환능력 등에 대한 긍정적인 평가로 Moody's는

2022년 4월 평가에서 Baa1으로 평가하고 있으며, OECD는 말레이시아와 마찬가지로 동남아 외환·금융위기에서 회복되면서 2000년 4월 평가에서 종전의 4등급에서 3등급으로 상향조정한 이후 3등급 수준으로 평가하고 있다. 베트남에 대하여, S&P는 2008년 5월에 BB(Negative), Moody's는 2008년 6월에 Ba3(Negative)로 평가했고, OECD는 2009년 4월 평가에서 재정수지 악화가 지속된 가운데, 국책은행에 대한 유동성 공급과잉과 국영기업의 과도한 투자가 투기거품을 유발할 수 있다는 우려로 종전의 4등급에서 5등급으로 하향조정했다. Fitch는 2009년 6월 평가에서 경제회복 추세를 반영하여 BB-(Negative)를 BB-(Stable)로 조정했으나 2010년 3월 평가에서는 통화(동)의 추가적인 평가절하 가능성과 외환보유액 감소 등을 우려하면서 BB-(Watch Negative)로 다시 조정했다. Fitch는 2018년 5월에 고성장세 지속, 외환보유액 증가 등을 고려하여 종전의 BB-에서 BB로 상향조정했고, Moody's도 2018년 8월에 경제성장 지속, 무역과 투자 증대로 인해 종전의 B1(2017년 4월)에서 Ba3로 상향조정했으며, S&P는 2019년 4월에 경상수지 개선, FDI 유입 증가, 외채의 관리 가능성 등을 이유로 9년 만에 BB-에서 BB로 상향조정했다. OECD도 2019년 6월 평가에서 정치 안정, 경제성장 지속, 외채상환부담 완화 등을 근거로 종전의 5등급에서 4등급으로 상향조정했다. 인도네시아에 대하여, Moody's는 2009년 9월에 세계적인 경기침체에 대한 인도네시아 경제의 비교적 빠른 회복세, 양호한 경제성장 전망, 정부의 적절한 경제정책과 외채관리능력 등을 고려하여 종전의 Ba3(2007년 10월)에서 Ba2로 상향조정했고, Fitch는 2010년 1월에 글로벌 금융위기 속에서 인도네시아 경제가 상대적으로 강한 경제회복세를 보여준 점을 반영하여 종전의 BB(2008년 2월)에서 BB+로 상향조정했으며, S&P는 2010년 3월에 정부채무(구조) 개선과 외환보유액 증가에 따른 금융·외환시장 안정 등을 이유로 종전의 BB-(2006년 7월)에서 BB로 상향조정했다. OECD는 2010년 4월 평가에서 글로벌 경기침체도 불구하고, 수실로 유도요노(Susilo Yudhoyono) 대통령(2004~2014)의 재선(2009년 7월) 이후 정치 안정과 경제성장 지속 등을 이유로 종전의 5등급에서 4등급으로 상향조정했으며, Moody's는 2010년 6월에 경제성장세 지속, 재정·통화정책의 효과에 대한 긍정적인 평가로 Ba2(Stable)에서 Ba2(Positivc)로 조정했다. 세계적인 경기침체에도 불구하고, 비교적 빠른 경제회복 추세를 나타내고 있는 인도네시아에 대하여, Moody's는 2011년 1월에 종전의 Ba2에서 Ba1으로 상향조정한 데 이어, S&P는 2011년 4월에 양호한 경제성과와 안정적인 재정운용에 따른 재정수지와 국제수지포지션(대외유동성) 개선을 이유로 종전의 BB(2010년 4월)에서 BB+로 상향조정했으며, Fitch도 2011년 12월에 고성장세, 무역수지 흑자기조, 공공부문의 재정건전성 등을 이유로 BB+(2011년 2월)에서 BBB-로 상향조정했다. 2012년에 들어서도 Moody's는 2012년 1월에 내수시장 확대와 구조조정, FDI 증가 지속예상 등으로 Ba1에서 Baa3로 추가 상향조정했으며, OECD는 2012년 3월 평가에서 경제성장 지속, 경상수지 개선, FDI 유입증가 등을 이유로 종전의 4등급에서 3등급으로 상향조정한 이후 3등급 수준으로 평가하고 있다. Moody's와 Fitch는 인도네시아에 대한 평가등급(전망)을 유지하고 있는데, 정부의 채무부담이 동일한 수준의 국가들과 비교해 낮은 편이며, 2023년 기준 세계 16위의 GDP 규모(1조 3,712억 달러), 인구 4위(2억 7천만 명)의 내수시장 등으로 경제 불안의 외부충격을 흡수할 관리능력이 있다고 평가하고 있다. 필리핀에 대하여, OECD는 2001년 4월 평가에서 종전의 3등급에서 4등급으로 하향조정하고, 2005년 4월 평가에서 다시 5등급으로 하향조정했으나, 2008년 4월 평가에서는 4등급으로 상향조정했다. 글로벌 금융위기가 진정되면서 2013년 이후 필리핀의 경제성장 지속, 경상수지 흑자, 외환보유액 증가, 재정수지 개선(재정수입) 등을 고려하여 국가리스크 평가등급은 상향조정되었다. Fitch는 2013년 3월에 종전의 BB+(2011년 6월)에서 BBB-로 상향조정했고, S&P는 2013년 5월에 종전의 BB+(2012년 7월)에서 BBB-로 상향조정했으며, OECD는 2013년 6월 평가에서 물가 안정과 외환보유액 증가, 은행산업의 발전 등을 이유로 종전의 4등급에서 3등급으로 상향조정했다. Moody's는 2011년 이후 3년 연속 등급을 상향조정했는데, 2013년 10월에 종전의 Ba1(2012년 10월)에서 Baa3로 상향조정했으며, S&P는 2014년 5월에도 종전의 BBB-에서 BBB로 추가 상향조정했다.

중동지역에서 사우디아라비아에 대하여, OECD는 2006년 평가에서 3등급에서 2등급으로 상향조정한 이후 20년 간 2등급 수준으로 평가하고 있으며, Moody's는 2024년 11월에 사우디아라비아 경제의 석유 의존도를 낮추기 위한 경제 다각화가 진행 중이며, 걸프협력위원회(GCC) 회원국 중에서 최고 수준의 경제성장률(4~5%)을 지속적으로 유지할 것으로 전망되는 점을 근거로 종전의 A1(2024년 5월)에서 Aa3로 상향 조정했다. 이란에 대하여, S&P, Moody's 및 Fitch는 이란 정부채권에 대한 평가(평가등급 미부여)를 하지 않고 있으며, OECD는 2000년 평가에서 종전의 6등급에서 5등급으로 상향조정하고 2001년 평가에서 4등급으로 2년 연속 상향조정했으나, 2006년 평가에서는 다시 5등급으로 하향조정했다. OECD는 2007년 6월 평가에서 UN 및 미국의 경제제재 지속강화, 석유부문에 대한 투자부진, ECA 여신에 대한 연체 발생(Technical Default) 등을 근거로 종전의 5등급에서 6등급으로 하향조정했으며, 2012년 1월 평가에서는 핵개발 의혹증폭에 따른 경제제재 강화에 대한 우려 등을 이유로 다시 7등급(채무불이행 수준)으로 하향조정했다. OECD는 2016년 6월 평가에서 경제제재 해제를 이유로 종전의 7등급에서 6등급으로 상향조정한 데 이어, 2018년 1월 평가에서

5등급으로 추가 상향조정했으나, 미국 정부의 일방적인 포괄적 공동행동계획(JCPOA)[68] 파기, 이란 경제제재(Secondary Sanction) 복원선언 등을 이유로 OECD는 2018년 6월 평가에서 종전의 5등급에서 6등급으로 다시 하향조정했다. 실제로 이란 경제제재가 완화된 2016~17년에는 연체금액이 상당 부분 상환되면서 OECD 회원국의 ECA 연체율은 2018년 9월 말에 5.6%를 기록했으나 미국의 JCPOA 파기에 따른 경제제재 복원선언 이후 이란의 연체율이 상승하기 시작하여 2022년 3월에는 85.4%를 기록했다. OECD는 2020년 1월 평가에서 이란의 지정학적 리스크 증대 등을 우려하여 종전의 6등급에서 7등급으로 추가 하향조정한 이후 7등급 수준으로 평가하고 있다. 아프리카대륙에 위치한 이집트에 대하여, 정권퇴진을 요구하는 반정부 시위가 확산하고 정치 불안이 지속되자, S&P, Moody's 및 Fitch는 2011년 1~3월에 정부채권 평가등급을 1~2단계 하향조정했다. 그럼에도 불구하고, 정치 불안이 심화되고 통화(이집트파운드) 가치급락, 재정수지 적자심화 등 경제상황이 악화되자, 2011년 12월에 Moody's는 B1(2001년 10월)에서 B2로, Fitch는 BB(2011년 6월)에서 BB-로 각각 하향조정했고, OECD도 2012월 1월 평가에서 종전의 4등급에서 5등급으로 하향조정했으며, S&P는 그해 2월에 정치 불안의 지속과 외환보유액 감소 등을 이유로 B+(2011년 11월)에서 B로 하향조정했다. 호스니 무바라크(Hosni Mubarak) 정부(1981~2011)의 붕괴(2011년 1월), 무함마드 무르시(Mohamed Morsi) 정부(2012년 6월의 대통령선거)의 붕괴(2013년 7월) 등 정치사회의 불안 심화에 따른 통화 가치급락, 재정수지 악화, 외환보유액 감소 등으로 2013년에도 이집트의 국가리스크 평가등급

68 2015년 7월 14일에 오스트리아 비엔나에서 이란과 P5+1(UN 안보리 5개 상임이사국 및 독일)의 핵협상 최종 합의문인 "포괄적 공동행동계획"(JCPOA)이 확정되었고 2016년 1월 16일에는 국제원자력기구(IAEA)가 이란의 합의사항 이행을 공식 선언함에 따라 14년 만에 서방의 이란 경제제재가 해제되었으나 2018년 5월에 도널드 트럼프(Donald Trump) 대통령이 JCPOA의 파기 및 미국의 핵협정 탈퇴를 선언하면서 이란 경제제재가 복원되었다.

은 하락추세를 보였다. S&P는 2012년 12월에 B에서 B-로 하향조정한 데 이어 2013년 5월에는 CCC+로 추가 강등했고, Fitch도 2013년 1월에 B+에서 B로 강등한 데 이어 그해 7월에 B-로 추가 강등했으며, Moody's는 2013년 2월에 B2에서 B3로 강등한 지 불과 1개월도 안되어 그해 3월에 Caa1로 다시 하향조정했다. OECD도 2013년 6월 평가에서 과도정부의 강경대응으로 정치사회 불안이 계속 악화되는 등 이슬람주의와 세속주의간의 충돌이 장기화되고 있으며, 과중한 재정적자와 부족한 외환보유액 문제도 조기에 해소되기 어려울 것으로 전망됨에 따라 종전의 5등급에서 6등급으로 하향조정했다. S&P는 2018년 5월에 수출 증가, 가스 생산량 증가 등으로 인한 경제상황 호전을 이유로 종전의 B-에서 B로 상향조정했고, OECD는 2019년 1월 평가에서 압델 엘시시(Abdel el-Sisi) 정부(2014년 5월의 대선, 2018년 5월의 재선)의 경제개혁과 경제상황 호전 등을 이유로 종전의 6등급에서 5등급으로 상향조정했으나, 2023년 1월 평가에서 고인플레이션, 외채상환부담(부채비율), 외환보유액 부족 등을 이유로 종전의 5등급에서 6등급으로 다시 하향조정했다. Moody's는 2023년 2월 평가에서 이집트 경제가 수출과 민간주도 성장의 전환을 위한 환율체제 개혁 등 경제구조조정을 진행하는 과정에서 외환보유액이 감소하고 외부충격에 대한 경제의 흡수·관리 능력이 취약한 상태라며 B2(2019년 4월)에서 B3로 하향 조정했다. 아시아와 유럽을 연결하는 지리적 요충지인 튀르키예에 대하여, S&P는 2003년 10월 B에서 B+. 2004년 8월 BB-, 2010년 2월에는 다시 BB, 2013년 3월에는 BB+로 각각 상향조정했으나 2016년 BB, 2018년 BB-로 각각 하향조정한 이후 2019년에는 B+로 다시 하향조정했다. Moody's는 튀르키예 정부채권 신용등급을 2005년 12월 Ba1에서 Ba3로 하향조정한 이후 2010년 1월 Ba2, 2012년 6월 Ba1, 2015년 Baa3로 각각 상향조정했으나 2016년에는 Ba1, 2018년 Ba2,

2019년 B1으로 각각 하향조정했으며, OECD는 2004년 1월 6등급에서 5등급, 2008년 1월에는 다시 4등급(CRAM 55.0%)으로 상향조정했다. OECD의 튀르키예에 대한 국가리스크 평가등급의 상향조정 근거는 경상수지 적자, 단기외채 상환부담 등에도 불구하고, 2005~2008년 IMF 대기성차관 지원이 2008년 5월에 종료되고, 2004~2007년 연평균 7%를 상회하는 고성장세를 시현한 가운데, 2006년 6월 이후 금융·외환시장의 변동성 완화(리라·달러환율 안정), 산업 경쟁력강화를 위한 경제개혁 추진, 기업과 금융기관의 재무건전성 제고, 유동성위험 감소, 국제금융시장에서의 자금조달능력 개선 등으로 경제기초여건에 대한 긍정적인 평가가 주효한 데 기인한다. 그러나 2009년 1월 평가에서는 글로벌 금융위기의 영향으로 취약한 경제구조(자본시장 변동), 통화가치 불안정성 재연, 수출시장 악화(주요 무역상대국의 경기침체), 외채상환부담 가중 등에 따른 채무지불위험 우려, IMF 차관지원 요청 등의 부정적인 의견이 지배적이었다. 그러나 IMF 차관은 단기 유동성위기(유동성자금 확보)를 극복하는 데 오히려 도움이 되고, 경제기초여건을 고려하면 외부충격을 감당할 수 있으므로 등급 하향조정은 적절하지 않다는 의견도 고려함에 따라 2008년의 4등급(CRAM 51.0%)으로 유지되었다. 거시경제상황의 급격한 변동양상이 지속된 가운데, OECD는 2018년 6월 평가에서 종전의 4등급에서 5등급으로 하향조정한 이후 5등급 수준으로 유지하고 있다. 코로나위기를 겪으면서 리라·달러 환율(연평균)은 2021년의 8.9리라에서 2022년에는 16.6리라로 상승하면서 소비자물가상승률(연중)은 2020년 12.3%, 2021년 19.6%, 2022년 72.4%로 소비자물가상승률 억제 목표치(inflation target=5%)를 훨씬 상회했다. 이에 따라 튀르키예 통화당국(CBRT)은 기준금리를 2021년 3월의 19.0%, 2022년 12월 9.0%, 2023년 4월 8.5%로 오히려 인하했다가 2023년 9월에는 30.0%로 급격히 인상하는 부적절한 조치를 취했다. 튀르키예 정부를 장악하고 있는 보수주의 성향의 정의개발당(AKP) 소속의 레젭 에르도안(Recep Erdogan)[69] 대통령이 재정·통화 등의 경제정책(분야)에 과도하게 개입함으로써 경제정책의 중립성이 의문시되고 있다. 2023년 6월 이후 통화정책의 기대효과와 지속성에 대한 국제사회의 신뢰가 높아짐에 따라 고인플레이션 압박 완화 등을 근거로 Moody's는 2024년 7월에 종전의 B3(2024년 1월)에서 B1으로 상향조정했고, Fitch는 2024년 9월에 종전의 B+(2024년 3월)에서 BB-로 상향조정했다. 다만, 외환보유액 부족, 고물가 지속, 권위주의 통치 등의 이유로 튀르키예 정부채권리스크에 대하여 투자적격등급은 부여하지 않고 있다.

(3) 중점 거시경제지표

그렇다면, 국가리스크 관리를 위해 필요하고, 경제위기 발생요인에서 중점적으로 고려해야 할 거시경제지표는 무엇인가?

과거 경제위기 발생사례에서 경험적이고 실증적으로 나타난 거시경제지표에 대한 의미를 부여하고, 경제기초여건에 대한 평가기준을 정립할 필요가 있다. 1992~1993년 서유럽 선진경제권에서 발생한 통화위기로 인해 유럽공동체(EC)에서는 역내 환율불안을 억제하기 위해 단일통화 도입의 필요성이 제기되었다. 이에 따라, 1995년 12월의 마드리드 EC 정상회담에서 단일통화 도입에 대한 합의가 이뤄졌고, 1999년 12월 네덜란드(마스트리히트) EC 정상회담에서는 단일유럽통화(EUR) 제도화에 대한 회원국 간 합의가 공식적으로 결정되었다. 마스트리히트조약(TEU)은 유로존 가입을 위한 필요조건(Maastricht Convergence Criteria)을 제시했는데, (1)재정적자/

69 이스탄불시장(1994~1998), 총리(2003~2014), 대통령(2015~2028)

GDP: 3% 미만, 공적채무/GDP: 60% 미만, (2)소비자물가상승률: 최저상승률 3개 국가의 평균치의 1.5% 이내, (3)이자율: 최저상승률 3개 국가의 평균치(1년 만기 정부채권수익률 기준)의 2% 이내, (4)환율: 화폐동맹 가입 이전 2년 간 ERM의 환율변동밴드 내 유지 등이 그것이다. 그러나 유로존 재정위기 이후 과다한 채무수준이 정부 채무불이행에 영향을 미치기 때문에 EU는 경제통화동맹(EMU)의 안정조정관리협약(TSCG)에 근거하여 2013년 1월부터 안정·성장협약(SGP)을 위한 재정준칙을 발효하면서 지속적인 경제성장과 재정관리의 기준 재조정 및 재정통계 확보를 위한 재정준칙을 강화했다. 부연하면, EU는 재정수지 균형을 중장기 목표로 설정하고, 재정수지의 구조적인 적자 개선과 공적채무의 억제를 회원국에 권고하고 있다. 공적채무 상환부담과 관련하여, 라인하르트와 로고프(2010)는 1946~2009년 선진경제권(20개국)에 대한 공적채무/GDP 비중이 90% 수준을 상회할 경우에는 경제성장에 평균적으로 (-)상관관계가 나타났으며, 1970~2010년 신흥투자시장(24개국)에서 공적채무의 경제성장에 대하여 단기적으로 (+)상관관계, 장기적으로 (-)의 상관관계가 나타났다고 분석했다. 2008~2020년, EU 회원국의 주요 무역대상국에 대한 우리나라의 국가리스크 패널분석에서도 EU 회원국의 경제성장률(경제위기 대리변수)에 대하여, 실질실효환율 이외에도 재정수지/GDP 및 공적채무/GDP에 관한 변수가 통계적으로 유의적인 관계가 나타나 재정수지/GDP, 공적채무/GDP 등에 관한 변수가 국가리스크 관리에 중요한 평가요소라고 할 수 있다.

경제대공황, 글로벌 금융위기 등 경제위기에서 나타난 경제위기의 발생요인도 고려할 필요가 있다. 경제대공황에 관하여, 허버트 후버 대통령(1929~1932)은 미국의 생산과 분배 등 기업경영여건은 건전하며, 미국 경제는 지속성장이 가능한 수준이라고 주장했으나, 프랭클린 루즈벨트 대통령은 월가의 투기열풍을 비판했다. 1928년 10월에 벤자민 스트롱 미연준 총재가 사망한 이후 미연준(조지 해리슨 총재)은 경제위기 대응 의식이나 의지가 없었다기보다는 무능했다고 평가되는데, 경제대공황 이전의 투기확산을 차단하고 싶었지만 대처방법은 찾지 못했다. 어처구니없게도 경제대공황 직전, 알프레드 마샬(1842~1924), 아서 피구(1877~1959)와 더불어 신고전학(Neo-Classicals)파의 대표적인 경제학자인 어빙 피셔(1867~1947)는 "현재의 주가는 영원한 고점을 향해 지속적으로 상승하고 있다"고 갈파했다. 아이러니하게도 어빙 피셔의 견해에 미국 대다수의 금융기관과 기업인들도 유사한 의견을 피력했다. 글로벌 금융위기는 시장실패뿐만 아니라 정책실패의 결과다. 글로벌 경제위기의 발생요인(2장)에서 고찰했지만, 미국 경기는 글로벌 금융위기 이전에 심각한 불황국면에 있었고 경제위기의 경고에도 불구하고, 미연준은 제대로 위기를 인식하지 못했던 것이다. 글로벌 경제위기의 원인에 관하여, 앨런 그린스펀 미연준 총재는 시장의 비이성적인 과열을 인지하면서도 시장이 버블인지 아닌지 정확히 알 수 없기 때문에 자산가치를 반영하고 있는 시장의 자율적이고 효율적인 작동원리(교정기능)를 신뢰하고 있었다. 즉, 시장이 가장 잘 안다는 것, 또 시장에 개입하면 덜 바람직한 결과를 얻는다는 것이다. 더구나 앨런 그린스펀이 시장에 개입하지 않은 또 다른 이유는 버블 가능성을 부정하면서도 버블을 불식할 만한 효과적인 정책수단이 없다고 판단했기 때문에 통화당국의 개입이 불필요하다고 보았다. 이런 사조는 앨런 그린스펀 후임의 벤 버냉키(2006~2014) 총재에게도 이어져 미연준은 기준금리 조절 등의 전통적인 통화정책 시행에 인색했다. 말하자면, 미연준의 통화정책은 밀턴 프리드먼의 통화주의 학설 추종자들과 동일한 관점을 나타내고 있었다. 통화주의자들은 통화량 조절을 자산가격 조정이 아닌 인플레이션 억제에 방점을 둔 경제철학(견해)을 굳건히 견지하고 있다. 즉, 미연준의 전통적인 정책변수는 소비자물가지수이지 자산가격이 아니라는 것이다. 예를 들면, 굴지의 금융기관들이 연쇄적으로 파산하고 있는 상황에서도 인플레이션 우려로 인해 미연준은 기준금리를 동결하는 실수를 범했다. 미국 금융기관들이 2008년 9월부터 파산 신청을 하고 통폐합된 이후인 10월에 가서야 기준금리를 1% 수준으로 인하하는 시의 부적절한 통화정책을 취했다. 또한, 자산시장이 거품으로 판정되기 이전에는 미연준은 투기적인 금융시장에 관여하는 것은 바람직하지 않고, 또 가능하지 않다는 입장이다. 그러나 자산가격에 급격한 조정이 발생하면 미연준의 통화정책은 경제위기가 회복될 때까지 충분한 유동성을 공급하는 방안이 최적이라는 것이다. 과거 경제위기 발생사례를 살펴보면, 미연준의 기준금리 인상으로 신흥투자시장 등에 엄청난 파급효과(위협요인)를 미치면서 경제위기를 유발했다. 예를 들면, 1979년 폴 볼커(1979~1987) 미연준 총재는 오일쇼크로 인한 인플레이션을 억제하기 위해 기준금리를 1979년 11.2%에서 1981년 6월에는 20%로 급격히 인상했고, 그해 12월에도 21.5%로 추가 인상하면서 긴축통화정책으로 선회했다. 그러나 미연준의 급격한 기준금리 인상은 미달러의 강세로 이어지면서 중남미지역 등에서 자본유출이 심화됨에 따라 1982년 이후의 중남미 외채위기가 발생된 배경이 되었다. 1994년에는 앨런 그린스펀(1987~2005) 총재가 기준금리를 인상하기 시작하여 1997년 3월에는 미국 경기호황으로 유발된 인플레이션을 억제하기 위해 다시 기준금리를 인상하면서 1997년 동남아 외환위기, 1998년 러시아 재정위기 등이 초래되었다. 글로벌 금융위기가 진정되면서 2008년 12월부터 미연준은 기준금리를 0~0.25%[70] 수준을 유지하다가 2006년 6월 이후 9년 6개월 만에 기준금리를 인상한 이후 2013년 5월에는 양적완화축소(피벗) 정책을 취하면서 인

70 2008년 12월부터 실제 시장금리와 연방기금금리 목표치간의 격차가 발생함에 따라 시장금리를 연방기금금리 범위 내에 재한하려는 목적에서 미 연준은 기준금리의 구간을 설정했다.

도·인도네시아·브라질·튀르키예·남아프리카공화국(fragile 5)의 통화가치가 급락하는 사태가 벌어졌다. 2015년 12월에는 벤 버냉키 후임의 자넷 옐린(2014~2018) 총재가 통화정책기조를 양적완화축소(tapering)로 전환하면서 기준금리를 0.25~0.50%로 인상하면서 중국의 위안·달러 환율은 6.4626위안으로 중국 통화가치는 4년 6개월 만에 최저치를 기록했다. 그런데 2022년 2월 24일에 러시아·우크라이나전쟁이 발발하자, 그해 3월부터 제롬 파월 미연준 총재는 기준금리를 인상하기 시작하여 2022년 12월 4.25~4.5%, 2023년 8월에는 5.25~5.5% 수준으로 인상했으며, 2023년 10월 7일에는 이스라엘·팔레스타인전쟁 발발 직후 미연준은 2024년 9월 18일에 기준금리를 4.75~5.0%로 인하하기 이전에는 상당기간 고금리 기조를 유지했다. 그 결과, 미국 이외의 다른 국가(신흥투자시장)들도 환율안정을 통한 물가관리와 자본유출 억제를 위해 기준금리를 인상하는 등 긴축통화정책을 시행함에 따라 물가상승은 진정되지 않은 가운데, 경기침체가 지속되었다. 1997~1998년 동남아 외환위기 4개국(말레이시아, 인도네시아, 태국, 필리핀)의 주요 거시경제지표를 살펴보면, 외환위기가 최고조에 달했던 1997년의 경제성장률은 전년에 비해 모두 악화되었고, 소비자물가상승률은 둔화된 상태였으며, 경상수지/GDP 비중은 적자가 지속되었다. 미연준의 기준금리는 초단기 성격이지만, 과거 경제위기 역사상 기준금리의 신흥투자시장 경제위기의 주요 선행변수로 작용한 것으로 분석된다. 1971~1992년에 발생한 외환위기(통화위기) 분석에서 미연준의 기준금리 변화가 환율변동 가능성을 예측하는 데 통계적으로 유의적으로 나타났다는 것이다.[71] 1997~1998년 동남아 외환위기 이전인 1995년부터 경제위기국에서는 상품수출증가율, 경상수지/GDP, 실질실효환율 등의 대외거래 변수가 악화되고 있었다. 신흥투자시장의 경제위

71 Frankel, Jeffrey and Andrew Rose, "Currency Crashes in Emerging Markets: As Empirical Treatment," *Journal of International Economics* 41(4) (1996), 351-366.

기를 분석한 마틴 펠드스타인(Martin Feldstein)은 고정환율제도, 경상수지 적자, 외채 누적, 자본수지 태환성, 금융감독, 외환보유 수준, 환율안정화 정책, 금리 수준, 시장개방도, 대출규제, 최종대부자 역할 등에 따라 외환·금융위기 리스크를 완화할 수 있다고 주장했다.[72] 특히 마틴 펠드스타인은 변동환율제도 허용을 통한 통화고평가 억제, 월평균 수입의 3개월분 이상의 외환보유액 유지, 외환보유액 이내의 단기외채 관리, 건전한 금융시스템 구축, 외화(미달러) 표시 민간채무 축소 등으로 외환·금융위기 리스크를 완화할 수 있다고 분석했다. 이에 반해, 모리스 골드스타인(Morris Goldstein)과 필립 터너(Philip Turner)는 경제위기 이전에 신흥투자시장에서 순외화자산 유출이 증가하는 공통적인 현상이 나타났다고 주장했다.[73] 예를 들면, 1994~1996년의 멕시코 외환위기, 1997~1998년 동남아 외환위기, 1998년의 러시아 재정위기, 2001년의 아르헨티나 외채위기, 2000~2001년의 튀르키예 외환·금융위기에서 순외화자산의 변동(유출)이 경제위기의 주요 선행변수(precedent variables) 또는 동행변수(coincident variables)로 작용했다는 사실이다. 1997~1998년의 동남아 외환위기의 전염효과로 우리나라도 IMF 차관을 받는 등 경제위기에 직면했다. 우리나라에서 외환·금융위기가 발생한 요인은 순자본유입의 단기차입 비중이 1990~1993년 평균 30% 수준에서 1994~1997년에는 62%로 급증했으며, 총외채잔액/GDP 비중도 1993년 4.5%에서 1996년에는 9.3%로 급상승했다는 점이다. 신흥투자시장에서 경제위기 이전에 단기외채가 외환보유액을 상회하거나 단기외채/외환보유액 비중이 상승하는 현상을 공통적으로 발견할 수 있다. 동남아 경제위기국(말레이시아 제외)의 외환보유액은 단기외채를 상환할 수 없을 정도로 부족했

72 Feldstein, Martin, *Economic and Financial Crises in Emerging Market Economies* (2003), London: University of Chicago Press, 161.

73 Goldstein, Morris and Philip Turner, *Controlling Country Mismatches in Emerging Markets* (2004), Washington DC: Institute for International Economics, 46.

고,[74] 중남미지역(멕시코 제외)에서는 외환사정이 개선되지 않고 외채상환부담이 가중되고 있었다는 사실이다. 동유럽지역에서도 공산주의체제 몰락 이후 대외거래포지션이 악화되면서 단기외채 상환이 불가능한 상태였으며, 중동지역의 튀르키예도 1990년대 중반 이후 단기외채 상환부담이 가중되면서 경제위기 재연 가능성이 잠재해 있었다. 신흥투자시장에서 단기외채/외환보유액 비중은 경제위기의 선행변수 역할을 한 것으로 추정된다.

국가리스크 평가방법론(평가모델)을 완벽하게 정립할 수 없다는 한계 및 제약조건을 부정할 수 없다. 즉, 모든 국가에 대해 어떤 시점에서도 정확하게 적용되는 평가모델을 구축하는 것은 사실상 불가능하다. 그럼에도 불구하고, 국가리스크 평가가 필요한 존재이유는 리스크관리 측면에서 매우 중요하기 때문이다. 특히 해외채권을 회수하고 대외자산의 건전성을 제고하려는 금융기관의 경우 국가리스크에 관한 리스크 관리(risk management) 또는 사전예고(early warning) 시스템에서 더욱더 중요시되고 있다. 또한, 국가리스크 평가에 관한 통계적 평가방법론(계량 평가모델)에 의한 적정성(assessment fitness) 문제는 여전히 남아 있다. 따라서 평가방법론의 객관적 타당성을 논하기보다 평가결과에 보다 현실적으로 적합한 평가방법론에 관한 심층적인 연구가 요구된다. 국가리스크 평가기관은 대체적으로 평가대상국에 대한 국가리스크 수준을 등급 또는 순위로 평가하고 있는데, 국가리스크 수준을 등급 또는 순위로 분류하는 방식은 사실상 논리적으로 적절하지 않다. 평가대상국의 국가리스크를 정확한 순위로 정하기가 쉽지 않으며, 등급으로 세밀

---

74 폴 크루그먼(Paul Krugman)은 동남아 금융기관들이 단기차입-장기대출의 방식으로 인해 자금수급 불일치(mismatch) 현상이 나타나면서 단기외채 상환압박을 견디지 못한 것으로 분석했고, 조셉 스티글리츠(Joseph Stiglitz)는 동남아 외환위기의 요인으로 단기외채/외환보유액 비중을 유의적인 변수로 추정했으며, 그라시엘라 카민스키(Graciela Kaminsky)는 자본수지(지본유출) 및 단기외채 비중이 통화위기 또는 은행위기를 예측하는 대표적인 거시경제변수로 선정했다.

하게 분류하는 것도 상당한 논란의 여지가 있다. 따라서 등급 또는 순위의 구별보다는 채무불이행 또는 경제위기 가능성을 판별하는 국가리스크 평가방법론이 현실적으로 보다 합리적인 대안이 될 수 있다. 즉, 채무불이행 또는 경제위기 가능성에 관한 국가리스크 평가요소별 유의수준의 평가가 중요하며, 채무불이행 또는 경제위기 가능성을 사전적으로 예고할 수 있는 중점 평가요소의 위기징후 임계수준(risk thresholds)에 관한 접근방법론이 보다 현실적이다. 카민스키와 라인하르트(1999)[75]는 금융위기(은행위기·통화위기) 예측을 위한 조기경보지표(early warning indicators)(선행변수)를 추정했으며, 금융위기 직전에 경제의 일탈행위와 위기재발의 시스템적인 패턴 등의 기본전제가 나타났다고 분석했다. 따라서 진단과 예측은 조기경보를 정확하게 의미하는 내용, 즉 경제위기의 가능성을 측정할 수 있는 개별 조기경보지표에 대한 적정한 임계수준(optimal thresholds)의 정의와 진단통계에 대한 선택에 의해 영향을 받는 것이다.[76] 다만, 모든 거시경제지표를 반영하는 것은 현실적으로 불가능하기 때문에 중점평가요소(거시경제지표)에 의한 평가방법론으로 국가리스크 평가의 적정성과 효율성이 제고되어야 한다. 신흥투자시장에 대한 경제위기를 예측하기 위한 주요 변수(선행변수)로는 GDP, 1인당 GDP, 경제성장률, 총투자(또는 총저축)/GDP, 소비자물가상승률, 기준금리, 재정수지/GDP, 부실여신비율(NPLs), (상품)수출증가율, 경상수지/GDP, 자본수지/GDP, 실질실효환율, 외환보유액/(월평균)수입, 순외화자산변동, 총외채잔액/GDP(또는 총수출), 공적채무/GDP, 공적채무이자지급/재정수입, 단기외채/외환보유액, 외채원리금상환비율(DSR) 등으로 추정된다. 과거 경제위기의 발생사례를 분석하면, 거시경제지표를 기준으로 경제

75 Kaminsky, Graciela and Carmen Reinhart, "The Twin Crises: The Causes of Banking and Balance-of-Payments Problems," (1999), *American Economic Review* 89(3): 473-500.

76 Bouchet, Michel, Ephraim Clark, and Bertrand Groslambert(2003), 126.

위기의 징후를 관찰할 수 있는데, <표 17>은 국제금융기구, 개별연구문헌 등에서 제시한 경제위기진단 거시경제지표의 위기징후 임계수준[77]을 요약한 것이다.

<표 17> 경제위기진단 거시경제지표의 위기징후 임계수준

거시경제지표	임계수준	출처
소비자물가상승률	20% 초과	Reinhart & Rogoff
재정수지/GDP	-3% 초과	Maastricht Convergence Criteria
	-10% 초과	재정위기 경험사례
환율상승	15% 초과	Reinhart & Rogoff
	25% 초과	Frankel & Rose
실질실효환율	48% 초과	IMF
외환보유액/수입	3개월 미만	Institute of International Finance
총외채잔액/GDP	35% 초과	Institutional Investor
	40% 초과	Reinhart & Rogoff
	49.7% 초과	Roubini & Manasse
	50% 초과	IMF
총외채잔액/수출	200% 초과	OECD
공적채무/GDP	60% 초과	Maastricht Convergence Criteria
	90% 초과	Reinhart & Rogoff
공적채무/재정수입	214% 초과	IMF
단기외채/외환보유액	100% 초과	The Economist
	130% 초과	IMF
DSR	30% 초과	OECD

77 "crisis-prone" and/or "red alert" versus "safe"

카르멘 라인하르트와 케네스 로고프는 소비자물가상승률 연평균 20%(하위 임계수준 15%, 상위 임계수준 25%) 초과상승, 통화가치(연평균 환율, 전년 대비)의 15% 초과하락, 공적채무/GDP의 90% 초과의 경우에는 경제위기가 발생할 가능성이 높다고 진단했다. 카르멘 라인하르트와 케네스 로고프(2009)[78]는 과거 800년의 경제위기 분석에서 연평균 소비자물가상승률이 1500~1799년 0.5%, 1800~1913년에는 0.7%로 비교적 낮은 수준이었으나, 1914~2006년에는 5.0% 수준으로 상승한 것으로 추정했다. 그들은 평균 소비자물가상승률이 연중 40% 이상인 경우를 고인플레이션, 월중 40%(연중 1,000%) 이상인 경우를 초인플레이션으로 정의했다. 카르멘 라인하르트와 케네스 로고프(2010)[79]는 1946~2009년의 선진경제권(20개국)에 대한 공적채무/GDP가 특히 90% 수준을 상회할 경우 경제성장에 대해 평균적으로 (-)상관관계를 보였으며, 1790~2010년의 개발도상국(24개국)에서는 공적채무가 경제성장에 대해 단기적으로는 (+)상관관계, 장기적으로는 (-)상관관계를 각각 나타낸 것으로 분석했다. 1900~2007년에는 공적채무/채무총액의 비중은 40~80%, 국내채무/공적채무의 비중은 3분의 2 수준이었기 때문에 국내공적채무는 채무총액의 25~50%으로 추정된다.[80] 1917~1994년에는 국내공적채무와 인플레이션은 (+)상관관계를 나타냈는데, 정부의 재정지출(domestic nominal debt) 증가로 통화량(base money)이 증대되면서 고인플레이션 현상이 나타났다. 1827~2003년 통계자료에 의하면, 채무불이행(외채) 상태의 정부는 국제금융시장에 대한 자본조달(접근)이 더 이상 불가능해지면서 필요한 자금(수요)을 국내차입에 의존할 수밖에 없으므로 국내채무가 증가하는 현상이 나타났으며, 채무불이행(외채) 기간에는 총외채잔

78 Reinhart, Carmen and Kenneth Rogoff(2009), 4-5.
79 Reinhart, Carmen and Kenneth Rogoff(2010), 573-578.
80 Reinhart, Carmen and Kenneth Rogoff(2009), 103-105.

액/채무총액 비중이 50% 미만이었으나, 중남미지역에서는 평균 60% 수준인 것으로 추정된다. 부연하면, 외채와 국내채무의 증감추세는 (+)상관관계로서 동조화(co-movement) 현상을 나타낸다는 것이다. 1800~2008년 국내채무불이행과 외채불이행의 발생 시기(연도)에 경제성장률은 평균 -4.0% 및 -1.2%, 인플레이션은 평균 171.2% 및 33.4%로 외채불이행보다는 국내채무불이행의 성장과 물가에 대한 부정적인 영향(Kolmogorov-Smirnov test)이 더 큰 것으로 나타났다.[81] 유럽연합조약(Maastricht Treaty)에서는 유로존 가입의 필요조건(Maastricht Convergence Criteria)으로 재정수지/GDP -3% 이내, 공적채무/GDP 60% 이내 등의 권고기준을 제시하고 있는데, 재정수지/GDP가 -3% 또는 공적채무/GDP가 60%를 초과하는 경우에는 경제위기의 발생가능성이 높으므로 재정과 채무 관리가 필요하다는 것이다. OECD 무역국(수출신용과)의 국가리스크 평가방법론에서 국가리스크 평가를 위해 유의적인 거시경제지표에 총외채잔액/총수출이 200%를 초과하거나 외채원리금상환비율(DSR)[82]이 30%를 초과하는 경우에 외채상환능력이 악화되어 채무불이행 가능성이 높다고 분석하고 있다. 1998~2006년, 동유럽 체제전환경제권(17개국)을 대상으로 국가리스크 평가등급에 대한 중점평가요소의 회귀분석에서 1인당 국민소득(GDP 기준), 1인당 경제성장률, 총투자/GDP, 단기금리(대출금리 기준), 상품교역조건, 외환보유액에 관한 거시경제지표가 유의적인 경제변수로 선정되었다.

경제위기의 사전예측을 위해 동행변수(coincident variables)와 후행변수(lagging variables)보다는 선행변수(leading variables)가 중요하므로 선행변수를 기준으로 경제위기징후(red alert)의 임계수준(threshold, critical

81 ibid, 120-138.
82 DSR = 외채원리금상환액/수출 × 100(%)

value)을 설정하는 국가리스크 평가방법론이 현실적으로 적합하다. 국가리스크(정부채권 포함) 평가기관에서는 소비자물가상승률(인플레이션) 20% 초과, 재정수지/GDP(재정관리수준) -3% 초과, 외환보유액/월평균수입(수입대금결제능력) 3개월분 미만, 환율상승(연평균)(통화가치 하락) 15% 이상, 외채잔액/수출(외채구조) 200% 초과, 공적채무/GDP(정부부채관리수준) 60% 초과, 단기외채/외환보유액(단기유동성위험) 100% 초과, 외채원리금상환비율(외채상환능력) 30% 초과 등을 경제위기징후 임계수준으로 설정하고 있다. EU의 유로존 가입의 필요조건과 EU 안정성장협약(Stability and Growth Pact)에서 규정한 재정준칙(Fiscal Compact)에서 권고한 재정수지/GDP, 공적채무/GDP 등에 대한 임계수준을 고려할 수 있다. OECD의 채무불이행 가능성(probability of default)에 대한 시뮬레이션에서는 총외채잔액/총수출이 200%를 초과하거나 DSR이 30%를 상회하는 경우에는 채무불이행 리스크(default risk)이 급격하게 상승하는 것으로 나타났다.[83] 그러나 국가리스크의 평가 시기, 대상 및 분석방법 등이 다른 경우 국가리스크 평가요소의 통계적 유의성이 상이한 평가결과가 나타나기 때문에 특정 평가요소를 경제위기 요인의 절대적인 기준으로 단정하는 평가방법론에는 이론의 여지가 있다. 예를 들면, 파올로 마나스와 누리엘 루비니(2009)는 1970~2002년 신흥투자시장(47개국)의 채무위기 사례분석에서 경제선결조건(economic prerequisites)으로 총외채잔액/GDP 49.7% 미만(a), 단기외채/외환보유액 130% 미만(b), 공적외채/재정수입 214% 미만(c), 환율 고평가(REER) 48% 미만(d)인 경우 안전한 국가("safe country") 또는 리스크가 없는 수준("risk-free" zone)으로 분류하고 있다. 그러나 파올로 마나스와

83 The critical values were estimated on the basis of data for 74 countries for the entire period 1980-2011, whereby large IMF-led bail-out rescue packages were considered as a crisis situation so close to default that they should be predicted. (OECD, *Manual for the Country Risk Assessment Model* (2004), Paris: OECD TD/EXD, 27-29).

누리엘 루비니는 단일 평가요소에 의한 임계치(unconditional thresholds)로 채무불이행 가능성을 분석하는 평가방법론은 경험적으로 통화위기를 조기에 예측("early warnings signal" model)하는 데는 유용할지 모르지만, 채무불이행 또는 정부채무위기(sovereign debt crisis)를 예측하기는 쉽지 않다고 주장했다. 채무불이행 또는 정부채무위기는 복합적인 형태의 경제 구조적 취약성(country vulnerability)에 따른 결과라는 것이다. 특히 그들은 국가리스크를 3대 유형(three types of risks)으로 분류하면서 채무불이행 리스크(solvency risks 또는 debt unsustainability)는 위의 임계치에서 (a)와 인플레이션, 유동성 리스크(liquidity risks)는 (b), 환율변동위험(macro-exchange rate risks)은 (d)와 저성장(경제성장률 하락)과 연계된다고 분석했다.

(4) 경제위기 가능성 진단

과거 경제위기 사례를 관찰해 보면, 경제위기는 그 위기의 정도가 약한 수준에서 심각한 상태로 확산되어 나타나는데, 경제위기의 초기 단계에서는 자금결제의 불일치로 인한 유동성 경색현상으로 발생하는 유동성위기(liquidity crises)로부터 시작한다. 그러나 유동성위기가 해결되지 않으면, 외환·금융위기(financial crises), 물가위기(inflation crises), 재정위기(fiscal crises), 채무위기(debt crises) 등으로 그 위기의 정도가 강해지는 경향이 있다. 신흥투자시장에서는 경험적으로 은행위기 또는 통화위기가 발생하면, 채무불이행이 발생하는 사례가 빈번했다.[84] 카르멘 라인하르트(2001)는 통화위기, 은행위기와 채무불이행 간에는 위기 연계성(상관관계)이 크다고 주장

84 Goldstein, Morris, Graciela Kaminsky, and Carmen Reinhart, *Assessing Financial Vulnerability: An Early Warning System for Emerging Markets* (2000), Washington DC: Institute of International Economics.

했다. 특히 정부채권평가기관의 평가요소가 유동성, 통화불일치 및 자산가격행위 등 민감한 경제위기 예측지표가 반영(선정)되지 않았기 때문에 경험적으로 금융위기(은행위기·통화위기) 예측에 실패했다는 것이다.[85] 그라시엘라 카민스키와 카르멘 라인하르트(1999)는 은행위기와 통화위기를 쌍둥이 위기(twin crises)로 지칭하며, 경제위기를 사전에 예측하는 거시경제지표로 구분하여 설명하고 있다.[86] 부연하면, 은행위기의 예측지표에는 실질환율 추이변화(월간), 실질주택가격 변화율(월간, 분기, 연간), 단기자본유입/GDP(연간), 경상수지/투자(연간), 실질주가지수 변화율(월간), 국가리스크 평가지수(등급) 변화율(Institutional Investor/연2회, Moody's/월간), 교역조건 변화율(월간)이 반영되었다. 통화위기의 예측지표에는 실질환율 추이변화(월간), 은행위기(더미변수, 월간/연간), 경상수지/GDP(연간), 실질주가지수 변화율(월간), 수출 증가율(월간), M2/대외지급준비자산 변화율(월간), 국가리스크 평가지수(등급) 변화율(Institutional Investor/연2회, Moody's/월간), 국내외 이자율 차이(대출금리, 월간)에 관하여 반영되었다. 물론 과거 경제지표의 추이변화(the old rules of valuation)는 경제여건의 변화로 인해 기존 경제위기의 예측모델(early warning system of economic crises)이 적용될 수 없다는 논리를 무시할 수 없다. 예를 들면, 과거 경제지표(통계)에서 발견된 유의적인 추정관계에 근거하여 경제여건(정책)의 변화에 대한 효과를 예측하는 것은 무의하다는 주장("Lucas critique")[87]도 있다. 그러나 경제위기를 사전에 정확히 예측할 수 있다면, 경제위기가 발생하더라도 그 파급효과를 억제할 수 있을 것이다. 대부분의 경제위기 예측모델은 비현실

85 Bouchet, Michel, Ephraim Clark, and Bertrand Groslambert(2003), 108-109.
86 Kaminsky, Graciela and Carmen Reinhart, "The Twin Crises: The Causes of Banking and Balance-of-Payments Problems," (1999), *American Economic Review* 89(3): 473-500.
87 Reinhart, Carmen and Kenneth Rogoff(2009), 287.

적인 가정, 모든 요인을 반영할 수 없는 불충분한 변수(시계열분석), 통계추정이 어려울 정도의 경제위기 발생건수, 불명확한 개념정의, 완벽한 평가모델의 구축곤란, 질적 평가(정성평가)의 측정문제, 시대상황의 변화에 따른 설명변수의 변동 등으로 경제위기를 예측하기가 현실적으로 쉽지 않다. 현실적으로 국가리스크 평가방법론(평가모델)을 완벽하게 정립할 수 없다는 한계와 제약조건을 부정할 수 없다. 즉, 모든 국가에 대해 어떤 시점에서도 정확하게 적용되는 국가리스크 평가모델을 구축하는 것은 사실상 불가능하다. 부연하면, 경제이론에 대한 시계열분석이 특정시점에서는 다양한 논리와 해석이 가능하므로 실증분석도 충분히 신뢰할 수 없는 경우가 발생하기도 한다. 그렇다고 하더라도, 경제위기의 예측과 대책을 위하여, 경제위기 예측모델이 구축되어야 하고, 경제위기와 국가리스크의 연계성을 고민해야 하며, 국가리스크 평가방법론의 정합성을 제고해야 한다. 재정·채무위기를 관리하려면, 기본적으로 재정수지와 채무구조를 관리할 필요가 있다. 글로벌 금융위기 이후 저금리 기조, 양적완화(QE) 등으로 선진경제권뿐만 아니라 신흥투자시장의 채무누적 현상이 나타났다. 신흥투자시장의 국내총생산에 대한 채무잔액(Debt/GDP) 평균 비중은 2008년 141%에서 2014년 171%, 2019년 194% 수준으로 상승추세를 보였다. 대외경제여건이 악화되면, 통화가치 하락, 자본유출, 신용경색 등으로 신흥투자시장의 채무누적 현상은 경제위기로 전이될 가능성이 농후하며, 소비와 투자의 위축으로 경제 저성장의 구조적인 문제로 채무불이행 위험도 내재하게 된다. 2016~2019년 주요 신흥투자시장(19개국)의 경제리스크(신용평가기관의 정부채권 평가등급)에 대한 회귀분석에서 소비자물가상승률, 재정수지/GDP, (연평균)환율(변화율), 공적채무/GDP 및 공적채무이자지급/재정수입에 관한 거시경제변수가 유의적인 변수로 나타났다.

<표 18> 경제위기별 중점평가요소(거시경제지표)

경제위기	유동성위기	외환·금융·물가위기	재정·채무위기
경제지표	경제성장률(수출) 외환보유액/수입 단기외채/외환보유액 (단기)이자율	(실질실효)환율 자본수지/GDP 소비자물가상승률	재정수지/GDP 총외채잔액/GDP 공적채무/GDP
더미변수	전쟁, 경제제제(무역봉쇄·금융통제), 무역분쟁(보복조치)		

과거 주요 경제위기 발생사례에서 신흥투자시장의 경제위기 발생시점(t년)을 기준으로 직전연도(t-1년)에 악화된 거시경제지표를 살펴보면, 아시아지역에서 인도네시아 외환·외채위기(1997) 직전연도에는 외채잔액/수출 227%, 단기외채/외환보유액 176%, DSR 36.6% 등 외채상환부담이 가중된 상태였으며, 우리나라 외환위기(1997) 직전연도에는 외환보유액/월평균수입 2.3개월분, 단기외채/외환보유액 196% 등으로 외환보유액이 매우 부족한 상태였다. 유럽과 중동 지역에서 러시아 재정위기(1998) 직전연도에는 소비자물가상승률 -69.1%(디플레이션), 재정수지/GDP -60.7%, 외환보유액/월평균수입 1.7개월분 등으로 거시경제지표가 전반적으로 위험수준에서 벗어나지 못했고, 튀르키예 외환위기(2000) 직전연도에는 경제성장률 -4.7%, 소비자물가상승률 64.9%(고인플레이션), 재정수지/GDP -13.0%, 외채잔액/수출 223%, 단기외채/외환보유액 101%, 외채원리금상환비율 35.3% 등으로 극심한 경기침체 상태였으며, 그리스 재정위기(2010) 직전연도에는 경제성장률 -3.2%, 재정수지/GDP -15.6%, 외환보유액/월평균수입 0.2개월분, 공적채무/GDP 129.3% 등으로 재정상황이 악화되었다. 중남미지역에서 멕시코 외환위기(1994) 직전연도에는 외환보유액/월평균수입 0.8개월분, 단기외채/외환보유액 623% 등으로 외환부족 상태가 심각했으며, 아르헨티나

외채위기(2001) 직전연도에는 경제성장률 -0.8%, 외채잔액/수출 473%, 단기외채/외환보유액 113%, 외채원리금상환비율 71.3% 등으로 과중한 외채상환부담이 문제였다. 1974~2010년 국제통화기금(IMF)으로부터 긴급 구제금융(대기성차관 또는 확대기금차관)을 지원받은 신흥투자시장의 경제위기 분석(25개국, 38건)에서 공통적으로 중요한 거시경제변수를 선정할 수 있다. IMF의 대기성차관(Stand-By Arrangement)[88]은 1952년부터 시행한 단기(1~2년 지원) 차관이며, 확대기금차관(Extended Fund Facility)[89]은 1974년부터 시행한 중장기(4~10년 지원) 차관이다. <표 18>의 경제위기별 중점평가요소(거시경제지표)를 기준으로 경제위기(t년도) 가능성을 분석하면, <함수 5>의 경제위기 발생이전(직전연도=t-1)에는 (1인당)경제성장률, 재정수지/GDP, 환율상승률(통화가치 하락), 수출증가율 및 자본수지/GDP에 관한 거시경제지표(선행변수)가 악화된 것으로 추정된다. <함수 6>의 경제위기 발생연도(t)에는 1인당 경제성장률, 소비자물가상승률, 환율상승률, 자본수지/GDP, 총외채잔액/GDP 및 공적채무/GDP에 관한 거시경제지표(동행변수)가 악화된 것으로 또한 추정된다. 예를 들면, 미국 주택담보대출 부실사태(2007~2008) 발생 이전에는 (1인당)경제성장률이 둔화되기 시작하여 경기침체에 따른 재정수입(세수)이 감소하고 실물자산(주택) 가격과 가계채무의 급등, 금융기관 부실 또는 구조조정에 대한 정부의 재정지출로 공적채무/GDP 비중은 경제위기(은행위기) 발생 이후 상승한 것으로 나타났다.[90]

---

88 Historically, for emerging and advanced market economies in crises, the bulk of IMF assistance has been provided through Stand-By Arrangement (SBA) to address short-term or potential balance of payments problems.

89 The Extended Fund Facility (EFF) was established to provide assistance to countries: (1) experiencing serious payments imbalances because of structural impediments; or (2) characterized by slow growth and inherently weak balance of payments position.

90 Reinhart, Carmen and Kenneth Rogoff(2009), 216-221.

Economic Crises(t, precedent variables) = ΔReal GDP (per capita) Growth Rate(t-1) + ΔBudget Balance/GDP(t-1) + ΔDepreciation Rate(t-1) + ΔExports Growth Rate(t-1) + ΔCapital and Financial Account/GDP(t-1) ....<함수 5>

Economic Crises(t, coincident variables) = ΔReal GDP per capita Growth Rate(t) + ΔInflation Rate(t) + ΔDepreciation Rate(t) + ΔCapital and Financial Account/GDP(t) + ΔExternal Debt/GDP(t) + ΔPublic Debt/GDP(t) ....<함수 6>

정부채권 신용등급을 평가하고 있는 S&P 및 Moody's는 채무불이행 또는 경제위기를 사전적으로 예측하지 못했다는 비판을 받고 있지만, 사후적으로는 정부채권 신용등급을 보정하고 거시경제의 악화상황을 즉시 반영하고 있기 때문에 국가리스크 평가수준에 대한 대리변수, 즉 채무불이행 대리변수로 S&P 및 Moody's의 정부채권 신용등급도 적용가능하다. 왜냐하면, S&P 및 Moody'의 평가결과(등급)에 대한 비판에도 불구하고, 정부채권수익률은 국제금융시장에서 자본조달의 기본적인 평가기준이 되고 있으므로 채무불이행 가능성 또는 경제위기에 영향을 미치는 국가리스크 평가수준의 대리변수로 고려할 수 있다. 경제리스크 평가를 위한 중점평가요소(거시경제지표)를 기준으로 글로벌 금융위기 이후 코로나위기의 기간(2008~2020), S&P 및 Moody's의 EU-6개국(스페인·슬로바키아·아일랜드·이탈리아·폴란드·헝가리)의 정부채권 신용등급(dependent variable)[91]에 대한 중점평가요소(independent variables)의 통계적 유의성을 분석했다. 패널분석(panel

91 OECD 평가등급: 스페인, 아일랜드, 이탈리아에 대해 0등급 부여(평가 생략)

data analysis)[92]에서, 정부채권 신용등급에 대해 경제성장률, 실질실효환율, 경상수지/GDP 및 공적채무/GDP에 관한 거시경제지표가 통계적으로 유의적인 평가요소로 추정된다.

또 다른 관점에서 국가리스크 평가수준의 대리변수를 대체할 수 없는가? 과거 경제위기 사례에서 경제위기 또는 채무불이행 상태에 직면한 국가는 예외 없이 경기침체(경제 역성장) 현상을 보였다. 예를 들면, 2008~2020년 기간만 고려하더라도 EU 경제권의 평균 경제성장률은 글로벌 금융위기로 2009년 -4.3%, 유로존 재정위기로 2012년 -0.7%, 코로나위기로 2020년에는 -5.9%를 기록했다. 따라서 국가리스크 평가수준(경제위기)의 대리변수로 경제성장률을 설정하고, 경제성장률(dependent variable) 악화에 영향을 미칠 수 있는 평가요소에 관한 통계적 유의성을 분석할 필요가 있다. 경제성장률에 영향을 미치는 중점평가요소(independent variables) 추정에서 패널분석[93] 결과, 2008~2020년 기간 중점평가요소 가운데, 재정수지/GDP, 실질실효환율, 외환보유액/GDP 및 공적채무/GDP에 관한 거시경제지표가 경제성장률에 대하여 통계적으로 유의적인 것으로 추정된다. 그러나 2008~2020년 EU-6개국을 대상으로 국가리스크 평가수준의 적정성 분석에서 S&P 및 Moody's의 신용등급(채무불이행 평가수준)은 거시경제상황(경제위기)을 적절히 반영하지 못했던 것으로 추정된다. 왜냐하면, EU 경제권의 경제위기 발생사례에서 경제위기에 직면한 국가의 경제성장률은 예외 없이 악화된 상태(역성장)였는데, 패널분석에서는 채무불이행 평가수준(정부채권 신용등급)과 경제성장률은 논리적으로 부적합한 (-)상관관계로 나타났기 때문이다.

92 Hausman Test 결과(Prob>ch2: 0.05 이하), 고정효과모형(Fixed-effects regression)에 의한 분석이 적합한 것으로 판단된다.

93 Hausman Test 결과(Prob>ch2: 0.05 초과), 확률효과모형(Random-effects regression)에 의한 분석이 적합한 것으로 판단된다.

따라서 S&P 및 Moody's의 신용등급으로 국가리스크 수준을 분석하는 평가 방법론은 적절하지 않으며, 경제위기의 관점에서 경제성장률에 영향을 미치는 거시경제지표를 국가리스크 평가의 중점평가요소로 반영하는 것이 타당하다. 2008~2020년의 EU-6개국에 대한 패널분석에서 통계적으로 유의적인 거시경제지표(재정수지/GDP, 실질실효환율 및 공적채무/GDP)에 대한 임계수준을 기준으로 경제위기 가능성을 진단하는 국가리스크 평가방법론이 보다 적합하다. <함수 7>의 경제성장률은 재정수지/GDP, 실질실효환율과 공적채무/GDP의 함수관계이며, 따라서 <함수 7>은 경제위기(경제성장)를 예방하기 위해 재정수지, 환율과 공적채무를 관리해야 한다는 것은 의미한다.

Real GDP Growth Rate = α×Budget Balance/GDP - β×Real Effective Exchange Rate - γ×Public Debt/GDP ....<함수 7>

재정수지와 공적채무와 관련하여, EU는 안정·성장협약(SGP)의 3대 축("three pillars"), 즉 지속 가능한 경제성장을 위한 기준 재정립(modification of the rules and interpretation of the SGP), 재정관리의 기준 조정(enhancement of fiscal governance), 재정통계 확보(reinforcement of statistical governance) 등을 통해 재정준칙을 강화했다. 유로존 재정위기 이후 과다한 채무수준이 정부 채무불이행 위기에 영향을 주고 있기 때문에 EU에서는 경제통화동맹(EMU)의 안정조정관리협약(Treaty on Stability, Coordination and Governance)에 근거하여 2013년 1월부터 재정준칙이 발효되었다. 즉, 재정수지의 균형을 중장기목표(Medium-Term Objective)로 설정해 구조적인 재정수지 적자 개선과 공적채무의 억제를 단계별 절차(Excessive Deficit

Procedure)에 따라 권고하고 있다. 또한, 실질실효환율의 고평가는 경상수지 적자를 초래할 가능성이 크며, 따라서 경상수지 적자의 적정한 수준에 대한 평가, 즉 경제위기를 유발하지 않고 국제수지 관리를 위해 지속적으로 관리 가능한 상태인지를 객관적으로 판단하기 어렵다. 그러나 과거 경제위기의 사례(칠레 1981, 핀란드 1991, 멕시코 1994, 태국 1997, 미국 2007, 아이슬란드 2008, 그리스 2010 등)에서도 과다한 경상수지 적자가 경제위기를 유발했다. 글로벌 금융위기 당시에도 경상수지 불균형(적자) 및 부채 증가(balance sheet mismatches of leveraged entities)로 인해 자본유입에 관한 국제투자포지션이 악화되었다. 모리스 옵스펠드(2012)[94]는 국제수지 불균형이 금융안정성 리스크(financial stability risks) 평가의 중요한 평가기준이고 과다한 경상수지 불균형 현상은 외환위기의 징후라고 추정했으며, 경상수지 적자는 통화위기(currency crashes)의 중요한 예측지표(predictive power)라고 주장했다.

그러나 국가리스크 평가대상 국가 및 분석시기를 확대하면, 또 다른 결과(유의적인 거시경제지표)가 산출될 수 있기 때문에 중점평가요소에 대한 지속적인 연구 및 관찰이 필요하다. 카르멘 라인하르트, 케네스 로고프와 미구엘 사바스타노(2003)[95]는 1824~2001년 국가리스크 및 채무불이행(external debt defaults) 사례분석("debt intolerance" hypothesis)에서 경제위기의 중점평가요소를 분석했다. 즉, 경계(surveillance), 예방(prevention) 및 해결(resolution) 차원에서 경제위기의 위험범위에 속할 가능성이 있는 선행변수(predictor variables)로 총외채잔액/GDP 50% 이상, 단기외채/외환보

94 Obstfeld, Maurice, "Does the Current Account Still Matter?" (2012), *NBER Working Paper* 17877, 1-64.

95 Reinhart, Carmen, Kenneth Rogoff, and Miguel Savastano, "Debt Intolerance," (2003), *NBER Working Paper* 9908, 1-77.

유액 134% 초과, 소비자물가상승률 10.47% 초과, 공적외채/재정수입 215% 초과, 경제성장률 -5.45% 미만, 환율 고평가 48% 초과, 환율 변동성 27.88% 초과, (경상수지+단기외채)/외환보유액 144% 초과 여부를 고려해야 한다는 것이다. 특히 카르멘 라인하트와 케네스 로고프(2010)는 소비자물가상승률 20% 초과, 공적채무/GDP 90%(총외채잔액/GDP 60%) 초과인 경우 경험적으로 경제위기에 속한 국가가 많았으며,[96] 길레르모 갈보와 엔리크 멘도사(2000)[97]는 신흥투자시장에서 대규모 자본유입의 갑작스런 중단(sudden stop)이 급격한 통화가치 하락을 촉발한다고 주장했고, 폴 크루그먼(2014)[98]도 정부채무(sovereign debt) 급증으로 자본유입 중단 또는 은행위기를 유발할 수 있다고 분석했다. 특히 엔리크 멘도사(2010)[99]는 자본유입 중단이 급격한 통화가치 하락으로 인해 인플레이션 및 경제성장 침체(소비·투자 위축, 실질임금 하락)를 유발하고, 금융기관 붕괴(bank collapse), 기업 부도(corporate insolvency) 증가, 채무불이행과 유의적인 인과관계가 있다고 추정했다.

그렇다면, 우리나라의 경제상황은 어떠한가? 1997년의 외환·금융위기가 재연될 가능성이 있는가?

---

96 또 다른 분석에서 Reinhart·Rogoff는 경제위기 사례분석에서 총외채잔액/GDP 50% 초과, 단기외채/외환보유액 134% 초과, 소비자물가상승률 10.67% 초과, 환율 변동성 27.88% 이상 등의 경우 경제위기 가능성에 근접한다는 임계치(crisis-prone critical values)를 제시했으며, 1791~2009년 기간, 공적채무/GDP 비중이 90% 이상인 경우 평균(median) 경제성장률은 1% 하락, 총외채잔액/GDP 비중이 60% 이상인 경우 2% 하락하는 것으로 추정했다(Reinhart, Carmen and Kenneth Rogoff, "This Time Is Different: A Panoramic View of Eight Centuries of Financial Crises," (2008), *NBER Working Paper* 13882, 1-123).

97 Calvo, Guillermo and Enrique Mendoza, "Capital-Markets Crises and Economic Collapse in Emerging Markets: An Informational-Friction Approach," (2000), *American Economic Review* 90(2), 59-64.

98 Krugman, Paul, "Currency Regimes, Capital Flows, and Crises," (2014), *IMF Economic Review* 62(4), 470-493.

99 Mendoza, Enrique, "Sudden Stops, Financial Crises, and Leverage," (2010), *American Economic Review* 100(5), 1941-1966.

1974~2010년 IMF로부터 긴급 구제금융을 지원받은 신흥투자시장의 경제위기 분석사례를 살펴보면, 거시경제지표에서 경제위기 발생이전에 (1인당)경제성장률(선행변수)이 가장 악화된 것으로 나타났다. 더구나 OECD 국가리스크 평가대상국의 선정기준에서는 OECD 회원국 또는 유로존 가입국가이고, 세계은행이 분류한 고소득국가(HIC)에 해당하는 경우에는 국가리스크 평가를 생략하고 평가등급을 0등급을 분류한다고 규정하고 있다. 실제로 우리나라는 1997년 외환·금융위기로 인해 1인당 국민소득이 1997년 1만 달러 수준에서 1998~1999년에는 고소득국가 분류에서 이탈하여 2000~2002년에는 OECD 국가리스크 평가대상국으로 전락했다. 우리나라의 1인당 국민소득은 1962년에 82달러에 불과했으나, 1997년 1만 달러 수준으로 급격히 증가했으며, 수출실적도 1961년 4,100만 달러에서 1997년에는 1,360억 달러로 증가하면서 선진경제권 진입 직전의 상태였다. 그러나 1997년말 기준으로 총외채잔액은 1,544억 달러인데, 외환보유액은 87억 달러에 불과했다. 1997년 외환·금융위기 이전인 1995~1996년에는 정부의 무역 및 금융 자유화 조치에 따른 규제완화로 인해 무역수지 적자가 1995년의 85억 달러 적자에서 1996년에는 그 적자가 230억 달러에 달했다. 우리나라는 1997년 12월 4일, IMF로부터 대기성차관(승인 155억 SDR, 집행 144억 SDR)을 지원받고, 2000년 12월 3일에 IMF 차관을 모두 상환했다.[100] 1997년 우리나라에서 외환·금융위기가 발생하기 직전인 1996년에는 경제성장률(8.9%→6.8%), 소비자물가상승률(4.5%→4.9%), 재정수지/GDP(0.3%→0.1%), 경상수지/GDP(-1.7%→-4.4%), 원·달러 (연평균)환율(771원→804원), 총외채잔액(858억 달러→1,158억 달러), 단기외채 비중

100 우리나라는 IMF로부터 1983년 7월 8일에 576백만 SDR 승인(집행 동일)받고 1985년 3월 31일에 상환했으나, 1985년 7월 12일에 다시 280백만 SDR 승인(160백만 SDR 집행)받은 후 1987년 3월 10일에 상환했다.

(54.3%→57.5%), DSR(7.9%→8.6%) 등의 거시경제지표가 전반적으로 악화되었다. 1997년 외환위기 발생직전에는 <표 17> 경제위기진단 거시경제지표의 위기징후 임계수준에서 외환보유액/(월평균)수입 2.3개월분, 단기외채/외환보유액 196% 등으로 대외결제분에 비해 외환보유액이 부족한 상태였다. 외환위기가 발생한 1997년에는 GDP(5,202억 달러→4,765억 달러), 1인당 GDP(11,423달러→10,361달러), 경제성장률(6.8%→5.0%), 총투자/GDP(37.9%→34.2%), 재정수지/GDP(0.1%→-1.3%), 자본수지/GDP(4.5%→-2.1%), 외환보유액(340억 달러→204억 달러), 원·달러 (연평균)환율(804원→951원), 총외채잔액(1,158억 달러→1,370억 달러) 등 거시경제지표가 더욱더 악화되었다. 1997년 외환위기가 발생한 기간에도 <표 17> 경제위기진단 거시경제지표의 위기징후 임계수준에서 외환보유액/(월평균)수입 1.4개월분, 단기외채/외환보유액 264% 등으로 외환부족 사태가 최고조에 달했다. 외환위기 직후인 1998년에는 GDP(4,765억 달러→3,171억 달러), 1인당 GDP(10,361달러→6,829달러), 경제성장률(5.0%→-6.7%), 총투자/GDP(34.2%→21.2%), 소비자물가상승률(4.5%→7.5%), 재정수지/GDP(-1.3%→-3.0%), 수출규모(1,689억 달러→1,605억 달러), 자본수지/GDP(-2.1%→-2.6%), 원·달러 (연평균)환율(951원→1,401원), 총외채잔액(1,370억 달러→1,391억 달러), DSR(8.2%→12.9%) 등으로 거시경제지표가 전반적으로 최악의 상태였다.

그런데, 우리나라(2025년 기준)는 경제위기 상황인가?

우리나라의 경제상황은 2024년 이후 악화되면서 경기침체 국면에서 경제위기 발생가능성이 잠재되어 있는 상태다. 1997년의 외환·금융위기와 유사한 경제위기가 발생할 가능성이 현실화될 것인지에 대한 점검(경제위기

진단)이 그 어느 때보다 필요한 시점이다. 설상가상으로 2024년 11월의 미국 대선에서 도널드 트럼프(Donald Trump) 대통령이 재선된 이후 2025년 3월부터 시행하고 있는 미국의 수입관세 인상조치[101]가 수출의존도가 높은 우리나라로서는 치명적인 외부충격이 아닐 수 없다. 우리나라의 경제성장 기여도에서 수출보다는 내수의 비중이 코로나위기 이후 상승한 상태이지만, 내수 부진으로 경제성장이 잠재성장률을 하회할 정도로 경기침체가 고착화되고 있는 상황에서 우리나라의 주요 수출상대국인 미국에 대한 수출위축이 경제성장의 장애요인으로 부각되고 있는 실정이다. 미국의 수입관세 인상으로 미국에 대한 수출을 전면 재검토해야 하지만, 글로벌 공급체계가 연계된 상황에서 수출뿐만 아니라 해외투자도 적지 않은 타격을 받을 수 있다. 미국에서 촉발된 경제리스크가 우리나라의 수출과 성장에 대한 중대한 국가리스크로 전이되면서 경제위기 가능성을 진단할 필요가 있다. 1974~2010년 IMF로부터 긴급 구제금융(대기성차관 또는 확대기금차관)을 받은 신흥투자시장의 경제위기 선행변수, 2008~2020년 EU 경제권의 정부채권 신용등급(변동)에 대한 유의적인 중점평가요소(거시경제지표), EU 경제통화동맹(EMU)의 안정관리협약(TSCG)에 근거한 재정준칙 등을 총동원하여 <표 19>의 우리나라의 경제위기 가능성 진단(예시)에서 우리나라의 경제위기 가능성을 추정 또는 평가할 수 있다.

---

101 수입관세 인상조치(근거조항: 무역법(301조), 무역확장법(232조), 185개국 대상, 2025년 발효기준): 철강·알루미늄 25%(3월 12일)의 추가 25%(6월 4일), 자동차 25%(4월 3일), 기본관세 10%(4월 2일), 자동차부품 25%(5월 3일), 상호관세(국가별 차등 부과)(8월 7일) 등

<표 19> 우리나라의 경제위기 가능성 진단(예시)

경제위기 진단지표	2023	2024	2025[e]
1인당 국민소득(OECD)(미달러)	35,490	36,129	**34,642**
경제성장률(IMF차관/경제위기)(%)	1.4	2.0	**1.0**
소비자물가상승률(경제위기)(%)	3.6	2.3	2.0
재정수지/GDP(IMF차관/EU)(%)	−1.5	−1.5	−1.2
환율(IMF차관/경제위기)(원/미달러)	1,306	**1,363**	**1,420**
수출증가율(IMF차관)(%)	3.1	7.0	**1.5**
외환보유액/수입(경제위기)(개월)	6.5	**6.3**	**5.9**
경상수지/GDP(EU)(%)	1.9	4.2	**3.6**
자본수지/GDP(IMF차관)(%)	2.0	4.4	**3.7**
단기외채/외환보유액(경제위기)(%)	33.9	**34.1**	**34.8**
공적채무/GDP(경제위기/EU)(%)	51.5	**52.8**	**54.1**

자료: IMF, 2024 ARTICLE IV CONSULTATION; Country Report No. 25/41, February 2025.

<표 18>의 경제위기별 중점평가요소를 기준으로 경제위기 진단지표를 분석하면, 2024년 기준으로 우리나라는 경제위기 상태가 아니었다. 세간에서 제기한 경제위기는 상당히 정치적인 견해이며, 경제적인 관점에서 과거 경제위기 발생사례, 경제위기 위기징후 수준 등을 고려하면, 2024년 기준으로 우리나라는 경제위기에 진입(상태)한 것은 아닌 것으로 분석된다.

그런데, 2025년의 경제상황은 어떠한가? 2025년에는 경제위기 선행변수(IMF 차관)(<함수 5>)를 기준으로 분석하면, 재정수지/GDP를 제외하고, 경제성장률 둔화, 환율 상승(통화가치 하락), 수출증가율 둔화, 자본수지/GDP 등의 거시경제지표가 악화되었다. 또한, EU 정부채권 평가등급에 유의적인 중점평가요소(유로존 재정준칙)를 기준으로 분석하면, 재정수지/GDP를 제

외하고, 경제성장률, 환율, 경상수지/GDP, 공적채무/GDP 등에 대한 거시경제지표가 전년에 비해 악화된 것으로 추정된다. 따라서 우리나라는 2025년의 경제상황이 전반적으로 2024년에 비해 악화(재정·물가 제외)되면서 경제위기 가능성이 잠재되어 있으므로 경제관리를 위한 정책적 대응이 필요하다. 다만, 경제위기진단 거시경제지표의 위기징후 임계수준(<표 17>)을 기준으로 분석하면, 대부분의 거시경제지표가 위기징후 임계수준을 상회하지 않은 상태다. 그러나 2026년 이후의 경제상황은 2025년과는 또 다른 상황으로 나타날 가능성이 있으므로 대내외 경제여건(전쟁, 경제제재, 무역분쟁, 자연재해, 기후변화 등의 외부충격) 변화에 대응해야 하고, 경제위기가 재발되지 않기 위해 국가 차원에서 다각적이고 총체적인 대책이 강구될 필요가 있다. 부연하면, 경제기초여건(거시경제지표)의 관리는 국가리스크 완화의 충분조건이며, 경제위기 예방의 필요조건이다.

에필로그

과거 자본주의 역사에서 발생한 경제위기 사례를 살펴보면, 경제위기는 언제든지 재발할 가능성이 잠재되어 있으며, 어떤 국가의 경제위기는 주변국을 포함하여 그 경제위기가 전이되는 사례가 빈번한데, 세계 전역에 걸쳐 상당한 파장을 야기한 글로벌 경제위기(경제대공황, 글로벌 금융위기, 코로나위기 등)도 적지 않게 발생한다는 사실을 발견할 수 있다. 경제위기는 일반적으로 유동성위기, 외환·금융위기, 물가위기, 재정위기, 채무위기 등의 형태로 나타나지만, 경제위기가 단일 형태보다는 다양하게 나타나는 복합위기의 형태가 경제위기국에 대해 심각한 영향을 미친다. 경제위기가 극심하여 나타나는 채무불이행 사태는 발생하지 않아야 하지만, 과거 채무불이행 사례(1790~2009)에서 에콰도르(103년), 멕시코(85년), 러시아(82년), 페루(78년), 그리스(77년), 베네수엘라(68년), 콜롬비아(67년), 아르헨티나(55년), 칠레(54년) 등의 국가에서 채무불이행(50년 이상) 사태로 인해 채무리스케줄링 등의 조치가 끊임없이 취해졌다. 지역별 경제위기의 발생기간(IMF 차관지원 포함)이 길었던 국가(30년 이상)를 분류하면, 서유럽지역(1340~2025)에서는 그리스(110년), 스페인(89년), 영국(58년), 프랑스(53년), 독일(49년), 포르투갈(47년) 및 오스트리아(39년), 동유럽지역(1839~2025)에서는 러시아(85년), 헝가리(45년), 루마니아(41년) 및 폴란드(32년), 북미·중남미지역(1790~2025)에서는 에콰도르(127년), 멕시코

(90년), 베네수엘라(85년), 아르헨티나와 페루(84년), 콜롬비아(79년), 미국(70년), 브라질(69년) 및 칠레(68년), 아시아·오세아니아지역(1872~2025)에서는 일본(47년), 중동·아프리카지역(1876~2025)에서는 튀르키예(52년) 등으로 추정된다.

국가리스크 평가와 관련하여, 국가리스크의 정의와 분류에 대한 개념, 평가목적과 필요성은 국가리스크 및 정부채권 평가기관별로 상이할 수 있으나, 채무불이행 가능성과 외채상환능력에 대한 국가리스크 중점평가요소는 크게 다르지 않다. 국가리스크 평가는 정치리스크와 경제리스크로 구분되며, 정치리스크는 전쟁 등에 따른 정치사회의 불안전성에 따른 리스크이므로 정성평가방식이 일반적이지만, 경제리스크는 채무불이행 가능성을 추정하기 위한 계량평가모델을 기반으로 한 정량평가방식을 선택하고 있으나 거시경제와 외채 상황 등에 관한 질적인 분석을 위해 정성평가방식도 추가적으로 보완하고 있다. 또한, S&P, Moody's 등은 자본시장의 조달비용에 기준이 되는 정부채권 신용등급(수준)을 결정하는 정부채권평가기관이며, 대표적인 국가리스크 평가기관은 수출신용시장에서 공적수출신용 지원기준을 설정하기 위해 수출신용기관(ECA)에 의해 평가되는 OECD라고 할 수 있다. 국가리스크 또는 정부채권 평가기관의 정치리스크 및 경제리스크에 대한 평가요소가 다르고 평가등급의 한계가 존재하고 있지만, 과거 경제위기 발생요인과 국제금융기구(IMF, World Bank) 및 개별연구문헌 등에서 제기된 중점평가요소(거시경제지표)를 바탕으로 경제위기에 대한 진단과 예측에 대한 대책이 필요하다. 따라서 경제 구조적인 관점에서 정합한 경제위기 예측모델이 구축되어야 하며, 위기징후 임계수준(경제위기 가능성 진단)에 대한 지속적인 담론이 요구된다.

1997년의 외환·금융위기 수준의 경제위기가 우리나라에서 또 다시 재연될 수 있는가? 우리나라의 경제기초여건이 굳건하다면, 그 가능성은 낮은 것으로 예측되지만, 그렇지 않을 경우에는 언제든지 경제위기가 재연될 가능성은 잠재되어 있다. 특히 수출의존적인 경제구조로 인해 외부충격에 의한 경제위기의 전염효과 또는 전이효과를 충분히 차단하지 못한다면 경제위기 재연 가능성에 노출되어 있다고 할 수 있다. 경제위기는 발생할 가능성이 잠재되어 있기 때문에 경제위기에 대한 관심과 인식을 제고할 필요가 있으며, 경제위기에 대한 예측과 위기관리 등의 대책이 강구되어야 한다. 왜냐하면, 경제위기 예측과 관리가 소홀하게 취급된다면 경제위기의 파급효과가 심각하게 나타나거나 경제위기의 패턴이 반복 재연될 가능성이 크기 때문이다. 경제현상은 예측이 어렵고 가변적이기 때문에 경기호황 국면에서도 경기불황 또는 경제위기 가능성을 대비하는 리스크관리가 지속적으로 필요한 것이다. 루디거 돈부시는 "금융시장에서 투기 붐(현상)은 합리적으로도 가능한 수준을 훨씬 능가한 이후 갑작스런 붕괴로 나타난다"고 금융위기를 경계했고, 카르멘 라인하르트와 케네스 로고프는 1920~2007년 신흥투자시장에서 주가지수(실질가격 기준)는 금융위기 직전에 전형적인 고점을 형성한 이후 갑자기 급락하는 패턴을 발견했다. 금융·외환시장의 변동성은 근본적으로 내재된 자본주의체제의 구조적인 문제이므로 끊임없는 관찰과 분석이 요구된다.

부록

<부록 1> 유럽지역에 대한 IMF 차관 지원현황

<부록 2> 북미·중남미지역에 대한 IMF 차관 지원현황

<부록 3> 아시아·오세아니아지역에 대한 IMF 차관 지원현황

<부록 4> 중동·아프리카지역에 대한 IMF 차관 지원현황

<부록 5> 파리클럽 리스케줄링의 주요 합의현황

<부록 1> 유럽지역에 대한 IMF 차관 지원현황

(2025년 3월 31일 기준)

금액단위: SDR 백만

국가	가입시기(쿼터)	차관(승인액/집행액)	승인기간(종료기간)
그루지야	1992/5(210)	**SBA**(100/80) **EFF**(484/484) **SBA**(210/0)	2014/7(2017/4) 2017/4(2021/4) 2022/6(2025/6)
그리스	1945/12(2,429)	**SBA**(26,433/17,542) **EFF**(23,785/10,225)	2010/5(2012/3) 2012/3(2016/1)
네덜란드	1945/12(8,737)	**SBA**(69/0)	1957/9(1958/3)
라트비아	1992/5(332)	**SBA**(33/0) **SBA**(33/0) **SBA**(1,522/982)	1999/12(2001/4) 2001/4(2002/12) 2008/12(2011/12)
러시아	1992/6(12,904)	**SBA**(4,313/4,313) **EFF**(13,207/5,780) **SBA**(3,300/471)	1995/4(1996/3) 1996/3(1999/3) 1999/7(2000/12)
루마니아	1972/12(1,811)	**SBA**(11,443/10,569) **SBA**(3,091/0) **SBA**(1,751/0)	2009/5(2011/3) 2011/3(2013/6) 2013/9(2015/9)
리투아니아	1992/4(442)	**EFF**(135/135) **SBA**(62/0) **SBA**(87/0)	1994/10(1997/10) 2000/3(2001/6) 2001/8(2003/3)
몬테네그로	2007/1(61)	**RFI**(61/61)	2020/6(2020/6)
몰도바	1992/8(173)	**RFI**(115/115) RCF(58/58) **EFF**(396/371) RSF(129/54) ECF(198/179)	2020/4(2020/4) 2020/4(2020/4) 2021/12(2025/10) 2023/12(2025/10) 2021/12(2025/10)
벨기에	1945/12(6,411)	**SBA**(50/50)	1952/6(1957/6)
벨라루스	1992/7(682)	**SBA**(196/50) **SBA**(2,270/2,270)	1995/9(1996/9) 2009/1(2010/3)

국가	가입시기(쿼터)	차관(승인액/집행액)	승인기간(종료기간)
보스니아-헤르체고비나	1992/12(265)	**SBA**(1,015/338) **SBA**(558/423) **EFF**(443/127) **RFI**(265/265)	2009/7(2012/7) 2012/9(2015/6) 2016/9(2020/4) 2020/4(2020/4)
북마케도니아	1992/12(140)	**SBA**(52/11) PLL(413/197) **RFI**(140/140) PLL(407/203)	2005/8(2008/8) 2011/1(2013/1) 2020/4(2020/4) 2022/11(2024/11)
불가리아	1990/9(896)	**EFF**(628/628) **SBA**(240/240) **SBA**(100/0)	1998/9(2001/9) 2002/2(2004/3) 2004/8(2007/3)
세르비아	1992/12(655)	**SBA**(935/0) **SBA**(935/0) **SBA**(1,899/949)	2011/9(2013/3) 2015/2(2018/2) 2022/12(2024/12)
스페인	1958/9(9,536)	**SBA**(25/0) **SBA**(25/0) **SBA**(143/0)	1959/8(1960/8) 1960/8(1961/3) 1978/2(1979/2)
슬로바키아	1993/1(1,001)	**SBA**(116/32)	1994/7(1996/3)
아르메니아	1992/5(129)	**EFF**(82/82) **SBA**(309/309) **SBA**(129/0)	2014/3(2017/6) 2019/5(2022/5) 2022/12(2025/12)
아이슬란드	1945/12(322)	**SBA**(2/0) **SBA**(2/0) **SBA**(1,400/1,400)	1961/2(1961/12) 1962/3(1963/3) 2008/11(2011/8)
아일랜드	1957/8(3,450)	**EFF**(19,466/19,466)	2010/12(2013/12)
아제르바이잔	1992/9(392)	ECF(94/82) **EFF**(59/53) ECF(68/55)	1996/12(2000/3) 1996/12(2000/3) 2001/7(2005/7)
알바니아	1991/10(139)	**EFF**(9/9) ECF(9/9) **EFF**(295/295) **RFI**(139/139)	2006/2(2009/1) 2006/2(2009/1) 2014/2(2017/2) 2020/4(2020/4)

국가	가입시기(쿼터)	차관(승인액/집행액)	승인기간(종료기간)
에스토니아	1992/5(244)	**SBA**(14/0) **SBA**(16/0) **SBA**(29/0)	1996/7(1997/8) 1997/12(1999/3) 2000/3(2001/8)
영국	1945/12(20,155)	**SBA**(1,000/1,000) **SBA**(700/700) **SBA**(3,360/2,250)	1969/6(1970/6) 1975/12(1976/12) 1977/1(1979/1)
우크라이나	1992/9(2,012)	**SBA**(2,800/1,000) **SBA**(3,600/2,000) **RFI**(1,006/1,006) **RFI**(1,006/1,006) **EFF**(11,608/7,644)	2018/12(2020/2) 2020/6(2022/3) 2022/3(2022/3) 2022/10(2022/10) 2023/3(2027/3)
이탈리아	1947/3(15,070)	**SBA**(1,000/1,000) **SBA**(450/90)	1974/4(1975/4) 1977/4(1978/12)
체코	1993/1(2,180)	**SBA**(177/70)	1993/3(1994/3)
코소보	2009/6(83)	**SBA**(148/135) **RFI**(41/41) **SBA**(80/0) RSF(62/54)	2015/7(2017/8) 2020/4(2020/4) 2023/5(2025/5) 2023/5(2025/5)
크로아티아	1992/12(717)	**SBA**(200/0) **SBA**(106/0) **SBA**(99/0)	2001/3(2002/5) 2003/2(2004/4) 2004/8(2006/11)
키프로스	1961/12(304)	**SBA**(9/9) **EFF**(891/792)	1980/7(1981/7) 2013/5(2016/3)
포르투갈	1961/3(2,060)	**SBA**(57/0) **SBA**(445/259) **EFF**(23,742/22,942)	1978/6(1979/6) 1983/10(1985/2) 2011/5(2014/6)
폴란드	1986/6(4,095)	FCL(22,000/0) FCL(13,000/0) FCL(6,500/0)	2013/1(2015/1) 2015/1(2017/1) 2017/1(2017/11)
프랑스	1945/12(20,155)	**SBA**(263/263) **SBA**(131/131) **SBA**(985/985)	1956/10(1957/10) 1958/1(1959/1) 1969/9(1970/9)

국가	가입시기(쿼터)	차관(승인액/집행액)	승인기간(종료기간)
핀란드	1948/1(2,411)	**SBA**(5/5) **SBA**(94/94) **SBA**(95/0)	1952/12(1953/6) 1967/3(1968/3) 1975/6(1976/6)
헝가리	1982/5(1,940)	**SBA**(340/57) **SBA**(264/0) **SBA**(10,538/7,637)	1993/9(1994/12) 1996/3(1998/2) 2008/11(2010/10)

주: ECF(Formerly PRGF)=Extended Credit Facility, EFF=Extended Fund Facility, PLL= Precautionary and Liquidity Line, RCF=Rapid Credit Facility, RFI=Rapid Financing Instrument, RSF= Resilience and Sustainability Facility, SBA=Stand-By Arrangement
자료: IMF, Financial Position in the Fund.

<부록 2> 북미·중남미지역에 대한 IMF 차관 지원현황

(2025년 3월 31일 기준)

금액단위: SDR 백만

국가	가입시기(쿼터)	차관(승인액/집행액)	승인기간(종료기간)
가이아나	1966/9(182)	ECF(54/54) ECF(54/25) ECF(55/55)	1994/7(1998/4) 1998/7(2001/12) 2002/9(2006/9)
과테말라	1945/12(429)	**SBA**(84/0) **SBA**(84/0) **SBA**(631/0) **RFI**(429/0)	2002/4(2003/3) 2003/6(2004/3) 2009/4(2010/10) 2020/6(2021/5)
그레나다	1975/8(16)	ECF(16/16) ECF(9/3) ECF(14/14) RCF(16/16)	2006/4(2010/4) 2010/4(2013/4) 2014/6(2017/5) 2020/4(2020/4)
니카라과	1946/3(260)	ECF(149/115) ECF(98/98) ECF(78/78) **RFI**(87/87) RCF(43/43)	1998/3(2002/3) 2002/12(2006/12) 2007/10(2011/10) 2020/11(2020/12) 2020/11(2020/12)
도미니카	1978/12(12)	SAF(3/3) **SBA**(3/3) ECF(8/8) RCF(2/2) RCF(6/6) RCF(10/10)	1986/11(1989/11) 2002/8(2004/1) 2003/12(2006/12) 2012/1(2012/1) 2015/10(2015/11) 2020/4(2020/4)
도미니카공화국	1945/12(477)	**SBA**(438/131) **SBA**(438/438) **SBA**(1,095/766) **RFI**(477/477)	2003/8(2005/1) 2005/1(2008/1) 2009/11(2013/3) 2020/4(2020/5)
멕시코	1945/12(8,913)	FCL(44,564/0) FCL(35,651/0) FCL(26,738/0)	2019/11(2021/11) 2021/11(2023/11) 2023/11(2025/11)

국가	가입시기(쿼터)	차관(승인액/집행액)	승인기간(종료기간)
미국	1945/12(82,994)	**SBA**(500/250) **SBA**(500/350)	1963/7(1964/7) 1964/7(1965/7)
바베이도스	1970/12(95)	**EFF**(322/322) **EFF**(85/79) RSF(142/113)	2018/10(2022/6) 2022/12(2025/12) 2022/12(2025/12)
바하마	1973/8(182)	**RFI**(182/182)	2020/6(2020/6)
베네수엘라	1946/12(3,723)	**SBA**(100/0) **EFF**(3,857/2,006) **SBA**(976/350)	1960/4(1961/4) 1989/6(1993/3) 1996/7(1997/7)
벨리즈	1982/3(27)	**SBA**(7/7)	1984/12(1986/6)
볼리비아	1945/12(240)	ECF(101/101) ECF(101/64) **SBA**(146/112) **RFI**(240/240)	1994/12(1998/9) 1998/9(2002/6) 2003/4(2006/3) 2020/4(2020/4)
브라질	1946/1(11,042)	**SBA**(13,025/9,471) **SBA**(12,144/11,385) **SBA**(27,375/17,200)	1998/12(2001/9) 2001/9(2002/9) 2002/9(2005/3)
세인트루시아	1979/11(21)	RCF(4/4) RCF(21/21)	2011/1(2011/1) 2020/4(2020/4)
세인트빈센트 그레나딘	1979/12(12)	RCF(2/2) RCF(12/12) RCF(8/8)	2014/8(2014/8) 2020/5(2020/5) 2021/7(2021/7)
세인트키츠네비스	1984/8(13)	**SBA**(53/47)	2011/7(2014/7)
수리남	1978/4(129)	**SBA**(342/58) **EFF**(431/431)	2016/5(2017/4) 2021/12(2025/3)
아르헨티나	1956/9(3,187)	**SBA**(8,981/4,171) **SBA**(40,714/31,912) **EFF**(31,914/31,100)	2003/9(2006/1) 2018/6(2020/7) 2022/3(2024/12)

국가	가입시기(쿼터)	차관(승인액/집행액)	승인기간(종료기간)
아이티	1953/9(164)	ECF(180/180) ECF(41/41) ECF(49/7) RCF(31/31) RCF(82/82) RCF(82/82)	2006/11(2010/1) 2010/7(2014/12) 2015/5(2016/11) 2016/11(2016/11) 2020/4(2020/4) 2023/1(2023/1)
앤티가바부다	1982/2(20)	**SBA**(68/68)	2010/6(2013/6)
에콰도르	1945/12(698)	**RFI**(262/262) **EFF**(3,035/1,012) **RFI**(470/470) **EFF**(4,615/4,615) **EFF**(3,000/1,129)	2016/7(2016/8) 2019/3(2020/4) 2020/5(2020/5) 2020/9(2022/12) 2024/5(2028/5)
엘살바도르	1946/3(287)	**SBA**(514/0) **SBA**(514/0) **RFI**(287/287) **EFF**(1,034/86)	2009/1(2010/3) 2010/3(2013/3) 2020/4(2020/4) 2025/2(2028/6)
온두라스	1945/12(250)	SCF(179/143) **EFF**(416/159) ECF(208/80)	2019/7(2022/1) 2023/9(2026/9) 2023/9(2026/9)
우루과이	1946/3(429)	**SBA**(150/150) **SBA**(1,989/1,989) **SBA**(766/264)	2000/5(2002/3) 2002/4(2005/5) 2005/6(2006/12)
자메이카	1963/2(383)	**SBA**(1,195/0) **RFI**(383/383) RSF(574/574) PLL(728/0)	2016/11(2019/11) 2020/5(2020/5) 2023/3(2024/9) 2023/3(2025/2)
칠레	1945/12(1,744)	**SLL**(2,529/0) FCL(13,954/0) FCL(10,466/0)	2022/5(2022/8) 2022/8(2024/8) 2024/8(2026/8)
코스타리카	1946/1(369)	**SBA**(492/0) **RFI**(369/369) **EFF**(1,237/1,237) RSF(554/554)	2009/4(2010/7) 2020/4(2020/9) 2021/3(2024/6) 2022/11(2024/6)

국가	가입시기(쿼터)	차관(승인액/집행액)	승인기간(종료기간)
콜롬비아	1945/12(2,045)	FCL(12,267/3,750) FCL(7,156/0) FCL(6,134/0)	2020/5(2022/4) 2022/4(2024/4) 2024/4(2026/4)
트리니다드토바고	1963/9(470)	**SBA**(99/99) **SBA**(85/85)	1989/1(1990/2) 1990/4(1991/3)
파나마	1946/3(377)	**EFF**(120/40) **SBA**(64/0) **RFI**(377/377) PLL(1,884/0)	1997/12(2000/6) 2000/6(2002/3) 2020/4(2020/5) 2021/1(2023/1)
파라과이	1945/12(201)	**SBA**(50/0) **SBA**(30/0) **RFI**(201/0) RSF(302/0)	2003/12(2005/11) 2006/5(2008/8) 2020/4(2020/5) 2023/12(2025/11)
페루	1945/12(1,335)	**SBA**(172/0) FCL(8,007/0) FCL(4,004/0)	2007/1(2009/2) 2020/5(2022/5) 2022/5(2024/5)

주: ECF(Formerly PRGF)=Extended Credit Facility, EFF=Extended Fund Facility, FCL=Flexible Credit Line, PLL= Precautionary and Liquidity Line, RCF=Rapid Credit Facility, RFI=Rapid Financing Instrument, RSF= Resilience and Sustainability Facility, SAF=Structural Adjustment Facility, SBA=Stand-By Arrangement, SCF= Stand-by Credit Facility, SLL=Short-term Liquidity Line

자료: IMF, Financial Position in the Fund.

<부록 3> 아시아·오세아니아지역에 대한 IMF 차관 지원현황

(2025년 3월 31일 기준)

금액단위: SDR 백만

국가	가입시기(쿼터)	차관(승인액/집행액)	승인기간(종료기간)
네팔	1961/9(157)	ECF(34/17) ECF(50/50) RCF(29/29) RCF(36/36) RCF(157/157) ECF(282/220)	1992/10(1995/10) 2003/11(2007/11) 2010/5(2010/6) 2015/7(2015/8) 2020/5(2020/5) 2022/1(2026/1)
뉴질랜드	1961/8(1,252)	**SBA**(87/60)	1967/10(1968/10)
라오스	1961/7(106)	SAF(21/21) ECF(35/35) ECF(32/18)	1989/9(1992/9) 1993/6(1997/5) 2001/4(2005/4)
몰디브	1978/1(21)	ESF(8/2) **SBA**(49/8) RCF(21/21)	2009/12(2011/12) 2009/12(2012/12) 2020/4(2020/4)
몽골	1991/2(72)	ECF(28/12) **SBA**(153/123) **EFF**(315/157) **RFI**(72/72)	2001/9(2005/7) 2009/4(2010/10) 2017/5(2020/5) 2020/6(2020/6)
미얀마	1952/1(517)	**SBA**(35/35) **SBA**(30/30) **SBA**(27/27) RCF(86/86) RCF(86/86) **RFI**(172/172)	1977/5(1978/5) 1978/7(1979/7) 1981/6(1982/6) 2020/6(2020/7) 2021/1(2021/1) 2021/1(2021/1)
바누아투	1981/9(24)	**RFI**(9/9) RCF(9/9)	2015/6(2015/6) 2015/6(2015/6)
방글라데시	1972/8(1,067)	RCF(178/178) **RFI**(356/356) RSF(1,000/333) ECF(823/470) **EFF**(1,646/940)	2020/5(2020/6) 2020/5(2020/6) 2023/1(2026/7) 2023/1(2026/7) 2023/1(2026/7)

국가	가입시기(쿼터)	차관(승인액/집행액)	승인기간(종료기간)
베트남	1956/9(1,153)	**SBA**(145/109) ECF(362/242) ECF(290/124)	1993/10(1994/11) 1994/11(1997/11) 2001/4(2004/4)
사모아	1971/12(16)	**SBA**(1/0) **SBA**(3/3) **SBA**(3/3) RCF(6/6) RCF(16/16)	1979/8(1980/8) 1983/6(1984/6) 1984/7(1985/7) 2013/5(2013/5) 2020/4(2020/4)
솔로몬군도	1978/9(21)	SCF(12/12) ECF(5/0) ECF(1/1) **RFI**(14/14) RCF(7/7)	2010/6(2011/12) 2011/12(2012/12) 2012/12(2016/3) 2020/6(2020/6) 2020/6(2020/6)
스리랑카	1950/8(579)	**SBA**(1,654/1,654) **EFF**(1,071/952) **EFF**(2,286/1,016)	2009/7(2012/7) 2016/6(2020/6) 2023/3(2027/3)
아프가니스탄	1995/7(324)	ECF(85/24) ECF(32/32) RCF(162/162) ECF(269/185)	2011/11(2014/11) 2016/7(2019/12) 2020/4(2020/6) 2020/11(2022/12)
우즈베키스탄	1992/9(551)	**SBA**(125/65) RCF(92/92) **RFI**(184/184)	1995/12(1997/3) 2020/5(2020/5) 2020/5(2020/5)
인도	1945/12(13,114)	**EFF**(5,000/3,900) **SBA**(552/552) **SBA**(1,656/1,656)	1981/11(1984/5) 1991/1(1991/4) 1991/10(1993/6)
인도네시아	1967/2(4,648)	**SBA**(8,338/3,669) **EFF**(5,383/3,798) **EFF**(3,638/3,638)	1997/11(1998/8) 1998/8(2000/2) 2000/2(2003/12)
일본	1952/8(30,821)	**SBA**(305/0) **SBA**(305/0)	1962/1(1963/1) 1964/3(1965/3)
중국	1945/12(30,483)	**SBA**(450/450) **SBA**(598/598)	1981/3(1981/12) 1986/11(1987/11)

국가	가입시기(쿼터)	차관(승인액/집행액)	승인기간(종료기간)
카자흐스탄	1992/7(1,158)	**SBA**(186/186) **EFF**(309/155) **EFF**(329/0)	1995/6(1996/6) 1996/7(1999/7) 1999/12(2002/3)
캄보디아	1969/12(175)	ECF(84/42) ECF(59/59)	1994/5(1997/8) 1999/10(2003/2)
키르기즈	1992/5(178)	ESF(67/33) ECF(67/67) ECF(67/57) RCF(30/30) RCF(30/30) **RFI**(59/59)	2008/12(2010/6) 2011/6(2014/7) 2015/4(2018/4) 2020/3(2020/3) 2020/5(2020/5) 2020/5(2020/5)
타지키스탄	1993/4(174)	ECF(100/78) ECF(65/65) ECF(104/104) RCF(139/139)	1998/6(2001/12) 2002/12(2006/2) 2009/4(2012/5) 2020/5(2020/5)
태국	1949/5(3,212)	**SBA**(272/272) **SBA**(400/260) **SBA**(2,900/2,500)	1982/11(1983/12) 1985/6(1986/12) 1997/8(2000/6)
통가	1985/9(14)	RCF(7/7) RCF(7/7)	2021/1(2021/1) 2022/7(2022/7)
파푸아뉴기니	1975/10(263)	RCF(263/263) ECF(228/107) **EFF**(456/214) RSF(197/0)	2020/6(2020/6) 2023/3(2026/12) 2023/3(2026/12) 2024/12(2026/12)
파키스탄	1950/7(2,031)	**EFF**(4,988/3,038) **SBA**(2,250/2,250) **RFI**(1,016/1,016) **EFF**(5,320/760)	2019/7(2023/6) 2023/7(2024/4) 2024/4(2024/4) 2024/9(2027/10)
피지	1971/5(98)	**SBA**(3/0)	1974/11(1975/11)
필리핀	1945/12(2,043)	**SBA**(334/334) **EFF**(791/791) **SBA**(1,021/783)	1991/2(1993/3) 1994/6(1998/3) 1998/4(2000/12)

국가	가입시기(쿼터)	차관(승인액/집행액)	승인기간(종료기간)
한국	1955/8(8,583)	**SBA**(576/576) **SBA**(280/160) **SBA**(15,500/14,413)	1983/7(1985/3) 1985/7(1987/3) 1997/12(2000/12)
호주	1947/8(6,572)	**SBA**(100/0)	1961/5(1961/9)

주: ECF(Formerly PRGF)=Extended Credit Facility, EFF=Extended Fund Facility, ESF=Exogenous Shocks Facility, RCF=Rapid Credit Facility, RFI=Rapid Financing Instrument, RSF= Resilience and Sustainability Facility, SAF=Structural Adjustment Facility, SBA=Stand-By Arrangement, SCF= Stand-by Credit Facility
자료: IMF, Financial Position in the Fund.

<부록 4> 중동·아프리카지역에 대한 IMF 차관 지원현황

(2025년 3월 31일 기준)

금액단위: SDR 백만

국가	가입시기(쿼터)	차관(승인액/집행액)	승인기간(종료기간)
가나	1957/9(738)	ECF(387/387) ECF(664/664) RCF(738/738) ECF(2,242/1,441)	2009/7(2012/7) 2015/4(2019/3) 2020/4(2020/4) 2023/5(2026/5)
가봉	1963/9(216)	**SBA**(77/0) **EFF**(464/375) **RFI**(108/108) **RFI**(108/108) **EFF**(389/197)	2007/5(2010/5) 2017/6(2020/6) 2020/4(2020/4) 2020/7(2020/8) 2021/7(2024/7)
감비아	1967/9(62)	ECF(19/11) RCF(8/8) RCF(12/12) ECF(71/71) RCF(16/16) ECF(75/25)	2012/5(2015/3) 2015/4(2015/4) 2017/6(2017/7) 2020/3(2023/6) 2020/4(2020/4) 2024/1(2027/1)
기니	1963/9(214)	ECF(70/24) ECF(174/174) ECF(120/120) RCF(107/107) RCF(54/54) RCF(54/54)	2007/12(2010/12) 2012/2(2016/11) 2017/12(2020/12) 2020/6(2020/6) 2022/12(2022/12) 2024/5(2024/5)
기니비사우	1977/3(28)	ECF(22/15) RCF(4/4) ECF(23/17) RCF(14/14) ECF(40/30)	2010/5(2013/5) 2014/11(2014/11) 2015/7(2019/7) 2021/1(2021/1) 2023/1(2026/1)
나미비아	1990/9(191)	**RFI**(191/191)	2021/3(2021/4)

국가	가입시기(쿼터)	차관(승인액/집행액)	승인기간(종료기간)
나이지리아	1961/3(2,455)	**SBA**(475/0)	1989/2(1990/4)
		SBA(319/0)	1991/1(1992/4)
		SBA(789/0)	2000/8(2001/10)
		RFI(2,455/2,455)	2020/4(2020/4)
남수단	2012/4(246)	RCF(37/37)	2020/11(2020/11)
		RCF(123/123)	2021/3(2021/4)
		RCF(86/86)	2023/3(2023/3)
남아프리카공화국	1945/12(3,051)	**SBA**(80/80)	1976/1(1976/8)
		SBA(152/152)	1976/8(1977/8)
		SBA(354/159)	1982/11(1983/12)
		RFI(3,051/3,051)	2020/7(2020/7)
니제르	1963/4(132)	ECF(118/118)	2017/1(2020/10)
		RCF(84/84)	2020/4(2020/4)
		ECF(197/171)	2021/12(2025/12)
		RSF(99/60)	2023/7(2025/12)
라이베리아	1962/3(258)	ECF(112/112)	2012/11(2017/11)
		RCF(32/32)	2015/2(2015/2)
		ECF(155/85)	2019/12(2023/12)
		RCF(36/36)	2020/6(2020/6)
		ECF(155/39)	2024/9(2028/1)
레소토	1968/7(70)	**SBA**(7/0)	1996/9(1997/9)
		ECF(25/25)	2001/3(2004/10)
		ECF(51/51)	2010/6(2013/9)
		RFI(23/23)	2020/7(2020/7)
		RCF(12/12)	2020/7(2020/7)
르완다	1963/9(160)	SCF(144/144)	2016/6(2018/1)
		RCF(80/80)	2020/4(2020/4)
		RCF(80/80)	2020/6(2020/6)
		RSF(240/240)	2022/12(2024/12)
		SCF(200/200)	2023/12(2024/12)

국가	가입시기(쿼터)	차관(승인액/집행액)	승인기간(종료기간)
마다가스카르	1963/9(244)	RCF(122/122) RCF(122/122) ECF(220/171) ECF(257/73) RSF(244/41)	2020/4(2020/4) 2020/7(2020/8) 2021/3(2024/6) 2024/6(2027/6) 2024/6(2027/6)
말라위	1965/7(139)	ECF(139/139) ECF(106/54) RCF(66/66) RCF(72/72) RCF(69/69) ECF(132/26)	2012/7(2017/6) 2018/4(2020/9) 2020/5(2020/5) 2020/10(2020/10) 2022/11(2022/11) 2023/11(2027/11)
말리	1963/9(187)	ECF(30/6) RCF(12/12) RCF(10/10) ECF(187/187) ECF(140/80) RCF(147/147)	2011/12(2013/1) 2013/1(2013/2) 2013/6(2013/6) 2013/12(2018/12) 2019/8(2022/8) 2020/4(2020/5)
모로코	1958/4(894)	PLL(2,151/2,151) FCL(3,726/0) RSF(1,000/938)	2018/12(2020/4) 2023/4(2025/4) 2023/9(2025/4)
모리셔스	1968/9(142)	**SBA**(30/30) **SBA**(50/50) **SBA**(49/49)	1981/12(1982/12) 1983/5(1984/8) 1985/3(1986/8)
모리타니	1963/9(129)	RCF(96/96) **EFF**(43/30) RSF(193/45) ECF(21/15)	2020/4(2020/4) 2023/1(2026/7) 2023/12(2026/7) 2023/1(2026/7)
모잠비크	1984/9(227)	ESF(114/114) SCF(204/85) RCF(85/85) RCF(227/227) ECF(341/250)	2009/6(2010/6) 2015/12(2017/6) 2019/4(2019/4) 2020/4(2020/4) 2022/5(2025/5)

국가	가입시기(쿼터)	차관(승인액/집행액)	승인기간(종료기간)
베냉	1963/7(124)	RCF(41/41) **RFI**(83/83) ECF(161/144) **EFF**(323/288) RSF(149/50)	2020/12(2020/12) 2020/12(2020/12) 2022/7(2026/1) 2022/7(2026/1) 2023/12(2026/1)
부룬디	1963/9(154)	ECF(51/51) ECF(40/30) RCF(54/54) ECF(200/46)	2008/7(2012/1) 2012/1(2016/3) 2021/10(2021/10) 2023/7(2025/1)
부르키나파소	1963/5(120)	ECF(56/56) ECF(108/108) RCF(84/84) RCF(60/60) ECF(229/72)	2013/12(2017/7) 2018/3(2020/11) 2020/4(2020/4) 2023/3(2023/3) 2023/9(2027/9)
상투메프린시페	1977/9(15)	ECF(4/4) RCF(9/9) ECF(15/13) ECF(19/4)	2015/7(2018/12) 2020/4(2020/4) 2019/10(2023/2) 2024/12(2028/4)
세네갈	1962/8(324)	**RFI**(216/216) RCF(108/108) ECF(378/108) **EFF**(755/216) RSF(243/49)	2020/4(2020/4) 2020/4(2020/4) 2023/6(2026/6) 2023/6(2026/6) 2023/6(2026/6)
세이셸	1977/6(23)	**RFI**(23/23) **EFF**(74/61) **EFF**(42/24) RSF(34/9)	2020/5(2020/5) 2021/7(2023/5) 2023/5(2026/5) 2023/5(2026/5)
소말리아	1962/8(163)	**EFF**(40/40) ECF(253/253) ECF(75/45)	2020/3(2020/3) 2020/3(253/253) 2023/12(2026/12)
수단	1957/9(630)	**SBA**(170/170) **SBA**(90/20) ECF(1,733/992)	1983/2(1984/3) 1984/6(1985/6) 2021/6(2022/12)

국가	가입시기(쿼터)	차관(승인액/집행액)	승인기간(종료기간)
시리아	1947/4(294)	**SBA**(8/8) **SBA**(7/6) **SBA**(19/19)	1960/5(1960/11) 1962/3(1962/11) 1964/3(1964/12)
시에라리온	1962/9(207)	ECF(162/39) RCF(104/104) RCF(35/35) ECF(124/124) ECF(187/35)	2017/6(2018/11) 2020/692020/6) 2021/3(2021/3) 2018/11(2023/11) 2024/10(2027/12)
알제리	1963/9(1,960)	**SBA**(300/225) **SBA**(457/385) **EFF**(1,169/1,169)	1991/6(1992/3) 1994/5(1995/5) 1995/5(1998/5)
앙골라	1989/9(740)	**SBA**(859/859) **EFF**(3,213/3,213)	2009/11(2012/3) 2018/12(2021/12)
에스와티니	1969/9(79)	**RFI**(79/79)	2020/7(2020/9)
에티오피아	1945/12(301)	ECF(1,203/134) **EFF**(752/90) **RFI**(301/301) ECF(2,556/1,214)	2019/12(2021/9) 2019/12(2022/12) 2020/4(2020/5) 2024/7(2028/7)
예멘	1990/5(487)	ECF(265/239) ECF(244/35) RCF(61/61) ECF(365/49)	1997/10(2001/10) 2010/7(2012/4) 2012/4(2012/4) 2014/9(2016/3)
요르단	1952/8(343)	**EFF**(515/223) **EFF**(1,146/1,009) **RFI**(292/292) **EFF**(926/340)	2016/8(2020/3) 2020/3(2023/12) 2020/5(2020/5) 2024/1(2028/1)
우간다	1963/9(361)	ECF(100/100) ECF(14/14) RCF(361/361) ECF(722/632)	1997/11(2001/3) 2002/9(2006/1) 2020/5(2020/6) 2021/6(2024/6)

국가	가입시기(쿼터)	차관(승인액/집행액)	승인기간(종료기간)
이라크	1945/12(1,664)	**SBA**(475/0) **SBA**(2,377/1,070) **RFI**(891/891) **SBA**(3,831/1,494)	2007/12(2009/3) 2010/2(2013/2) 2015/7(2015/8) 2016/7(2019/7)
이란	1945/12(3,567)	**SBA**(18/18) **SBA**(35/23)	1956/5(1956/11) 1960/10(1962/3)
이스라엘	1954/7(1,921)	**SBA**(33/33) **SBA**(33/33) **SBA**(29/12)	1974/11(1975/2) 1975/2(1976/2) 1976/10(1977/10)
이집트	1945/12(2,037)	**RFI**(2,037/2,037) **SBA**(3,764/3,764) RSF(1,000/0) **EFF**(6,112/2,420)	2020/5(2020/5) 2020/6(2021/6) 2025/3(2026/10) 2022/12(2026/10)
잠비아	1965/9(978)	ECF(220/220) ECF(220/220) ECF(1,272/993)	2004/6(2007/9) 2008/6(2011/6) 2022/8(2025/10)
적도기니	1969/12(158)	SAF(13/9) ECF(13/5) **EFF**(205/29) **RFI**(47/47)	1988/12(1991/12) 1993/2(1996/2) 2019/12(2022/12) 2021/9(2021/9)
중앙아프리카공화국	1963/7(111)	RCF(6/6) RCF(8/8) ECF(134/134) ECF(84/36) RCF(28/28) ECF(147/49)	2015/3(2015/3) 2015/9(2015/9) 2016/7(2019/7) 2019/12(2022/7) 2020/4(2020/4) 2023/4(2026/6)
지부티	1978/12(32)	**SBA**(8/7) ECF(19/14) ECF(22/22) RCF(32/32)	1996/4(1999/3) 1999/10(2003/1) 2008/9(2012/5) 2020/5(2020/5)
짐바브웨	1980/9(707)	**EFF**(114/87) **SBA**(131/39) **SBA**(141/25)	1992/9(1995/9) 1998/6(1999/6) 1999/8(2000/10)

국가	가입시기(쿼터)	차관(승인액/집행액)	승인기간(종료기간)
차드	1963/7(140)	ECF(140/98) ECF(224/196) RCF(84/84) RCF(49/49) ECF(393/168)	2014/8(2017/6) 2017/6(2020/7) 2020/4(2020/4) 2020/7(2020/7) 2021/12(2024/6)
카메룬	1963/7(276)	RCF(166/166) RCF(110/110) ECF(199/179) **EFF**(396/359) RSF(138/69)	2020/5(2020/5) 2020/10(2020/10) 2021/7(2025/7) 2021/7(2025/7) 2024/1(2025/7)
카보베르데	1978/11(24)	ECF(9/9) RCF(24/24) RSF(24/8) ECF(45/41)	2002/4(2005/7) 2020/4(2020/4) 2023/12(2025/6) 2022/6(2025/6)
케냐	1964/2(543)	RCF(543/543) **EFF**(1,809/1,519) ECF(905/824) RSF(407/136)	2020/5(2020/5) 2021/4(2025/4) 2021/4(2025/4) 2023/7(2025/4)
코모로	1976/9(18)	SAF(3/2) ECF(14/14) RCF(3/3) RCF(3/3) **RFI**(6/6) ECF(32/14)	1991/6(1994/6) 2009/9(2013/12) 2019/7(2019/8) 2020/4(2020/4) 2020/4(2020/4) 2023/6(2027/5)
코트디부아르	1963/3(650)	RCF(81/81) **RFI**(434/434) RCF(217/217) ECF(867/496) **EFF**(1,734/991) RSF(976/305)	2011/7(2011/7) 2020/4(2020/4) 2020/4(2020/4) 2023/5(2026/9) 2023/5(2026/9) 2024/3(2026/9)
콩고공화국	1963/7(162)	ECF(8/8) ECF(324/32) ECF(324/324)	2008/12(2011/8) 2019/7(2021/4) 2022/1(2025/3)

국가	가입시기(쿼터)	차관(승인액/집행액)	승인기간(종료기간)
콩고민주공화국	1963/9(1,066)	RCF(267/267) RCF(267/267) ECF(1,066/1,066) ECF(1,333/190) RSF(800/0)	2019/12(2019/12) 2020/4(2020/4) 2021/7(2024/7) 2025/1(2028/3) 2025/1(2028/3)
탄자니아	1962/9(398)	SCF(149/75) **RFI**(265/265) RCF(133/133) RCF(265/265) ECF(796/569) RSF(597/43)	2012/7(2014/4) 2021/9(2021/9) 2021/9(2021/9) 2021/11(2021/11) 2022/7(2026/5) 2024/6(2026/5)
토고	1962/8(147)	ECF(95/95) ECF(248/248) ECF(294/95)	2008/4(2011/7) 2017/5(2020/4) 2024/3(2027/8)
튀니지	1958/4(545)	**EFF**(207/207) **SBA**(1,146/1,003) **EFF**(1,952/1,162) **RFI**(545/545)	1988/7(1992/7) 2013/6(2015/12) 2016/5(2020/3) 2020/4(2020/4)
튀르키예	1947/3(4,659)	**SBA**(15,038/11,739) **SBA**(12,821/11,914) **SBA**(6,662/6,662)	1999/12(2002/2) 2002/2(2005/2) 2005/5(2008/5)

주: ECF(Formerly PRGF)=Extended Credit Facility, EFF=Extended Fund Facility, ESF=Exogenous Shocks Facility, FCL=Flexible Credit Line, PLL= Precautionary and Liquidity Line, RCF=Rapid Credit Facility, RFI=Rapid Financing Instrument, RSF= Resilience and Sustainability Facility, SAF=Structural Adjustment Facility, SBA=Stand-By Arrangement, SCF= Stand-by Credit Facility
자료: IMF, Financial Position in the Fund.

<부록 5> 파리클럽 리스케줄링의 주요 합의현황

1956 (May 16): First Paris Club Agreement (Argentina)
1966: First Paris Club Agreement with an Asian country (Indonesia)
1976: First Paris Club Agreement with an African country (Zaire)
1981: First Paris Club Agreement with a European country (Poland)
1982: The Mexican crisis triggers the "debt crisis" of the 1980s.
1987: First Paris Club Agreement under the Venice terms (Mauritania)
1988: First Paris Club Agreement implementing the Toronto terms (Mali)
1990: First Paris Club Agreement implementing the Houston terms (Morocco). First debt swap clause in a debt treatment agreement
1991: Exceptional exit treatments granted to Poland and Egypt. First Paris Club Agreement implementing the London terms (Nicaragua)
1992: First Paris Club Agreement with Russia (deferral)
1995: First Paris Club Agreement implementing the Naples terms (Cambodia)
1996: Heavily Indebted Poor Countries Initiative (HIPC)
1997: Russia joins the Paris Club. First early repayment operation (Argentina)
1998: First Paris Club Agreement implementing the Lyon terms under the HIPC initiative (Uganda)
1999: Enhanced HIPC Initiative. First Paris Club Agreement implementing the Cologne terms under the HIPC initiative (Mozambique)
2000: Uganda is the first HIPC-eligible country to reach the Enhanced HIPC Initiative Completion Point
2001: Exceptional debt treatments granted to the Former Republic of Yugoslavia
2003: Paris Club creditors approve the Evian Approach
2004: First debt treatment under the Evian Approach (Kenya). Phased exit treatment granted to Iraq
2005: Exceptional treatment granted to countries hit by the tsunami (Indonesia and Sri Lanka). Exit treatment granted to Nigeria
2006: 50th anniversary of the Paris Club
2007: First buyback operations at market value below par (Gabon, Jordan)
2008: Publication of the first annual report of the Paris Club. The Paris Club releases comprehensive data on its claims

2010: Call to cancel Haiti's debt
2013: 1st Conference of the Paris Forum
2014: The Paris Club and Argentine agree to a resumption of payments and to clearance of all arrears
2015: Agreement on the debt between Cuba and the Group of Creditors of Cuba
2016: Celebrating the 60th annversary. Welcoming Korea as the 21st member, and Brazil as the 22nd member
2017: Organization of the first regional Paris Forum conference in Namibia
2018: Conference organized by the ODI on Africa's rising debt
2019: The Paris Club welcomes India
2020: Debt relief to Somalia. Debt suspension Initiative for the Poorest countries (DSSI). Endorsement with the G20 of a common framework to coordinate debt treatments
2021: Meeting of the Creditor Committee for Chad under the Common Framework. The Paris Club has fully and successfully implemented the DSSI and its extensions - South Africa becomes a prospetive member
2023: First meeting of the Creditor Committee for Sri Lanka. How the Paris Club works and has evolved over the past 70 years
2024: Debt cancellation for Somalia under HIPC

자료: https://clubdeparis.org/en/communications/page/historical-development.

경제위기와 국가리스크

해외지역경제와 리스크관리의 기본서

초판 1쇄 발행 2025년 8월 18일

지은이 조양현
펴낸곳 연세대학교 출판문화원
주소 서울특별시 서대문구 연세로 50
등록 1955년 10월 13일(제9-60호)
전화 02) 2123-3378~80
팩스 02) 2123-8673
전자우편 ysup@yonsei.ac.kr
홈페이지 http://press.yonsei.ac.kr
인쇄 (주)네오프린텍

ISBN 978-89-6850-914-8(93320)

20,000원